JN314931

La Déclosion

Déconstruction du christianisme, 1

脱閉域
キリスト教の脱構築 1

ジャン=リュック・ナンシー

大西雅一郎 訳

Jean-Luc Nancy

現代企画室

脱閉域　キリスト教の脱構築1

ジャン＝リュック・ナンシー

大西雅一郎＝訳

Jean-Luc Nancy
La Déclosion
(Déconstruction du christianisme, 1)

Copyright © Éditions Galilée 2005

Japanese translation published by arrangement with Éditions Galilée
through The English Agency (Japan) Ltd.

目次

序章　Ouverture ―― 9
無神論と一神教　Athéisme et monothéisme ―― 33
一神教の脱構築　Déconstruction du monothéisme ―― 59
ユダヤ－キリスト教的なるもの（信について）　Le judéo-chrétien (*De la foi*) ―― 81
全体の無なることの信　Une foi de rien du tout ―― 115
心臓での経験　Une expérience au cœur ―― 155
言葉は肉となった　*Verbum caro factum* ―― 165
ブランショにおける神の名　Le nom de Dieu chez Blanchot ―― 171
ブランショの復活　Résurrection de Blanchot ―― 178

装丁——本永恵子

凡例

○原文中のイタリックでの強調箇所は、訳文中では傍点を付して表記した。
○原文中の大文字で始まる語は〈 〉で括り表記した。
○原文中の《 》付きの語は、「 」で表記した。
○［ ］は、原語を補うため、訳語を言い換えるため、また、訳者による補足を表すために用いた。
○引用文献について、邦訳が刊行されているものは邦訳タイトル、出版社、刊行年などを補った。ただし、複数の邦訳が刊行されているような古典的著作についてはこの限りではない。その他の論文タイトルなどの翻訳は、必要と思われる場合のみに留めた。
○引用部分について、邦訳があるものはそれを参照しつつ、本書の論述に合わせて訳者が翻訳した。既存の邦訳を引用した場合に限り、邦訳者名、参照頁を記した。
○原注は章ごとに通し番号を付け、見開き奇数頁の左端に注を入れた。

序章

1　相続者不在と敬虔さ〔信仰心 piété〕

重要なのは、宗教を復活させることではない、たとえカントが「単なる理性の限界内に」押し止めようとした宗教であっても。重要なのは、単なる理性〔根拠 raison〕を、その真理をなす非限定化〔無限化〕へと開くことである。

重要なのは、理性の欠陥を修繕することではなく、理性を留保なく解放することである。すなわち、あらゆる理性＝根拠＝計算〔raison〕がひとたび与え返されたとして、その返還＝復元の彼岸に留まるものを指し示すことである。

天＝天国を再び描きだすこと、天＝天国の布置を再び定めることが重要なのではない。重要なのは、暗く硬い大地を、空間《エスパス》＝天空に没した大地を開くことである。

*

宗教を救済することが問題ではないし、ましてや宗教への回帰が問題なのではない。人々のあいだで「宗教的なるものの回帰」が大いに話題とされ、回帰なるものはある現実の現象を指し示してはいるが、他のいかなる「回帰」と同様に、われわれの注意を引くには値しない。反復であれ回復であれ、また再開であれ亡霊的再帰であれ、それらの現象で重要なのは、けっして同一なるものではなく、差異的なものである。というのは、同一なるものは、それ自身の反復において最初からその同一性を喪失しているからだ。そしてむしろ新たな代償を払いつつ、以下のような問いを絶えず提起するべきであろう、つまり、「世俗化」が何を指し示すのか、また同一なるものの単なる転移とは異なるどういうものを「世俗化」が不可避的に指し示すのかという問いである。（ブルーメンベルクがこの問題を正しく提起してからかなりたつ、とはいえ彼自身もそれを解決したわけではない。）

宗教の回帰あるいは宗教への回帰は——難なく見てとれることだが——既に危機的である宗教の状態を悪化させることにしかならないであろう、またその危機的状況とともに、宗教がさまざまなものに課している危険を悪化させるだけだろう。つまり常に宗教は、思考、法＝権利、自由および人間の尊厳に数々の危険を冒させつつあるのだ。

だが重要なのは、この単純な「人間」という語がまさしく何を言おうとするのかを——この場合も新たな代償を払いつつ、思考の新たな代償、努力、勇気を払いつつ——知ることである。この問いは人間（中心）主義《ユマニスム》の問いと別のものではない。この語の背後には、この語が言うところのもの、それが隠しているもの——それが言おうとしないもの、それが言うことのできないもの、ないし言う術をもたないもの——の背後には、今日の思考がかかえる最も緊急の要請が存在している。

こうした文章の調子を好まないということもありえよう、そうした調子を思い上がった、不遜なものと判断することも可能だろう、この時代の本質的な諸問題を自分が最終的な権限をもって指し示すのだと主張する人物に警戒心を抱くことも可能だろう。そうしたことは可能であり、またそうする必要はある。とはいえ、今こそ少しながら語気を強めなければならない時もある。時には、時間＝時代が切迫しているということもありうるのだ。

ところで、今日起きているのは、人間（中心）主義の文明とされるものが破産状態にある、もしくは末期の状態にあるということだ。どちらの言い方でもかまわないが、おそらく、二番目の用語が好ましいだろう。この時こそ、生のひとつの形式が成熟を停止する時こそ、思考はみずからを立ち上げねばならない。おなじみのヘーゲルの教訓が現代世界の開始という時点で、いいかえれば、キリスト教の解体あるいは明らかな脱構築の開始という時点で宣言されたのは偶然ではない。既に褪色し、単調な灰色模様のなかに消え入ろうとしているとヘーゲルが確認する生の形式とは、宗教——世界と実存を摂理に従って保護することを保証するもの——が、その正当性とともに、みずからの資源をも喪失しつつある生の形式である。すなわち、信の行い〔信仰の業、信徳 acte de foi〕の活力や活気をなしていたものがもはや、ドグマ的かつ制度的な管理支配としてしか現れない。それはまたこういう意味でもある、つまり、信仰のうちにあって、世界を世界のなかにおいて世界自身の外部へと〔背後世界や、天国ないし地獄へとではなく〕開いていたものが、利害に基づく世界の管理のなかに閉じ込められ、萎縮しているのだ。これは目新しいことではない、この両義性は宗教として設立＝制度化されるものを構成している、あるいは、あらゆる設立＝制度が秘めている宗教的な性格〔制度の内的結合、制度の創設の神聖さ、制度の使命＝命運化〔destination〕の卓越した、さらには崇高な性格〕を構成している。

思考が受け継がねばならないのは、相続者不在の状態にある開放性〔ouverture〕の空虚である。ヘーゲル、シェリング、ヘルダーリンといった初期の人々は、カントの指導的な語——理性の信仰に場所を譲ること——を受ける形で、絶対なるものの固有な次元へと、あるいは「いっそう高い想念＝理念」（ヘルダーリンの *höher Besinnen* をこう翻訳するとして）[1]の次元へと合理性を開く必要があることを理解したことになろう。

この二世紀の歴史の教訓から分かるように、この課題を確実に行なうには、哲学でもポエジーでも十分ではなかったことになろう。その一方で、科学はどうかといえば、一瞬であれ、科学のうちで理性の高揚を素描するかに見えた可能性のあるものから、決定的かつ永久に逸脱をしてしまった〔科学は世界の理性＝根拠を与え返し、説明すると思われていたのだが〕。理性が要請する無制約的なるものに対面するなかで、理性に帰せられる本質的な敬虔さ――換言すれば義務の遵守――を、思考と言〔言うこと le dire〕とが引き受けようとしても十分ではなかったことになるであろう。

理性のこの敬虔さ、偉大な理性〔ニーチェ〕が、自身の絶対的な使命＝命運化の名において、みずからに対してなすべきこの奉仕――こうしたものは、それ自身の熱意をみずからに伝える術をもたなかった。その熱意を伝える神秘主義者は、数学と天体物理学のなかにしか見当たらなかった――他方、形而上学は自己の上に閉じこもっていたのだ。

2 〔超〕宗教的な脅威

「神の死」という文明、いいかえれば理性それ自身の解放という文明は、要するに、〈〔大文字の〕理性〉を打ち棄て、悟性へと自身を委ねたことになるであろう。だがそれは、理性が表象する要請に対する喚起を、思考も芸術も止めてしまったということではない。そうではなく、この喚起が――それがニーチェの声、ウィトゲンシュタインの声、あるいはハイデガーの声を借りたのであれ、セザンヌ、プルースト、ヴァレーズあるいはベケットの調性を使ったのであれ〔少しの名しか挙げないが〕――おそらくは、問題である空虚が開かれていたその正確な場所に触れなかったのだ。その喚起は、空虚自体の心臓部である空虚を指示するまでには至らなかったのだ、あるいは、空虚がニヒリズムと混同されるがままになってしまったのだ。ニヒリズムとは開口部が開口部そのものによって塞がれ詰まったことを言う。

　われわれの現状はこうなのであるから、われわれの眼前に推察されるものは（「われわれの眼前には一九三〇年代がある」とジェラール・グラネルが最近書くことができた意味で）、ニヒリズムが悪化しつつ永続している状態ではない。厳密には、われわれは果てにいるのだ、ニヒリズムの末期のなかにいるのだ（とはいえ、この末期が短期間のものであるという明らかな理由はまったく見出せないのだが……）。反対に姿が垣間見えるのは、宗教的かつ超宗教的な隆起現象である。さまざまな合理性が悟性（種々の技術、法＝権利、経済、倫理、政治が有するさまざまな合理性、時には詭弁的理性）のなかで足踏みするこの場＝時において、またさまざまな制度化した宗教が、既に四、五世紀前から時代遅れになったままで、極めてまずいやり方で（原理主義的な痙攣あるいは人間主義的妥協のうちに）、みずからの諸伝統を更新しつつあるこの場＝時において、そしてそれゆえに、空虚が――他でもない、社会、人類＝人間性《ユマニテ》あるいは文明のただなかに、グローバリゼーション（世界化）という台風の目のなかに――穿たれたままであるこの場＝時において、止むことなく募るのは依然としてほとんど沈黙したままの期待である。この期待は、暗闇のなかで、炎のように燃え上がる可能性へと向かうのだ。

　別言すればこうなる、つまり、この時点まで啓蒙が解明できなかったこと、啓蒙それ自体のうちで啓蒙が照らし出す術をもたなかったこと、そうしたことが、今や、メシア的、神秘的、預言的、占いによる予言的、予言術

1　*Der Gang auf das Land*「田園の散策〔邦訳「野外へ」、『ヘルダーリン全集』2、河出書房新社、二〇〇七年〕」、フィリップ・ジャコテの翻訳による（*Œuvres* de Hölderlin, Paris, Gallimard, 1967, p. 802）。

的な様態で——これらの付加形容詞のあいだの区別についてはここでは触れないでおく——炎上することをひたすら求めている、そしてその火災の諸効果は、かつてのファシズム的、革命的、シュールレアリスム的、アヴァンギャルド的ないし神秘的なありとあらゆる火災の諸効果より遥かに強烈な印象を与えるであろう。これに関しても、意味論的な細かい区別は控えておく、そしてこの火災もまた、いったん発生し燃え広がるならば、それがもたらす荒廃において細かい区別にはこだわらないであろう……

　われわれは意味と真理の砂漠を無理やりに広げてしまった、あるいは広がるに任せたのだが、この砂漠と釣合うように拡大すると思われる熱狂的錯乱にとってその条件は整っている。錯乱が始動するように実際に空けられた場所とは、いわゆる「政治」に対して常に繰り返し拠り所を求める際に特別なものとして執拗に指定される場所である。その完全性のままに理性に対して権利を与えるべきであるという要請が常に新たな志向を伴って発見されるのは、政治的な再定礎あるいは政治の再定礎においてである。

　だが政治には政治自体が欠けていたとしてもそれは偶然ではないことが判明する。政治に欠けているのは、ルソーにとって「市民宗教〔religion civile〕」という表現が指し示すものである。すなわち、統治の単なる合理性が実行可能な境位ではなく、それ自身の実存に対する、あるいは実存に則した共に‐あること〔être-ensemble〕という感情さらには情念《パッション》＝受動という合理性、無限により高度で豊穣な合理性が実行可能でなければならないような境位である。ところが、一方の宗教的な宗教と非政治的な救済の引き受けと、他方の階級闘争と人類の歴史的救済の引き受け（これ自体、厳密な意味では明示的に「政治的」ではないが）のあいだで、「市民宗教」はいまだ成果を見出せなかったことになるであろう。また今日、民主主義の抱える生温さを暖め直す可能性があるのは、「主体化」あるいは「マルチチュード」といった漠然とした不確実な概念ではない。

　おそらく、アテナイ以来、民主主義とは、都市国家に先行する諸宗教を継承ないし代補すること（二つの語のいずれかが適切であるとしてだが……）を引き受けえたかもしれない都市国家の宗教が抱えるアポリアが更新されているということに他ならなかった。都市国家に先行する諸宗教とはいいかえれば、それ自身によって、社会的結合と統治をなしていたものである。アテナイ自体、ついでローマ、ついで近代主権国家は次々にこのアポリアを更新してきた。[2]

聖職者の宗教（カントの言うように）と市民宗教は双方ともにみずからの時代を画してきた。後者は（ギリシア以来の）前者の退引＝退去（引き退き、引き直し retrait）から誕生したが、前者を代補することはまったくできておらず、それゆえ明らかに火が消えた状態にある。

おそらく、民主主義は、その形式を世界規模で拡大するにつれて、以下のことを明らかにしつつある、すなわち、政治は次のような二者択一のいずれかの選択肢に沿った形でしか再定義されえない、もしくは再描出されえないだろうというものだ。一方には、宗教に基礎を据えて政治そのものを建て直すこと（そうならないでほしいが）――またその場合は、よく言われるように「神学－政治的」ですらなく[3]、まさしく神権政治的（原理主義者の

2　この歴史においてキリスト教がどのような役割を演じたのかは、別の箇所で検証する必要があろう。

3　この表現の使用に際してほとんど常に誤りが起きていることは注意に値する。人々は神学的なるものと政治的なるものの共謀（「サーベルと灌水器〔武器と聖具、軍とカトリック教会〕の同盟」）を指し示したいのであろう、それは結局、この二重の付加形容詞の意味でもありうる。しかしながら、カール・シュミットの「政治神学」が指示するのはこのことではまったくなく、逆に、「神学的なるもの」の世俗化だということも判明する。周知のスピノザのタイトルについて言えば、彼にとって二つの権力は分離されるべきだとされる。われわれの政治は厳密に神学なしにあると言うほうが遥かに適切だろう、このことがわれわれの政治を定義画定すると同時に、おそらく、その死活に関わる問題を示してもいる。以下のことをしっかり理解しておく必要があるだろう、つまり、貧困、搾取、正義、平等といった問題は、みずから「超越性」――乱暴にこの名を付けるとして――の問いへと開かれていかざるをえない、そして実際、政治はそうした能力があるのか、あるいはそれを繰り延べ移し変えるのかどうか――またどういうやり方でそうするのか――、政治みずから

好みに合わせれば）である――、他方には、意味の秩序のなかのはっきり区別されたある境位、ある次元さらにはある固有の審級との一定の関係に則したものであり、またそれゆえに、社会の統治と、社会のさまざまな目的ないし存在理由を企投することとのあいだに位置する緊張で、政治に内的／外的である緊張の再定義に則したもの。最初の場合には超ファシズムであり、第二の場合にはこれからなされるべき根本的な発明である――おそらくそれは、「世俗性《ライシテ》」が言わんとすることを改めて発明することであろう。[4] 以上のことは最低限、次のことを意味するはずだ、つまり、政治には統合されない次元、政治をはみ出す次元をそれでも政治が引き受けるということである。この次元は、共に‐あること〔être-avec〕の存在論あるいはエートス論の次元であり、意味および意味の受動《パッシヨン》＝情念という絶対的《アブソリュ》＝分離的な超過へと分節される次元である。結局のところ「聖なる《サクレ》＝分離された」という語はこの超過を指し示すものでしかなかったのだ。

私は、「超宗教的な」と言ったほうがいいだろう宣教の脅威を喚起し、こうした宣教を既成宗教の衰退を超えたものとして位置づけようとしているが、こうすることで自分自身、カッサンドラ〔プリアモスの娘でトロイアの滅亡を予言した〕の役回りを演じ神託を託宣しているかのように見えてしまうことを残念に思う。人間（中心）主義《ユマニスム》が干からび、その枯渇と相関して霊的傾向を有する洪水への誘惑が存在するという事実確認から目を逸らすことは、私にははっきり言って難しいと思われるのだ。同様に、哲学者として、ひとつの限界を指し示す責任を引き受けないでいることも困難だ。それは、哲学が依然としてカントの操作、その思弁的止揚、そのキルケゴールによる乗り越え、あるいはそのニーチェによる深刻化といった遺産を引き受ける力がないままであるような、そうした限界である。哲学（および哲学とともにある科学）は、宗教に対して排除を宣言したことで、いわばみずから脅威を感じ怖気づいている、というのも、哲学は密かに宗教を糧として連綿と培われてきたからだ――とはいっても、これは後述する必要があるが、この「世俗化〔sécularisation〕」について、またしたがって、この語を繰り返すなら、「非宗教化〔政教分離 laïcisation〕」について哲学が現実に問いを発したことはないのであるが。

このことはさらに別の用語、「世界《モンド》」という用語を用いて言うこともできる。世界が世界的であると同時に決定的に世俗的〔mondain〕（「背後世界」も、「天」も、「天上的な諸力」も伴わない）と化しているならば、世界の意味は世界の外部になければならない[5]という避けて通れない主張はどのように、またどこに記載されるのだろうか。これに対し次のことを付け加えておくべきだろう、意味という観念そのもの、またこの観念が包含する仮説設定（ある意味作用への期待）が解体され脱構築されつつあることは、上記の主張に矛盾するのではなく、それを確証するものである。

3　脱閉域〔déclosion〕

a. 脱閉域化された形而上学

合理的思考はみずからに対して限界を課し〔宗教の排除に由来する〕威嚇に怯える、そしてこれらは当の思考に

が言明することを迫られている。この移し変えについて言えば、それは政治の外的限界への移し変えであり、この縁というものの可能性を政治的に配慮し準備する必要があるだろう。他のすべては……政治に関する作り事だ。同様のことは芸術についても言えよう。今日、かなりの場合において、芸術がもはや「政治的」ないし「倫理的な」正当性以外には正当性をもたない状態にあること、いいかえれば、事実上、芸術は芸術固有の正当性をみずからに否認しているということ、これは偶然ではない。ところが、芸術はただひとつの正当性しかもちえない、それは意味＝感覚〔sens〕が氾濫し溢出するさまを感覚的に証言し記載することである。

4　ジャン・ボベロがその *Laïcité 1905-2005, entre passion et raison*, Paris, Le Seuil, 2004. のなかで示しているように。

5　ルートヴィヒ・ウィトゲンシュタイン、『論理哲学論考』、六・四一（「世界の意味はその外部にある」）。

とって耐え難いものとなりつつあるのだが、検討しなければならないのはこの二つについてである。それは現代の思考がまったく助けにならないということではない。ニーチェ、ハイデガー、ウィトゲンシュタイン以降、多様な形態のもとに、世俗的な内在性のただなかに一種の「世界の外部」のようなものが切り開かれてきた。フロイト以降、情動は共約不可能なるものによって、意味は意味作用しえないものによって変様をこうむっている。デリダとドゥルーズ以降――少なくともこの点で両者は接する――、思考が思考自身にとって秘められたものとなるある秘密を思考するようにとの誘いが到来しつつある（つまるところ、秘密のうちに、思考するようにとの誘い、思考みずからの逃れ去り＝裸形化〔dérobement〕という空洞状態のなかで思考を思考するようにとの誘い）。重要なのは他なるもの＝他者〔l'autre〕であると言えるかもしれない――今度はむしろレヴィナスに由来するものとして――、しかしながら、大文字の他者であれ、小文字の他者であれ、なんらかのある他者のうちに特定化されることを完全に超出するようなものとして他なるもの＝他者が重要なのである。単に *alter*〔他なる自我〕――二者のうちの他方――だけでなく、*alienus*〔他なる、異邦の、異様な、異質な、親密ならざる……ラテン語〕、*allos*〔他なる、異邦の、異様な、偽りの……ギリシア語〕が、すべてのものが有する他なるもの＝他者が、そして常軌を逸した非意味的なるものが重要なのだ。

　こうしたあらゆる仕方において、またなんらかの他なる仕方において、理性が避けて通れない同一の必然性が、同一の要請が執拗に指し示されている。すなわち、理性が理性自身の暗闇を照明する必要性、要請である、とはいえそれは、暗闇を光で満たすことによってではなく、暗さがそれ自身の明るさを発するような技術＝芸術〔art〕、規律、力を獲得することによってである。

　だがまさしくこうした定式的な言い方――そのパラドックス、撞着語法、弁証法あるいは機知《ウィット》――の内実それ自体が、解明されなければならない。そして実際、こうした仕方では、進めるべき作業の臨界地帯以外の何ものも指し示されてはいない。

ここでは私は前置き的な指示だけに絞っておく。賭けられねばならないもの、作動させねばならないもの、それは、宗教および哲学のさまざまな遺産を相互に脱閉域化すること〔*déclosion*〕でもたらされる効果によらない別のやり方では、賭けることも作動させることも可能ではないだろう。脱閉域は囲い地を開くこと、閉域を解除することを指す。われわれの利害関心にまちがいなく関係するのは、「形而上学の閉域」として名指されたものである。

この表現はまず同語反復として重要な意味をもつ。ニーチェついでハイデガーがこの形而上学という用語に刻印した意味において、「形而上学」とは存在〔存在すること l'être〕を存在者〔存在するもの l'étant〕として、また現前的存在者として表象することを指す。このことから、形而上学は世界の彼岸に創設的かつ保証者的なある現前性を設置する〈イデア、至高の存在、〈主体〉、〈意志〉〉。この設置は、存在者をそれ自身の存在者性の上に安定化させ閉じさせる。それゆえ、すべては――厳密かつ本来的にすべては――、存在者あるいは現前性の二つの体制のあいだで相互に送付されるなかで作動する、つまり「内在性」と「超越性」、「ここ此岸」と「かなた彼岸」、「感覚的＝可感的なもの」と「叡知的＝可知的なもの」、「外見」と「現実＝実在」がそうだ。自己参照性のなかで自身を完結したものと考えるこの全体性の成就こそが、閉域である。

こうした完結は枯渇という意味をもつ。一方で、この自己参照性によって最終的には、存在そのものや、存在が名指す出来事の意味が不動化され麻痺する。他方では、閉域によって相互に固くつなぎとめられていた二つの体制の分離が、最後には、疑いようのない経験的現実と近づきがたい叡知的な現実ないし超現実とのあいだのいわば幻想的な分離であることが判明する。このようにして、「偶像の黄昏」が開始し、完璧に完結することとなったのだ。

キリスト教は――根源的に‐現前し、実効力を備えた至高の〈存在〉なるものを生み出すことにより存在の存在者性を深化させることで――形而上学を強力に確証するものとみなされうる、またそうみなされるべきであるが、その限りにおいて、キリスト教は、またキリスト教とともに一神教すべては、閉域を強化し、いっそう閉塞的にするだけである。

けれども、形而上学に対する最も辛辣な攻撃者（ニーチェ、ハイデガー、ウィトゲンシュタイン、デリダ、そして彼なりの仕方でドゥルーズ）を丁寧に読んでみれば簡単に判明することだが、彼らはけっして以上のような表象に見られるいささか粗雑で単純な見方をとってはいない。反対に、彼らのそれぞれが完全に弁えているように、他でもない形而上学の内部からこそ、全体としての存在者の体系が不安定化するという運動が形成される――そもそもそうでなければ、どのようにしてこのいわゆる一枚岩的な体系が動揺を来たすということが起こりえたのかが理解できなくなるだろう。

実際、形而上学はその構成において、自己を脱構築する、そして自己を脱構築しながら、自己のうちにおいて、理性＝根拠《レゾン》に基礎を置いた世界の現前性と確実性を脱閉域化する。形而上学は常にそのうちにおいて新たに、エペケイナ・テス・ウシアス、「存在者の彼方」なるものを解き放つ。形而上学それ自身が、みずからの根拠律からのはみ出しを醸成する。

（ついでに言えば、教訓ともなる近代理性の解放物語＝歴史なるものは、ベーコンないしガリレオの頭脳から完全武装した姿で出現し、形而上学的信念によって従属させられた全領土をそれ自身の力だけで解放するといった幻影なのであるが、こうした幻影はこれ以上ないくらい強固で知らぬ間に忍びよる幻影であり、ほとんどの言説のどこか片隅に常に織り込まれているものだ。）

私が名を挙げた誰もが――また彼らを超えて、形而上学の全歴史、すなわちパルメニデスやプラトン以降の全歴史を通じての思考の真の運動すべてが――、極めて正確に心得ていたように、もし「閉域」なるものが存在するとしても、閉域とは歴史を通して横断的ではなく（それはひとつの革命でも啓示でもない）、縦断的なのである。まさに始まりからずっと、中断することなく、哲学とあらゆる種類の知と合理的言説は、理性の極限を理性そのものの過剰と理性そのものに対する過剰において標定し、指し示し、熟考している（理性の過剰と理性に対する過剰とはここでは互いのうちへと編み合わされている）。閉域は常に自己自身でみずからを脱閉域化する。カント的な理性を構造化する無制約的なるものの要請の正確な意味はこうしたものだ、また同様に、ハイデガーによる存在論の破壊〔*Destruktion*〕やデリダの脱構築の意味もそうしたものだ――そしてドゥルーズにおける「逃走線」の意味もそうなのだ。ある一徹な合理主義者と一緒になって、極端に単純化して言うなら、われわれはけっして「われわれを接近しえないものに結びつけるあのか細いアーチ」[6]を失ってはいない。ごく慎ましいものだが、疑問の余地のないこの確実性を否認するのは不誠実なことだ。

　この事実確認はただちに、先に挙げた別の事実確認と関係する。すなわち、形而上学自体の構成は自己構成にも「ギリシアの奇跡」にも由来しない。その由来は、「接近しえないものとの絆」に関する秩序全体が大規模な変容をこうむったことにある。さまざまな信仰からなる闇の世界が新たな太陽の光により解消され、きれいに清算されたことから西洋が誕生したのではない――それにそうしたことはギリシアにおいても、またルネッサンスや十八世紀にも起こらなかった。西洋が形成されたのは、世界に対する一般的な関係がある変容をこうむったためであり、この大規模な変容のために、実際、「接近しえないもの」は、思考、知および行動において、こうした言い方ができるとして、そのようなものとして、形態を採り機能を帯びたのだ。未知なるものが縮減されたのではなく、共約不可能なるものが深化したのだ（次のことは偶然ではないのだ、つまり、いわゆる「共約不可能なるも

6　Claude Lévi-Strauss, *Tristes Tropiques*, Paris, Plon, 1955, p. 448.〔レヴィ＝ストロース、『悲しき熱帯』I・II、中公クラシックス、二〇〇一年〕

の」――正方形の対角線の *alogon*〔共約不可能なるもの、ロゴス〔言葉・理性・根拠〕を欠くもの〕――に関する数学的問題の解決によって、真の知の誕生を表す謎めいた形象が提供され、そしてそれとともに、またそのうちにおいて、数学をモデルとして哲学を捉えたり統制したりすることが起きたのだ。）

ロゴス〔理性＝根拠＝計算〕の究極にして、過剰かつ必然的な次元としての *alogon*〔理性＝根拠＝計算を欠くもの〕それ自体。真剣な事象（死、世界、共に－あること、自己－であること、真理）について語るやいなや、真剣に問題となるのはこれ以外の事柄では絶対ない。理性＝根拠《レゾン》なるものはそれ自身とともに、他でもない *alogon* を導入したのである。

b．脱閉域化されたキリスト教

上記の事実確認はもうひとつの事実確認によって補完する必要がある。こちらは前者の激化であると同時に拡張でもある。もしキリスト教が形而上学の内部で、単に哲学として生まれたのではないとしても（だがキリスト教はかつて哲学であった、あるいは哲学はキリスト教の形成にも介入していた――そもそも初期のキリスト教徒たちは一種の「哲学者」、もしくは「哲学者」の一学派のようなものとみなされていた）、もしキリスト教がギリシア的思考とユダヤ的思考の結合のなかで生まれたとしても、換言すれば、結局、キリスト教とは、地中海世界がその宗教的な諸宗教の魅惑からとともにその市民宗教の魅惑からも完全に解き放たれた二、三世紀間の合力なのだとしても、要するに、キリスト教が同時に「理性」と「信＝信仰〔foi〕」の協力かつ対決であるとしても、それはキリスト教が西洋のなかである疾患――花咲く未来が予告されていたとされるような健康にとって破滅をもたらす疾患、後になって罹ってしまった疾患――を構成したと考えられるからではない。哲学者たちが――また特に啓蒙主義の哲学者が――キリスト教に対して常に繰り返し浴びせる断罪は、人を当惑させずにはおかない、それは断罪を構成している特別な理由を完璧に理解し再確認してみれば分かることだ。というのも、ひとつの文明全体が生得的な重大な疾患に冒されているなどというのは、およそありそうにないことである、これは少なくとも言えることだ。われわれの文明の有する「居心地の悪さ」を治療することが可能なのかどうか、フロイトには自信がもてなかったのと同様に、文明に関して医学的な概念を操ることが確実なことかどうかは分からない。

　これも言っておかなければならないが、以上に加えて「中世」なるものの「蒙昧主義」ないし「迷信」に不信のレッテルを――露骨で一目瞭然なやり方もあれば、そうでないものもあるが――貼り付けることもやはり不可能なのだ。「中世」という名そのものが、近世《モデルヌ》＝近代の理性がそうしたものと距離を保っていることの標識とされている、傲慢とは言わないまでも確実な距離というわけだ。明確に言っておかなければならないが、宗教改革と啓蒙主義は、それなりの高貴さと活力を豊かに持ち合わせているがゆえに、また持ち合わせているにもかかわらず、ヨーロッパの過去に対して、かつての民族学者が「原始的な人々」に対してとったのと同じように振舞うことに慣れてきた。民族学に対して今日、行なわれている徹底的すぎるほどの手直し――あるいは民族学が抱える自民族中心主義の脱閉域化――は、西洋の西洋自身に対する関係にとっても重要な意味をもたないではいない。

　その必要があるなら明言しておくが、寛大さ＝贖宥〔indulgences〕を公的に、また宣伝するようなやり方で復権させることを説き勧めているのではない。むしろ私としては、教会が寛大さ＝贖宥について保存してきたものを教会自身が廃棄することを願いたい。とはいえ、「初代教会の精神《プリミティヴィスム》」や「聖職者至上主義《クレリカリスム》」という判断で十分としてはならないことが重要である。そんなことをすれば、「合理性」、「自由」あるいは「自律性」といった、少なくとも、人類の解放という叙事詩からわれわれに伝えられたパラダイムを再び危険に曝し、問いに付すことになる。だが、そうした解放叙事詩のうちに恥ずべき疾患からの治癒を読み取ろうとするような解放観からみずからを解放する術も、おそらくは、身につけておくべきであろう。

この点ニーチェは課題を単純化していない。つまり、彼自身は自分がその張本人である病理学的な単純化に固執してはいない。むしろニーチェを通して、正確に押さえておくべきなのは、西洋の生得的な疾患（プラトン主義、ユダヤ‐キリスト教）という問いであって、この疾患が指し示すのは、それゆえ、病理学的な偶発事というよりも、西洋の本質的な体質＝構成であり、またそういうものとして、別のタイプの「健康」なのである。生得的な疾患とは幼児期の疾患ではない。それはしばしば治療不可能なものである。この「健康」は健康の基準にかなうものではない、とはいえ、生得的疾患はこの「健康」の諸条件を与えることができるのだ。

*

思考を剥奪＝押収することから始まって、苦痛と貧困《ミゼール》からなる醜悪な搾取に至るまで、キリスト教に対して当然浴びせられる不平不満のすべてをここで繰り返すのは蛇足というものであろう。告発をさらに先に――あるいは告発よりもさらに先に――進める必要さえあるのだ、それは、これほど強力かつ持続的な宗教的支配がひとつの世界に対して行使されてきたその可能性の条件を問うためである。とはいっても、この支配はまた同時に、ほとんど常に当の支配そのものの裏をかき、支配を廃位させ続けてきたのであり、支配自体のうちに、支配に抗する武器を見出したのでもある（自由、個人、理性そのもの）。だがこのことはここでは論じないでおく。[7]

さしあたり、ひとつの指摘で十分にちがいない、だがこれは本質的な指摘である。キリスト教が指し示すのは本質的に（いいかえれば、単純に、極めて単純に、近づきがたいほどの単純さにおいて）以下のこと以外の何ものでもない、つまり、この世界のなかで無制約的な他性〔他者性 altérité〕あるいは他化〔他者化 aliénation〕を切り開くという要請である。だが「無制約的な」ということが言わんとするのは、脱構築不可能ではない、ということであり、脱構築と脱閉域の運動そのものが権利上、無限の射程をもつことをそれは示しているはずだ。[8]

別の言葉で言えば、キリスト教は、最も徹底的かつ明白な仕方で、*alogon* という争点＝賭金を引き受ける。「他なる世界」あるいは「他なる王国」とはけっして第二の世界でも背後世界でもなく、世界の有する他なるもの（全世界の有する他なるもの、つまり存在者のなかで、また伝達《コミュニケーション》＝共有化のなかで結合したすべての一貫性の有する他なるもの）、どんな世界とも別の他なるものであったということだ。宗教的な表象がもつ――法外な――全重圧のために、こうした結果にはならなかったのだ。要約するならキリスト教とは、この世界のなかにあってこの世界の外部で生きるという処世訓ということになろう、実際たとえばニーチェはそのように極めて的確に要約する術を心得ていた。そこで了解されているのは、この「外部」は存在するのではないということ、存在者ではないということだ。この「外部」は現に存在するのではない、それは脱-存〔実存、脱自［ex-istence］〕なるものを定義し動員させる（からそうなのだ）。脱-存とは、世界が〜へと開かれてあること――接近しえない他性へと開かれてあること（またそれゆえに、この他性への逆説的な接近）である。

キリスト教はこのように――パウロあるいはヨハネ、トマス・アクィナスあるいはエックハルト、フランチェ

7　それはこの同一の歴史のなかの三つの一神教が形成する全体を検証することはさしあたり問題ではないのと同じである。つまり、キリスト教はここではキリスト教自身、およびこうした三重性の結節部を指し示す、この三重性についてはまた後でその構成要素を解きほぐす必要があるだろう。

8　デリダの「脱構築不可能なもの」というテーゼとは区別されるこのテーゼについては、また後でさらなる明確化を図る必要があろう。「脱構築不可能なもの」、もしそのようなものがあるとして（デリダの言い方を借りれば）、それは現働的《アクチュエル》な無限という形態以外の形態は採りえないであろう。開放性そのもののモノ＝事象《ショーズ》（*res*）としての *rien*（無、何ものでもないもの、もの）の現働態《アクト》、現働的かつ活動的な現前性。ここおよび今、死、真理、誕生、世界、モノ＝事象《ショーズ》、そして外部。

スコあるいはルター、カルヴァンあるいはフェヌロン、ヘーゲルあるいはキルケゴールとともに考えてみるなら――その本質的な身振りにおいて脱閉域化を行う。もっとも、この閉域を構築し完結させるのはキリスト教であり、現前の形而上学に対して、最も強力な想像的資源を貸し与えているのではあるが。

　とはいえ、「存在論的証明」を解体するため、また同様に、「神の死」を大声で叫ぶためには――その際、より控え目な声で、「道徳的な神だけが拒絶された」と付け加えているのだが――、他性についてのキリスト教的要請に関してこれ以上ないほどの鋭敏な感覚が必要であった。

　キリスト教は閉域の中心にあるのと同様に、脱閉域の核心にもある。こうした絡まりあいの論理ないし位相論は、それ自体のためだけにも、解体する必要があるだろう。だがまず、この論理には正当性があることを認めておくべきだ。またこの正当性は、もう一度言えば、無制約的なるもの、すなわち *alogon* の要請のなかに存在する。というのも、*alogon* なしには、あるいはむしろ *alogon* への開放性、*alogon* への露呈なしには、われわれは思考することを断念することになりかねない。

　こうした肯定、あるいは一連のこの肯定は、キリスト教の脱構築の可能性――哲学が哲学自身の閉域を強制的に移動させ、複雑化し、解体するような運動のなかへとキリスト教を引きさらっていく可能性――を含むだけでなく、キリスト教のうちに、キリスト教のうちにあってキリスト教から脱却しつつ、またキリスト教から、超過的なものそれ自体を、ある脱構築の運動を、掴みとる可能性をも含んでいる。石材の接合を解体すること、そして視線を空虚のほうへと（もの‐何ものでもないもの〔*chose-rien*〕のほうへと）、石材の隔たりのほうへと向けること。こうしたことがより正確には何を意味しうるのか、それこそ取り組まなければならないことであろう。

c. 《*Majus quam cogitari possit*》

結局のところ、脱閉域の原則はキリスト教的伝統の心臓部に書き込まれている。その証人として、当然すぎるくらい有名なアンセルムスの『プロスロギオン』を挙げておけばいいだろう。この書物の根本的な動機は「存在論的証明」という動機ではない（こうした「証明」の本当の性質に関して、思考の試練に委ねなければならないような事柄については留保しておくが）。『プロスロギオン』の頂点は、神とは、それより大きなものが何もないと考えられるもの（*quo majus cogitari nequit*）のことであるという動機のなかにはない。頂点は、*majus quam cogitari possit*、つまり思考されうるものよりも大きい、というこの代補的な段階のなかにある。[9]

この議論の総体は、次のようなものである限りでの思考の運動に基づいている、すなわち、思考とは、思考自身が思考しうる存在の最大値を思考しないではいられないが、またこの最大値を上回る超過をも思考しないではいられないというものである。なぜなら、思考とは、思考自身がもつ思考能力を超過するある何かが存在するということそれ自体を思考しうるからである。いいかえれば、思考（すなわち、知性だけではなく、まちがいなく心＝心胸も、つまり要請そのもの）は思考が思考自身を超える超過を思考するということを思考しうる――また思考しないではいられない。思考は透入しえないものに透入する、あるいはむしろそれに透入される。

まさにこの運動だけが理性をその無制約性のうちに生み出す、あるいは、次のような欲望の絶対性と無限性のうちに理性を生み出す、つまり、その欲望によって、人間は理性の無制約性のうちにおいて無限に生起し消え去ってゆくのだ。アンセルムスはこの点においてキリスト教の信奉者というよりは、遥かに、思考における近代的世界、思考の実存的試練という近代的世界を定義している必然性の担い手なのである。

9　アンセルムス『プロスロギオン』、第十五章。

「神」とはしたがって、アンセルムスにとってこの試練の名である。この名は確かに多くの理由から拒絶されるかもしれない。けれども試練は回避できない。それゆえ、この場合、こう問わねばならないであろう、つまり、およそ概念の命名とはっきり区別された特種な命名に頼るべきなのかどうか、また「神」ないし「神的な」といったものが手がかりや指標として役立ちうるのかどうか、という問いである。

いずれにせよ、「脱閉域」の真の射程は次の点に則してのみ測られる、すなわち、思考を思考の外部へと運び去る要請をわれわれが——およそ支配や統御を超えたところで——改めて把持しうるのかどうかという点である。もっともこの要請は絶対的に還元、縮減されないものであることから、理念的なものの構築とも幻想の乱雑な描写とも混同されはしない。

4　以下本書に所収のものについて

この時点でまだ、怒りや哀れみあるいは失望を感じてこの書物を投げ捨ててしまっていないような人々に簡単に注意を申し上げておく。以下に続くものは、当然期待されるような、整然とした組織だった展開にはなっていない。これは単にばらばらなテクストをごく暫定的に拾い集めたものであって、同じ対象を論じてはいるが、正面から扱っているわけではない。この対象に対するより体系的な取り扱いを企画するのは私にはまだ可能とは思われなかった。ということから、反対に、幾つかのテクスト、そのほとんどは出版されたものであるとはいえ、万人に周知されているとは言えないテクストを試しに使ってみるのが望ましいことではないかと考えた。実際、私は体系的な企画には自信がもてない、至るところから罠が襲ってくるからだ。私が検証するのは、さまざまな反対意見や攻撃というわけではなく、また性急な同意というわけでもない、むしろ私が語ろうとしている作業（もしそういうものがひとつあるとして）が使いうる極めて限られた自由裁量の余地についてである。この作業は哲学的に——その定義から言って——限定されている、また社会的にも限定されている、というのも、あらゆる次元の苛立ちを掻き立てる一方で、節操のない好意の対象ともなるという、板ばさみの状態にあるからだ。とにかく実情はそうなのだ。

議論をさらに先に進める努力はしてみよう。さしあたり、本書においては、開かれた空＝天のもと剥き出しの建築現場しか見当たらない、だがこの表現がおそらくすべてを語っているにちがいない。

*

現段階で提案できるのは、次のような自明の原則をひとつだけ挙げておくくらいであろう。ここで問題なのは、ある哲学者が「神を信じる」（あるいは神々を信じる）ことが可能かもしれない、ということを単に示唆するといったことではまったくない。「ある哲学者」という意味はここでは、概念の技術者ではなく、共同＝普通の意識についての技術者であって、それが今日、期待されていること、要求されていることである。重要なのは、反対に、またおそらく唯一重要なのは、いったい信〔信徳 foi〕は真に＝真理において〔*en vérité*〕信仰〔信頼、信条 croyance〕と混同されてしまったのかどうかを問うことにある。信仰はいささかも宗教に固有のものではないという指摘だけで実際十分であろう。つまり、宗教とは無関係の信仰もたくさんあり、学者や哲学者においてさえも信仰は存在する。だが信はどうだろうか……？　信は無〔何ものでもないもの *rien*〕と必然的な関係を形成するのではないだろうか。そしてこの無というのは、脱構築不可能ないかなる推力も標識も最終項も存在しないことであり、またこの無とは、脱閉域は脱閉域それ自身が切り開くもの（西洋、形而上学、知、自己、形式、意味、宗教そのもの）を止まることなく開き続けるということである。

他の二つの「神に対する徳〔三つの対神徳、信徳、望徳、愛徳〕」、すなわち信の対象への関係における他の二つの次元と能力——最も伝統的な名称で呼ぶなら、望徳〔希望 espérance〕と愛徳〔慈愛 charité〕——について言えば、また後ほど論じることになろう、そうすることでわれわれはそれらの恩恵を受けるかもしれないし、あるいは、さらにそれらから解放されるかもしれない。

*

テクストの順序にはある程度の一貫性はある。とはいえそれらは、すぐに分かるが、かなり異なった状況で書かれているため、必ずしも順番どおりに読む必要はない。始めには、「無神論と一神教」が置かれ、その次の講演「一神教の脱構築」（より教育的な性格のもので執筆時期も早い）と同じく、ここまで素描した問題の展望を明確化し明示するものであるはずだ。その後に「信＝信仰＝信徳〔foi〕」の観念に関する二つのテクストが来る——「ユダヤ‐キリスト教的なるもの」と「全体の無なることの信」であり、それぞれデリダとグラネルに関連する（なお私が注釈を加えたグラネルのテクスト「実体から遠く離れて、どこまで？」を挿入してある）。その次の「心臓での経験」は「無神論者」ニーチェの「キリスト教的」経験の再現を試みている。「言葉は肉となった」は「受肉化」に関する短い暫定的な考察である。「ブランショにおける神の名」はこの著者の幾つかの指摘を集めたものである、ブランショは、「神」が名指しうるもの（あるいは名指すはずのものだろうか？）と信仰との空虚な関係に、おそらく、最も近づいたと思われる。さらにブランショにおいて、引き続き「復活」というモチーフが検証されている、これはデリダとの議論の対象になったもので、「慰め、悲嘆」はその痕跡である。[10]「神的なウインクについて」は、ハイデガーにとって、「最後の神」がどのような身振りに集約されるのかを考察したものであり、「最後の神」が「差延〔différance〕」と関係づけられている。「意味の免除」は、バルトのある表現を起点に、意味についての無神学的な省察を導入するものである。「脱神話化された祈り」は非宗教的な祈りについてのミシェル・ドゥギーの省

10　この論文の執筆は、デリダの死の直前であった。キリスト教の脱構築ないし脱閉域に関する（あるいは、「キリスト教」そのものより遥かに退いたところ、また先に進んだところにおいて、他のことに関する）さまざまなモチーフの全体についてと同様に、このモチーフについて、デリダとさらに議論を続けられるものと希望していたが、議論は遂に行なわれることはない。ただ私がこう言うのをお許しいただきたい、「ユダヤ‐キリスト教的なるもの」と「神的なウインクについて」というタイトルのもとに本書に掲載されたテクストは、二つとも彼へと宛てられたものであったが、彼自身この議論の重要性を深く感じていたことを証言していた。しかしながら、彼がそれでもやはり私の議論に抵抗し続けたであろうことは疑いえない、それは「兄弟愛《フラテルニテ》」や「寛容」といった彼からすれば余りにもキリスト教的なモチーフに対して抵抗したのと同じことだ。とはいえ、問題はわれわれのあいだのこの対立に限定されない、というのも、争点はこれらの討論を遥かに超えたところにあり、彼もそのことを知っていた、そう私は思う、たとえ彼の意に反してであっても。このような知に対してこそ、近づかなければならない、もしそれがひとつの知であるとしてだが。つまり、世界のただなかにおける「世界の外部」に向けて、内在性の超越性に向けて、解き放たれてあること、ごく単純で、初歩的ですらある解放的な態勢〔disposition〕についての知である。

　ごく最近出版された一冊の書物についてはっきりと言っておかなければならない。ミシェル・オンフレはその *Traité d'athéologie*〔『無神学概説』〕（Grasset, 2005）において、「一神教の脱構築」や「キリスト教の脱構築」という表現を使っているが、その際彼は、はっきりと確立している「脱構築」という哲学的な意味作用について奇妙な誤解を冒している。彼は「脱構築」を「解体」と混同しており、さらには同じやり方で、「無神学」を、この語の創始者にして唯一の使用者であるバタイユとは逆の意味で使っている。これらの誤解は確かに軽率さから来るのであろうが、厄介な混同を招きかねない。「キリスト教の脱構築」という表現については、本書の先の箇所で、このタイトルのもとに私が出版した最初のテクストが一九九八年のものであることが分かるであろう。それ以来、このタイトル‐定式は幾度となく引用されてきた、とりわけデリダや私自身の幾つかのテクストではそうなのだ。こうした表現が頻出しているにもかかわらず、そのすべてをミシェル・オンフレが見逃したということになるらしい。

11　初出論文として掲載を受け容れていただいた雑誌や特定の号の編集者に感謝の意を表する。

察を延長するものである。「キリスト教の脱構築」は確かに最も執筆時期が早く、私の見るところでは、他のテクストから引き退いた位置に留まっている。だがこのテクストは、私には必然的と思われる険しく困難な道が最初に切り開かれたことを示すものである。またそこではキリスト教のドグマの主要要素の脱構築的分析の可能性が示されているが、本論集ではその可能性についてはほとんど扱われてはいない（また後に論じる必要があるだろう）。最後に、「脱閉域」は、「空間＝宇宙の征服」という音域において、換言すれば要するに、見捨てられつつも再び開かれる空＝天という音域において、問題のテーマの形式的な変奏を行なっている――すなわち、開放性あるいは空間化＝間隔化〔espacement〕としての「神的なるもの」[11]、それ自身によってと同じくそれ自身のうちで空間化＝間隔化される「神的なるもの」というテーマの変奏である。

無神論と一神教*

「一神教は無神論である。」

シェリング

1

無神論は単に西洋の特種な発明ではない、とはいっても、無神論を、西洋が固有の仕方でみずからを発明した境位とみなす必要はある。「いわゆるギリシア」と名づけられるものには、莫大な量の宗教的振る舞いが浸透ないし混入している可能性がある。それでもやはり、何よりも、「ギリシア的なるもの」を区別し、さらには構成

* 本論文はイタリアの雑誌 *L'Espressione* (Naples, Cronopio, 2005) に掲載するため執筆された、また Santiago Zabala (éd.), « *Weakening Philosophy: Festschrift in Honour of Professor Gianni Vattimo* », McGill-Queen's University Press, 2006 にも掲載予定。変更を加えたうえで、二〇〇四年一一月に「哲学者議会〔Parlement des philosophes〕」主催のもとストラスブールで開かれた討論会「ハイデガー、危険と約束」の冒頭で発表された。

するものがある。それは神的な現前性によって形作られたり標識を打たれたりしないような生と思考の空間である（ただし、都市国家の神々の現前性や思弁活動に携わる人々の神々は除外する、これらははっきり言えばもはや現前性ではない）。ここでいうギリシア人とは何よりまずクセノファネスの末裔のことである、クセノファネスはプラトンより遥か以前に神々の神人同形論を揶揄し、いちはやく無神論の発明に関与していた。（この時代を通じて、確かに、密儀的《ミステール》な神々は自分たちの秘かな運命を続けていた――これは別の物語＝歴史であり、本論では扱わない、とはいえ、また後になって一神教と関連することになる。）

こうした無神論の発明は一般的なパラダイム変換に一致するものである。すなわち、運命的なもの《デスティナル》（この用語は、割当＝指定〔assignation〕ないし方向づけとの対比で強調しておかねばならない）として与えられ受け取られた世界の秩序に代わったのが、世界の原理ないし諸原理について検討することを起点として世界を構築するという体制である。さまざまな要素、原理、結果からなるひとつの体系という意味で「自然〔nature〕」について語り始めたということが意味するのは、世界はもはやさまざまに異なる質や資格（死すべき、不死の、低劣な、高貴な、不純な、純粋な）を備えた現前性のあいだで分かたれるのではなく、与件の総体と次のものとのあいだで分かたれる。すなわち、単に与件の受容ではもはやありえないもの、与件についてその理由＝根拠〔raison〕を逆に与え返す義務を負うもの、こうしたものの諸条件からなる次元とのあいだで分かたれる。この理由＝根拠が確かに「神的な」と言われることもあろう、だがその神的な性格はその価値論的な〔axiologique〕ポジションの卓越性に依拠するのであり、その本性＝自然〔nature〕の内的な隔たりに依拠するのではない。反対に、権利上は、こうした本性＝自然は死すべきものにも接近可能なものとして示される、たとえみずからの死の彼方においてであろうとも（あるいは逆に、またとりわけ、死すべきものの死がこの接近の王道となるべきものであるとしても）。プラトンに散見されることだが、彼が《*ho theos*》と書くとき、こうした固有名を欠いた単数形の「神」という呼称はほとんどわれわれの翻訳を不可能にする、なぜなら、われわれは次のもののあいだで選択を迫られるからだ、つまり、実詞を捨てて「神的な」について語るべきなのか、あるいは、実詞を保持して、ある「神」について語るべきなのか、またこの「神」という唯一のペルソナについてもプラトンはいかなる観念＝イデア〔idée〕――この〔idéeという〕語のあらゆる意味で言う必要がある――ももっていないのだが。

プラトンの単数形の*theos*のなかに留まるならば、神々は消滅すると言うことは可能だ（たとえプラトン自身が、単数形の*theos*から数行離れたところで神々を複数形で名指すことができるとしても）。いいかえれば、与えられた、秩序づけられた、生命を吹き込まれた宇宙というパラダイム――これは後に神話論と名づけられるものであるが、自然学と宇宙論に取って代わられる――がもはや機能しなくなり、そうしたパラダイムに基づく表象や創設的歴史＝物語は、もはや世界の造形的形成とは認識されず、単にフィクションとして認識されるということだ。神々は神々の神話のなかへと立ち去る。

けれども、これらのフィクションが本来、力を発揮するのは、ひとえにフィクションに見られるさまざまな形象《フィギュール》、その性格、そのシナリオ、換言すれば、固有性、系譜、運命の変転、怒りや欲望を兼ね備えた神的な登場人物たちからなる見世物的な一団のおかげであるとすれば、形象も名も欠いた唯一無二の*theos*は、実際、「〔無冠詞の〕神」一般についてのひとつの発明、さらには発明そのものであると言うこともまた許される。「〔単数定冠詞付きの〕神なるもの」も「〔単数定冠詞付きの〕神的なるもの」も、またおそらく「〔複数定冠詞付きの〕神々なるもの」でさえも存在しない。つまり、第一にそうしたものは存在しないということである、あるいは、さまざまな不死の形象からなる一団ないし一種族が存在し続けている限りは、まさしくそうしたものは存在しないということだ。死すべき者たちのパートナーである不死なる者たちが存在することになり、「神」という語がそれ以降、測定する義務を負う存在論的隔たりは存在しないのだ。したがって、われわれは、「無神論《アテイスム》」の発明は「有神論《テイスム》」の発明と同時代的であるということを考慮しなければならない。実際、二つの用語は原理＝始源をなすパラダイムのうちにその一体性を保っている。一度として、あるひとつの神が――ウラノスやイシスないしバールと名づけられようと――原理をなすポジションをもったことも性質をもったこともない。

神々は、死という別の岸から、行動し、語り、観察していた。神々は死すべきものたちをこの岸に渡らせはしなかった、あるいは、渡らせた場合でも、同時に、両岸のあいだを流れる河を口を開けたままに、人を尻込みさせるようなものとして保っておくことを止めたわけではなかった。ディアナ〔女神アルテミス〕とアクタイオンのあいだに河が流れていたように、また人間たちと死せる亡霊たちとのあいだに河が流れ続けているように。

反対に原理は――あるいは諸原理は、とはいえここでは単数形こそが原理から言って必然的であり要請される――両岸のあいだに橋をかける以外の機能をもたない。論理的な《ロジック》〔ロゴス（理由・根拠）に関する〕機能とはこのようなものであって、これが神話的なフィクションに取って代わる。論理的な機能とは、すなわち、徹底的な他性（神と人間はもはや世界のなかに共に存在しない）と同一なるものの他なるものへの関係（人間は神のほうへと呼び求められている）という二重のポジションである。

2

「有神論」と「無神論」のあいだには対立的状況があるといった想定が、多少の差はあれ横行しているが、そうした思い違いを犯さないためには、以上のような最初の与件を押さえていなければならない。確かに、一方の項が他方の項の否定である限りにおいて、この対立的状況は現に存在する。だが、この否定のうちには、否定される他の項の本質がどれほど保持されているのかについて、われわれは無知のままではいられない。つまり、無神論は神的な原理の否定という原理を宣言する。いいかえれば、さまざまな実存者からなる全世界と区別されたあるひとつの実存者が想定され、それがこの世界の第一原因と最終目的を保持しているとされるようなこうした布置のなかで表象された原理の否定という原理である。したがって、無神論は原理上、次のように想定する、つまり原因と目的は、内在的であるような別の次元に属するか、それともあるいは、これらの概念を持ち込むべきではないという想定だ。

最初の仮説によると、内在性は（それを物質ないし生命、歴史、社会あるいは芸術と名づけようと）原因と目的という観念のあり方に関して厳密にはいかなる転位も引き起こさない——そのうえさらに、実践に関わるこの両観念のあり方にいかなる変化も生じない。というのも、原因と目的という諸原理が、「神的な意志」ないし「救済の体系＝経済《エコノミー》」という諸原理と同じくらい拘束的で、加えて強制的なものとならない理由はどこにもないからである。十九世紀と二十世紀の西洋が経験した強制の可能性は、死活に関わると形容してもおかしくないような程度にまで達した。したがって、この意味での無神論が災厄であることをわれわれは心得ている。（厳密を期す必要があるならば、ついでにこう付け加えておきたい、つまり、「内在性」についてのあらゆる思考が、今挙げた無神論的なパラダイムのなかに組み込まれるわけではない。「内在性」と「超越性」という対立を機能させなくする「内在性」の思考も幾つか存在するのだが、ここでは論じることはできない。）

逆説的なことに、また余りにも不調和で不整合なことであるが、今やわれわれは次の二つのことを同時に知っている。すなわち、無神論は主体の唯一可能なエートス（住みか、住み慣れた場所、性格、品性）、主体の唯一の尊厳（このエートスという語に、反省的性格ではなくプラクシス（行為、行動）という意味を与えるとして）であるとともに、この同じ無神論は、共同的なるもの（le commun）、「文化」、「共に《アンサンブル》」というものの次元を、すべてが撤去された状態にしておく、あるいは脅威を与え切迫するものという状態にしておく。最終的には（最終項があるとして）、問題なのは、かつて「コミュニズム」と名指された、満たされることのなかった要請以外の何ものでもない。だがこの話には立ち入らない。共同的なるものは、宗教的な宗教であれ、市民的宗教であれ、およそどんな宗教をも欠いた孤児である——そして、無神論と個人主義の結合、これは言うまでもなく、当然のこととして資本主義の個人主義だが、この二つの結合自体が、多くのことを思考させるはずだ。

第二の仮説——原因と目的を作動させないでおくこと——については、次のことがおそらくかなり明白であろう、つまり、今日どちらかといえば一般に共有されている一定の思考では、ただひたすらこの仮説を受け容れることしか念頭にないとされているのだ。いいかえれば、「原因」と「目的」が公理としての自明性をもつのは特定の技術的圏域の内部であって、その外部では両者は受容可能な概念ではありえない、あるいはもはやありえないということを、われわれは予感しているというのだ。われわれの予感がますます強くなる理由は、ある一定の技術的システムではなく、「技術そのもの」（ないし「資本そのもの」）と名づけうる世界の体制を考えた場合、こうした世界の体制が、みずから展開していくなかで、原因や目的をこの展開に対して見出したり、課したり、あるいは発明したりする可能性を完全に抹消し続けているからだ——もっとも、この展開を、ピュシスのとますます同一視するのでないとしてであるが、というのも、結局テクネー〔技術＝芸術〕はピュシス〔自然〕そのその後で、あたかもテクネー自身のためであるかのように、ピュシスを改めて展開するからである。だがこうしたやり方では、世界のトートロジー的な〔同一性の論理にもとづく〕目的論にしか到達しない、とはいってもこのトートロジーが要請するような新たな神話論を引き出すわけではないのだが……

したがって、われわれには厳密に非原因論的で非目的論的な思考をなす能力がなければならないだろう。現代世界の始まり以来ずっと、どれほどこの要請が哲学の関心事であったかを示すのは簡単なことだろう。結局のところ、完成＝実現の訴訟《プロセス》＝過程を思考する人のお手本とされるヘーゲルもまた、およそ目的論を超えたところで思考する最初の人間として理解されることを求めているのだ（もしくは、ヘーゲルに先立って、あるいは彼と並んでシェリングも）。とはいえ、このような解釈の要件――これは「ヘーゲル的歴史」と呼ばれるものが中断して以降、われわれ自身のさまざまな期待と経験を証言するものだが――を識別する能力があったとしても、非原因論的で非目的論的な思考――つまり一言で言えば、神を欠いた＝無神的な〔athée〕思考――がわれわれに可能なわけではない。われわれは自分たちがそうした思考を欲望していることを知っているからといって、それが可能なわけではない。というのは、われわれにとって、現在まで、この思考――目的なき思考、終焉なき有限性、要するに無限――が示す方向は剥奪的＝欠性的、減法的、つまり欠如的であるからだ――また、あらゆる種類の無神論の主要な口調も、たとえ不承不承であれ、執拗かつ隠然とした仕方で、同じようなものである。（ただちにはっきりさせておく必要があろうが、以上のことから有神論が積極的に確証されるわけではない。この同じ西洋のヤヌスの双面のどちらも一方的に支持しないことだけが重要なのだ。）ブランショはこのことを完璧に理解していた。

3

現代のすべての思考が、無神論という黒い太陽の周りを回る重々しくゆったりとした運動であったとみなされうるような日がおそらくいつかやってくるだろう、おそらくそれは遠い日でさえないのかもしれない。原理の崩壊――あらゆる古典的な存在‐神論が証言しているような崩壊、これはカントにおける存在‐神論の廃位やニーチェにおけるその葬送にまで見られる――の後に、崩壊や崩壊に起因する空虚についての新たな、未聞の（革命的？　創造的？　解放的？　救済的？　われわれはどのようにこれを指し示したいのだろうか？）理解が引き続いたのではなかった。新たな理解とは、いいかえれば、「崩壊」や「空虚」のような語からごく平凡に招き寄せられる思考のプリズムとは異なった思考のプリズムを通して生み出されるような新たな理解のことなのだが。

私が言いたいのは、同時代の思考がその最大限の活動性のなかにあって、既成の思考のプリズムを脱組織化、脱正当化することに専念してこなかったということではない。それどころか、それ以外のことはしてこなかったのだ。しかしながら、無神論はなおも——つまるところ、極めて逆説的な仕方で——地平を閉ざし続けている。あるいはこう言ったほうが正確かもしれない、つまり、まさしく重要なのは無神論とは別のことなのだと思われるのに、無神論がひとつの地平を形成し続けているのだと。なぜなら、諸々の地平と原理は固く結びついているからである。

減法、退引、不在からなる地平が、さらには私自身が無神論と対立させるために「不在神論〔absenthéisme〕」と呼んだこともあるものからなる地平が、地平——すなわち、世界の限界、行き止まり、終焉＝有限さ——を構成し続けている。実際、世界が、物理的＝自然学的《フィジック》な様態でもまた形而上学的＝超自然学的《メタフィジック》な様態においても、至るところから、その極限に触れつつあるだけに、ますます以上の地平はわれわれの思考を縁取り囲繞する。世界から脱出することはもはや問題ではありえない。だからといって、世界をひとつの地平とみなす理由にはならない。別の言葉で言えば、有限性が無限性を限界づけるのではない、反対に、有限性は無限性にその拡張と真理を与えるはずだ。これこそが争点＝賭金であって、それ以外のものは今日存在しない。（衝撃的なことだが、有限な宇宙の拡張について語る物理学は今日、これと類似した何かについて述べているように思われる、とはいえここではおそらくは形式的にすぎない類似性の方向に話を進めることはしない。）

要するに、ニーチェが理解したようなニヒリズムこそが問題なのだ。無神論はニヒリズムである。そして、ニヒリズムからの「脱却」（この用語が適切だとして）が問題となりうるのは、当のニヒリズムを通じて、それを起点にして、そしてほとんどそのなかにおいてである、ということをニヒリズムが同時に指示する限りにおいてである。しかしながら、ニヒリズムは現在までのところ、この指示を乗り越えて、ニヒリズムそれ自身のニヒル〔無〕を反復することとは異なった別の事柄のほうへは向かっていない。確かに、人々が行う反復にしても、強力で、勇敢なもの、操作的、発明的なものである場合もかなりある。たとえば「空虚」、「不在」、「災厄」、「目的＝終焉を欠くこと」、「アポリア」といった指標を巡って行われる反復、あるいは、より禁欲的な仕方で、「生の諸形態」や真理の多様な諸体制の組合せ以外のものは断念するということ――断念の強調の仕方はさまざまであるが――を巡っての反復がある（後者の反復には、カントの「統制」と多かれ少なかれ類縁的な展望も幾つか見られる）。

何らかの形で常に重要なのは、ほとんどニーチェの言葉を拝借すれば、「新たな意味を導入しつつも、その導入そのものが意味を欠くということを知ることである」。逆説の形をしたニーチェの言葉の論理には、われわれの状況からくる厳命、困難さ、さらには不安のすべてが秘められている。とはいえ、どのようにアポリアを除去するのか、意味の彼方へと意味を強制していくこと（非意味的なるもの？　不在の意味？　誇張化もしくは肥大化した意味？）は、絶滅を招くような恐怖しかわれわれにもたらさなかった。夥しい形態のもとに現れたこの恐怖は、これもまた夥しい形態のもとに現れた人間（中心）主義《ヒューマニズム》の無力さと結びついていたのだ。

この最後の語はわれわれを改めて、われわれの眩暈の黒い中心へと投げ込む。つまり、人間主義は無神論であったのだ、それは無神論の真理、射程、主張、操作であった。人間主義は神の本質を人間の本質へと反転させたのであるから、原理なるものに対しては、原理がそれ自身の上で回転すること（革命＝転回《レボリューション》であろうか？）だけが刻印された。したがって、人間主義は一方で存在－〔無〕－神論の構築に関して何も変更しなかったし、他方では、原理という人間主義自身の形象を、その形象に相応しい場所に位置づけることもしなかった。「人間主義は人間のフマニタス〔人間性〕を十分に高く思考していない」、ハイデガーはそう書いている（『ヒューマニズム書簡』、一九四七年）。

ここで示唆されている「高さ」とは何を意味するのか。今日、民族－社会主義《ナショナル・ソシアリズム》〔国家社会主義、ナチズム〕という語によって烙印を捺されている事柄の「偉大さ」〔ハイデガーは一九三五年の『形而上学入門』において「ナチズムの内的真理と偉大さ」と書いている〕に対し彼が盲目的であったことは知られているが、この経験を経た後に、ハイデガーがこのような文を書いているという事実を熟慮するならば、この「高さ」とは何を意味するのか。高揚、高度あるいはサイズという用語＝観点《テルム》で語る必要さえあるのか。それは確実ではない。だが、それならいかなる用語＝観点で語るのか。パスカルはこう書いていた、「人間は無限に人間をパスする」と。この「パスする」とはどういうことなのか。凌駕する、乗り越える、超過する、移動させる、変容させる、神的なものとする、帰化＝順応させる、技術化する、深淵に曝す、無化する、またさらには、脱人間化する、非人間化する、超人間化する、ということなのか。周知のように、われわれはここ二世紀ほど、ヘーゲルの〈精神〉のようなやり方で、こうしたさまざまな形象のギャラリーを踏破してきた。だがわれわれは憔悴、枯渇し、われわれのこのような絶対知にうんざりしている。すなわち、絶対知から改めて噴出してくるのは、〈精神〉の無限性とは違って、他でもない次のような醜悪さが見せる「無限性」である。つまり、この醜悪さに則して、人間の「乗り越え」は、苛酷なまでの人間の支配という形を採る、そしてこの支配はもはや人間たちの歴史でさえない全体的プロセスによってなされる、すなわち、このプロセスは人間の運命に無関心な機械装置＝陰謀であり、この装置＝陰謀はそれ自体の指数関数的な展開と、指数関数的な形でトートロジー的な〔同一性の論理にもとづく〕展開にだけ関心を払うのだ。

こうした悲しみが無神論を要約している。ギリシア人は自分たちが神々に見捨てられ、呪われていると感じたり、神々を奪い去られていると感じたりして悲劇に浸る可能性があったが、その可能性さえわれわれには許されない。そうした奇妙な悲劇的悦びをニーチェや若きベンヤミンはなおも証言したのだが、この悲しみにはそうした悦びのひとかけらさえ残ってはいない。このことがまた、よりはっきりと意味するのは、資本主義からの脱却《ソル》＝退出《ティ》——ここでもまた「脱却」が問題だ（だがこの語のどういう意味においてか）——は、唯一ニヒリズムからの脱却として検証することができる、ということだ。そしてそのための方法は二つあり、互いに連帯しあっている。一方で、「脱却」の形式的構造は同一である（ニーチェもマルクスも心得ていたように、内部を起点にしての脱却である）、他方で、同じ争点＝賭金が問題である。ここではそれを暫定的に、トートロジーを実効的＝現実的に他なるものと化す必要性（あるいは、異他的な論理〔hétérologie〕の必要性）と名指しておく。

4

今、私が一神教に関する考察を始めるからといって、一神教のなかに解決策、治療法あるいは救済を探し求めようというのではない。反対に、「救済」という考え方は、贖い＝贖罪の必要性を訴えることにより、ニヒリズムの世界を堅固なものとして確証することになる。贖い＝贖罪の必要性を主張するのはニヒリズムなのだ。この意味で、一神教が表象したのは、無神論を神学的に確証＝追認することに他ならなかったことになろう。すなわち、世界は何かに依存するという論理に立って、神的なるものを原理に還元することだ。その系として、世界のトートロジーは単に〈神〉のトートロジーへと転位するにすぎない。唯一の神とは、実際には、〈神〉の不動の存在の反復に他ならない。それは歴史も形象ももたない、また、唯一の神の定義が再び行われる決定的な瞬間＝契機においても、それがアルケー〔始元、起源、根拠、支配〕において現前するロゴス〔結集的原理＝根拠〕として特定され思考されてきたのも偶然ではない。

実際、以上の瞬間＝契機は、ギリシア的な無神論とユダヤ的な一神教とが結合することに対応している。この結合において練り上げられるのは、キリスト教の名のもとに、存在－〈無〉－神論の主要な布置を構成したと想定されるものである（存在－〈無〉－神論についていえば、それはイスラームとの関係で別な仕方で再演される、だが正確を期すならば、それは当然、補足的な考察が必要となろう）。〈書物＝啓典〉の諸宗教（ユダヤ教、キリスト教、マニ教、イスラーム）を通して、独特な形で複雑化し、さらには捩れた歴史が展開されてきた。この歴史の動因となる要素、あるいはこの歴史を組織化する結節部は、ジョイスのギリシアユダヤ／ユダヤギリシアの接合するポイントに正確に位置する——しかしながら、このポイントが同時に脱接合のポイントでもある限りにおいてそうなのであり、また無神論自体の心臓部にある内密なこの脱接合が、本当の意味で試練にかけられることをさらに求めている限りにおいてそうなのである。

　実のところ、一方で、接合はまさしく二形態の無神論を接合する。ギリシア的世界で展開し拡大していくようなユダヤ的一神教は、キリスト教的な思考（ストア－キリスト教的と呼んでもかまわないだろう）へと広がっていくのだが、このユダヤ的一神教は、同時に、まさしく、あらゆる神的な現前性や権能をもつ存在の消滅以外のものを使用することはできない。そして「神的な」ものとしてはもはや名——厳密にあらゆる人格性を欠いた名、もしくは名自身の発音可能性を欠いた名——しかもたないある原理を指定する作業しか自由に使用できない。

　この角度から考察するなら、「神」——西洋の「神」——の全歴史は、その最も厳密な進行において、無神論のプロセス〔訴訟過程〕以外の何も展開していない。その経過のうち、指標となるものを少しだけ取り上げておこう。神の存在論的「証明」という観念（これは少なくともひとつの現実存在がアプリオリに演繹されうると想定し、それを起点にあらゆる現実存在が演繹されるとする、だがこの証明と想定されるものは存在論的なトートロジーの上に閉じられている）、あるいはスピノザの神アルイハ自然〔*deus sive natura*〕（神自身の無限な様態のなかにのみ存在するこの「神」の統一性が何に存するのかという問いは、しかしながら、完全に開かれたままである）、あるいは、最後に、フォイエルバッハの神、この神については、人間は神の想像的実体を無視して、神に付けられる術語を改めて人間自身のものとするだけでよいとされる。さらに幾つでも特徴を付け足すこともできよう、たとえば、デカルトの完全なるものの観念や、可能な諸世界のうち最良の世界を創造するライプニッツの神が従う必然化した自由などだ。いずれにせよ、あるひとつの全体性が統一性また必然性として前提され、創設されており、神とはこのひとつの全体性の原理である、という結論に行き着くと思われる。

そうなると、神が名指すのは、このように前提された統一的全体性〔unitotalité〕のトートロジーに他ならない。ハイデガーの用語で言えば、神が名指すのは存在の一貫性であって、この一貫性は原理的、創設的、本質的なものとみなされている。神は、存在者の原理＝始源に位置する存在を最も明白な仕方で表象する、*ens summum, verum, bonum*〔至高の、真なる、良き存在者〕。したがって、ハイデガーがキリスト教のうちに（キリスト教と宗教を共にする他の二宗教については何も言わないでおく）、存在の、命運的でエポカルな（存在がエポック（時代）毎にエポケー（括弧入れ）され忘却・隠蔽されること）歴史から見れば、特筆すべき特種性をもたない派生的現象しか見ないからといって、なんら驚くことはない（この場合、「存在」は原理＝始源とみなされるのではなく、反対に、ライナー・シュールマンが周到に作り上げた逆説を十分なものと考えてよいなら、「脱原理《アナルシー》＝始源の原理」とみなされる、あるいはまた、原理＝始源性一般の脱構築とみなされる）。だが周知のように、存在－神論のキリスト教は、ハイデガーがそれと「沈黙のうちの説明＝対決的解明」[1]を継続したキリスト教ではなかった。

以上から確証されるように、一神教は要するに（無）神論の第二の可能性の条件を構成したことになるであろう。その神の唯一性＝一者性〔unicité〕は、「多神教」と呼ばれてきたものの神々の多数性と、数に関して関係づけられるべきではない。むしろ、この唯一性＝一者性は、神性〔divinité〕を転位させ、方向転換させる。つまり、現

1　Didier Franck, *L'Explication silencieuse, Heidegger et le christianisme*, Paris, PUF, 2004 を参照のこと。

前する、権能をもった存在ないしペルソナから、神性を原理に、根拠に、そして／あるいは法=掟へと変化させる、とはいえこれらは定義上、常に不在である、あるいは存在の奥底に引き退いている。*Deus absconditum*〔隠れた神〕とはいわば、みずからの意志=権能〔*numen*〕の全体を「一者」なるもののなかに引き退かせる「神」であろう、そして同じように、この「神」は「神」の名=名称〔*nomen*〕を「一者」なるもののなかに解消する傾向をもつ、それゆえまさに、「神」の名=名称とはけっして神的な名ではなかったのだ！

事態がまさにこうであるなら、無神論の根はどうして二重に構成されえたのか――構成されねばならなかったとは言わないまでも――と問うことはやはり避けられないであろう。キリスト教を形而上学の派生的現象とみなして過小評価したり、理性や精神の論理を代理=表象する形で転記したものという位置づけに――カントやヘーゲルがしたように――キリスト教を還元=縮約したりすることでは、この二重性ないし二重化という現象を説明できない。

理性《レゾン》は理性それ自身のさまざまな表象の理由=根拠《レゾン》を与えない、と言うべきであろう。理性のなす諸操作が宗教的に書き換えられている、歪曲ないし逸脱されているという考え方は、さまざまなヴァリエーション――「表象=代理」、「感情」、「幻影」、「イデオロギー」のテーマに基づくヴァリエーション――を伴いながら、結局のところ、哲学の側からの告発の中心部をなすのだが、しかしたとえ、この考え方が多くの点で、疑いの余地なく諸宗教（特に一神教がそうだ、これについては別の箇所で検討すべきであろう）が関わっている道徳的、政治的、精神的《スピリチュエル》=霊的な醜悪さを説明するとしても、反対に、ロゴスおよび原理=始源が独異な仕方で裂開状態にあることを説明してはいない――ただし、人がそれで、理性の一段低いレベルや、人が思考を担いきれないことを指摘するだけで満足したり、またある時には、それに加えてより露骨に（思考、文化、社会の）現に存在する倒錯性や疾患について慨嘆するだけで満足したりするのなら話は別であるが。

二十世紀以上も前から、われわれの文明のいわば内的二重性を構成し続けてきた事柄の本質が、脆弱で、腐敗し、異質＝異邦的（つまり非ギリシア的……）であるということが原則として、われわれの文明の総体において前提されていると考えるのは奇妙なことである。この二重性を理解するのに、聖職者たちの脆弱さ、疾患あるいは倒錯性に頼らない別のやり方が可能かもしれないが、あたかも無神論がそうした可能性の考察を拒んでいるかのようにすべては進行する。

　原理＝始源を統御すること、また提示＝現前化することが問題なのであれば、直ちに、虚弱性、さらには病弱性、疾患および悪意が——交互にあるいは結合しながら——間違いなく作用を及ぼしている。原理の論理（端的に論理そのものと言うべきだろうか？）の途方もない脆弱さが明らかになるのは、有神論と無神論とが相互に帰属しあう非常に重要な地点においてである。つまり、原理が肯定される限り、あるいは対照的に否定される限り、原理は、自身が措定される、あるいは廃位されるということにおいて、弱体化するしかない。というのは——これが決定的なポイントなのだが——既に素描したように、原理には、原理である限りにおいて、原理性そのものを超過するということが否応なく課せられる、あるいはさらに、またおそらくどちらかといえば、原理性を避ける、原理性から引き退く、原理性から逃れ去る、あるいはさらに、原理性を当の原理性を起点にして脱構築する、といったことが課せられる。原理なるものは、あるいは原理支配〔君主の位、元首政 principat〕（この語を強引に用いるとして）は、自己自身から自分を例外として除外することしかできない——少なくともこれが、原理支配が避け難くその前に置かれている二者択一のひとつの選択肢である。すなわち、原理支配はそれ自身を無限に確証するか、それとも、自己自身から自分を例外として除外する、しかも同じように無限に、そのどちらかなのである。（例外の権力としての主権＝至高性〔souveraineté〕の政治は、正確に、この論理を再現している、またこの政治には不安定な釣り合いからなる極限的なまでの複雑さが伴う。つまり、正当ではない一者（君主〔prince〕）の正当性と、正当な一者（君主）の非正当性のあいだで釣り合いが絶えず揺れ動いている。）したがって、先の箇所で使用した用語を再び用いるなら、原理支配はその原因論的かつ目的論的なトートロジーを確証するか、それとも、原理支配はみずから進んで、およそトートロジーとは異質なものとして露呈＝遺棄されてしまう、つまり異他論理のなかへと姿を消すかである。

5

それならば、一神教と無神論のあいだの二重性と裂開がこの異他的生成＝発生〔hétérogenèse〕と通底していないのかを検証することが望ましいことではないだろうか。別の言い方をすれば、一神教は無神論の虚弱で聖職者的な側面にすぎないということに、われわれはそれほど安閑として、他に何も問い質しもせずに、確信をもっていられるのか――というのも、常に両者は原理（あるいは〈一者〉）の痙攣状態のなかで、いいかえれば、ニヒリズムからくる遺棄状態のなかでもまた結合しているのである。

われわれ自身の歴史はこれまで、それ自身の原理の支配するもとで自己理解に努めてきたが、それとは別の仕方でこの歴史を理解する時がやってきている。

ギリシアの無神論とユダヤの一神教が遭遇した地点においては、原理の統一性と神の唯一性＝一者性とが、同一の収縮運動――互いに引き寄せあうとともに反発すること――によって、二重の暴力的な運動によって、相互に強化しあうと同時に妨害しあったのだ。この二重の運動のさまざまな効果が神経組織のようにわれわれの歴史を組織化するとともに、炎症を引き起こす。事実、一方では、神の唯一性は、ごく当然のこととして、原理の統一性によって包摂ないし吸収されるままであった。このようにしてキリスト教はみずから進んで人間主義、無神論、ニヒリズムとなる。キリスト教が本来の宗教的な形態（その教会、崇拝、さまざまな神話）を維持することがますます困難となり、最終的に、この状況は内的な闘争あるいは分裂の対象となる。（ユダヤ教において、またイスラームにおいて、さらには三つの一神教の関係において、ないし非‐関係において、以上の図式がどのように作用するのか、しないのか、逆転することがあるのか、ないのか、これは別のところで検証する必要があろう。）

だが他方で、神の唯一性は原理という次元に入ることを拒否する。近代合理性の飛翔期に、パスカルがその『覚え書』のなかで、「哲学者と学者の」神と、「アブラハム、イサク、ヤコブの神、イエス・キリストの神」をきっぱりと分離する必要をあれほど痛烈に感じたのは偶然ではない。この分離と、分離に由来する背反性ないし矛盾は、無神論の心臓部に宿っている。正確にいえばその箇所とは、先に示唆したように、原理の原理そのものが、おのずから崩れ去り、この崩壊のなかで、まったく異なる非原理的な布置の可能性、さらには要請と呼び求めを合図している場所である。

一神教が原理という体制を少なくとも強化しながらも、同じ程度にその体制に違背する際の、主要な特徴線の幾つかを挙げておけばここでは十分であろう。（これは私の仮説ないし大胆な賭けなのだが、これらの特徴線は、少なくとも聞き取りがたいような仕方であるが、ハイデガーにおいて作動している、またさらに聞き取りがたい仕方で、ウィトゲンシュタインにおいて作動している。この箇所でこうした指摘をするのは、賭けられている事柄がまさしく前世紀からの思考の必然性＝必要性に関係があることを示しておきたいからだ。）

原理とその帰結のあいだ、あるいは条件とそれが条件づけるもののあいだに形成される関係と、創造者と被造物のあいだの関係は対立しあう。まず断言しておかねばならないが、後者の関係は、前者の関係と完全な対照をなす、なぜなら、前者は同一性、内属性ないし論理的帰結という関係であるのに対し（もしAならばBである、もしアルファならばオメガである）、創造は他性《アルテリテ》および偶然性の関係である（もし「神」であるなら、神が創造するということに、いかなる理由も存在しない）。あらゆる形態の生産や制作から明確に区別される限りにおいて、無カラノ創造〔*creatio ex nihilo*〕という観念は、本質的に、二重のモチーフを含んでいる、すなわち、必然性の不在ということと、所与〔与えられ、贈与されるもの〕は理由《レゾン》＝根拠なしに実存するということ、つまり、その贈与の根拠も原理も欠いたまま実存するということである（どのような贈与の概念も、おそらく、適切ではありえないことが判明するような「贈与」）。エクス・ニヒロ〔無カラ〕とは換言すればこうなる、原理＝始源には何ものもない、原理というある無なるものがある、存在するもの以外には何もない、成長の原理を欠いたまま成長する（*creo*〔創造する〕、*cresco*〔成長・発生する〕）もの以外には何もない、「自然」の自律的な原理すらも（とりわけ）ないということだ（ただしスピノザを通してこの「自然」の概念を再評価する場合は別である）。

まっさきに、こう言えるかもしれない、ニヒル〔無〕が措定されていると。それこそがおそらくニヒリズムから真剣に脱却する唯一のやり方であろう。「イズムとしてのニヒリズム」が実際、意味するのは、無〔何ものでもないもの rien〕を原理とすることだ。だがエクス・ニヒロが意味するのは、無という原理も含めて、およそすべての原理を解体することである。それは、無（*rem*、もの＝事象）からあらゆる原理性を取り除き空虚化することである、それが創造なのだ。[2]

このような「解体すること」に含まれる意味やそこから義務として課されるものについても、詳しい検証は控えておいて、他の二つの特徴線を付言するに留めておこう。

最初の特徴線。創造という関係は、聖人と罪人のあいだの関係によって二重化される。もう一度言えば、問題なのは同一性ではなく、他性である。聖人は罪人の他者である、それは罪人がその存在において、この他性への関係によって構成されているという意味でそうなのである。罪人は聖人ではないことにおいて罪人なのである、だが罪人はこの聖人性に対して身を捧げねばならない。とはいえ、聖人性は原理ではない。聖人性は規定することも、あるいは表象＝再現も処方することもできない。それは人間に対して、あるいは人間のうちに（人間だけではなく、世界に対して、あるいは世界のうちに、と言う必要がないとしてであるが）、「自己を無限に超える〔se passer infiniment〕」という次元、運動ないし身振りを切り開く――このフランス語表現には二つの可能性があるという想定のもとに注釈を加えることも不可能ではあるまい、つまり、「人間は無限に人間を超える」、そして「人間は無限に人間なしで済ませる」という意味だ。（「神」、あるいは聖人は、人間なしで済ませるのかどうか？　周知のように、この問いはキリスト教のなかで絶えず取り沙汰されてきた。）

ここで注目しておきたい最後の特徴線は、信〔信徳、信仰 foi〕についてのものだ。神々が必ずやそうであったと思われるように、原理とは知られるはずのもの、あるいは認識されるはずのものであるとすれば――またさらには、宗教が知の一形式、つまり遵守と細心綿密さからなる知であるならば――、反対に、聖人が助けを求めるのは信に対してである。信は脆弱で、仮説的ないし主観的な知、検証不可能な知というのではない、理性ではなく服従によって受容される知というのではない。信は、通常の意味での信じること〔信条 croyance〕ではなく、反対に、理性の行為である、つまり、無限に理性なしで済ませるもの＝理性から発して理性みずからを超えるもの〔*se passe*〕へと、みずから進んで、自己を関係づけるような理性の行為である。信が位置づけられるのは、正確には、完全に論理的一貫性をもった無神論という地点であり、これは原理や原理支配への信頼を放棄した無神論なのである。たとえば「みずからの欲求に照らし合わせるならば、理性が自分の力によってみずからに満足を与えることができないという状況」[3]についてカントが語る時、彼は既にこの地点を決定的に認めていたのだ。理性は

2　J.-L. Nancy, *La Création du monde – ou la mondialisation*, Paris, Galilée, 2002〔ナンシー、『世界の創造、あるいは世界化』、現代企画室、二〇〇三年〕を参照のこと。

理性だけで充足しているのではない、理性は理性自身に対して充足的な理由＝根拠ではない。この不充足性を認識してこそ、理性はみずからを完全に正しいとすることができる。なぜなら、そうすることで理性が認識するのは、何か別のところから修復を期待しなければならないような欠如や欠陥ではなく、むしろ、充足性および／あるいは欠如の論理は理性には適切な論理ではないということなのだ。

だからこそ、同じカントが「道徳的な（「形而上学的」、「思弁的」あるいは「学者固有の」ではなく）信」と名づけたものの本質は、理性の無能力にあるのではなく、反対に、理性がその充足的ではないことに立ち向かう堅固な姿勢に存する。理性をニヒリズムへと追いやるような無能力、欠点ないし欠如を、理性は「道徳的な信」のうちに見るのではなく、今や、「充足する」ことも「満足させる」ことも問題ではないという厳密な意味における「非‐充足性」を理性はそこに発見する。というのも、もはや満足が与え返されるはずの原理が存在しない以上、およそ充足性も満足も存在しないからだ。信はそうすると、理性が理性自身の無神学《アテオロジー》に対して断固として忠実であることとなる。

ぎりぎりの場合、「神」という名が、あるいは「聖人」という名が、この無神学的な体制――転倒された有神論という図式から明らかに引き離された無神論《アティスム》を指し示すためにバタイユの語を使用してよいなら――において名指し始めているものは、単に原理の廃墟に向けて送付されるだけではなく、原理に基づく論理にさらに対抗する形で、次のものに向けて送付される。すなわち、信それ自体を誕生の場とするような、あるいは信それ自体がそれらを創造する出来事であるような「ある何か」、「ある誰か」、「ある無＝何ものでもないもの」（おそらくはソコカラ……スルトコロノ無〔*nihil ex quo...*〕）に向けて送付される。「神」それ自体が信の成果であって、同時に信は「神」の恵み《グラース》＝恩寵にのみ依拠する（つまり、必然性や義務から除外される）、これこそ、有神論と無神論のカップルとは極めて異質な思考、おそらく最も異質な思考である。それは自同性〔それ自体であること mêmeté〕によって切り開かれ、自同性の外部へと露呈される他性の思考であり、自同性を無限に超出するものの、かといって、いかなる点においても自同性に対して原理的ではないものとしての他性の思考である。ところが、この思考はキリスト教的な省察に——同様にユダヤ教やイスラームにおける省察にも——異質のものではなかった。マグネシアのマカリオスの引用だけに留めておく。「〈父〉の意志が実現するように願う人は、この活動に参加することで、私を生み出す、そしてその人は私とともに生み出される。私が神の唯一の〈息子〉であると実際に信じる人は、信仰によって、あるやり方で、私を生み出す」[4]。

話はここまでにしておきたいので、以下のような確認で締め括っておこう。プラトンの教えは「神的なるものに同化すること」であったが、それに対し、一神教の教えはわれわれのうちに神的な類似性《シミリチュード》＝相似性を保持することであった。ホモイオーシス〔類似〕、ミメーシス〔模倣〕、メテクシス〔分有〕、すべて一緒に。ところで、同化には二つの可能な様態がある。他なるものでかつ原理的であると想定される主体〔基体〕の属性を自己固有化＝我有化すること、それとも、本来的な意味で無限であり、それゆえ自己固有化したりあらかじめ規定したりできない、非‐原理的な他性へと、自同なるものが他〔者〕化＝変質することである。「神」あるいは「聖人」が、理性の有するこうした他性にとって、幾つかの名を依然として形成しうるのか、もしくは形成すべきなのか、またそれはいかなる資格においてなのかが、まだ問われるべき点として残っている。「無神論」そのものがまだ両義的な用語でその将来も保証されてはいないということが明らかならば、この問いに対する応答はそのようなままではまだ与えられてはいない。

3　一七九二年二月二日付のフィヒテ宛の書簡（*Briefwechsel*, Hamburg, Meiner, 1972, p. 553)。（フランス語訳はナンシー自身による）
4　*Le Monogénès*, édition et traduction française par Richard Goulet, Paris, Vrin, 2003, t. II, p. 23.

6

終結部《コーダ》……

唐突だが、最後に次の問いを挿入しておきたい。「かろうじてただ神のようなものだけがわれわれを救うことができる」〔『シュピーゲル対談』〕というハイデガーのいわば最後の、究極の言葉であったこの言葉を、今日、聴取＝理解する必要があるのだろうか、またそれはどういう仕方においてなのか？ 軽蔑の思いを抱かずに、この文章を論じること、それは政治的に正しいことではない。けれども哲学的には必要なことだ。ごく端的に、この文章は何を言っているのか？

そこにはまずトートロジーが言表されている、もし「救う」ことが当然であるならば、その場合もちろん「ただ神のようなものだけが」救うことができる、「救い」がまさしく神的な次元に属するとして。つまりトートロジーであり、空虚なトートロジーだ、救いについての思考が練り上げられない限りはそうだ。ところが、「救うこと」は思考されていない。「救うこと」は「治療する」ことではない。それはプロセスではない、また最終的な「健やかさ」にも準拠しない（*salvus*〔救助・生存に関わる〕と*sanus*〔健康な、健全な〕とは同じ語ではない）。それは既に深淵のなかにある者を引き留める瞬間的な比類のない身振りなのだ。「救うこと」は深淵を廃棄しない、それは深淵のうちに生起する。（おそらく、比較しうるような仕方で、仏教の「悟り＝覚醒」は、生起することがあるとすれば、世界の外部ではなく世界のただなかにおいて生起する。）

こうしたこと――深淵（被投的存在〔*Geworfensein*〕、「貧困」、「孤独化＝遺棄」、「罪」）－のなかに－あること、あるいは深淵-に-委ねられて-あること――はまさしく、人がそこから何らかの弁証法に頼って帰還できるものでもなく、またそれについて模倣的-カタルシス的な表象を与えうるようなものでもなく、そのなかにこそ「救い」があるようなそうしたもの（それからの「救い」があるというより）に他ならない。少なくともこの方向でこそ、思考することが可能でなければならないだろう。

ラケル・ベスパロフ〔Rachel Bespaloff、一八九五―一九四九年、ウクライナのユダヤ系の家庭に生まれる、レオン・シェストフ、ジャン・ヴァール、ガブリエル・マルセルなどの影響を受け、キルケゴールやハイデガーの研究に優れた初期実存主義の哲学者〕の言葉によってこの方向を示せればと私は考える（彼は、とりわけ、ハイデガーの驚嘆すべき読み手であった）。「われわれの無力さやわれわれの絶望を神と名づけてはならない」（これはニーチェの引用であるが）、また神のうちに「治癒」も探し求めてはならない、そうではなく、「救いの有する危険」[5]に身を曝すべきなのだ。

*

だがこうした思考に近づくだけでもどうすればいいのか。「諸原理の学問」としての、「合理的知」としての、あるいは世界の表象の産出としての哲学をもってしてではないことは確かだ。ハイデガーは『シュピーゲル誌』の同じ対談の文脈においてそう指摘する（「哲学はその終焉にある」）。そして彼が語る「神」は、こうしたことより

5　*Cheminements et Carrefours*, Paris, Vrin, 2004, p. 150（ロナルド・クラプカとモニック・ジュトランに感謝する）。対してドゥギーはハイデガーのこの文についてこう述べている、「健やかさをもたらすもの〔salutaire〕はわれわれの支配下にはない、私がこの文に聞き取るのはこのことだけだ。」（*Un homme de peu de foi*〔『ほとんど信をもたない人間』〕, Paris, Bayard, 2002, p. 57.）

以前に、「他でもないこのこと」、つまり、哲学それ自体がその場をなすのでもその体制をなすのでもないものを指し示す。この神、彼が他のところで名指しているように、この「最後の神」――それぞれの神が「最後の＝究極のもの」である限りにおけるこの神――は、ウインクする〔*winkt*〕神である、つまり意味作用なき合図＝表徴《シーニュ》、接近と招きと出発＝分離《デパール》のシグナルを送る神である。[6] この神の本質は「ウインクすること〔*winken*〕」にある。そしてこの合図を-送ること、この瞬きは、*Ereignis*〔性起、固有化、自性化〕を起点にして、またその方向へとなされる――*Ereignis* とはいいかえれば、固有化する＝自性化する出来事であって、それによって、存在へと、あるいは存在によって固有化＝自性化された人間は、みずからの人間性の上に閉じた同一性を脱固有化され〔*ent-eignet*〕、自己-「そのもの」を無限に上回るものへと、自己を「固有化すること」、差し向けること、捧げること〔*zu-eignet*〔自性を委ね送る〕〕が可能となる。

余りにも人間的な人間が夢想することさえできないような人間のこの超-上昇化、人間についてのいかなる哲学的本質も比較の対象となりえないようなこの超-上昇化〔だがかつて、人間の「哲学的本質」などあっただろうか、おそらくないだろう、哲学はおそらく常にそれ自身の目的＝終焉を乗り越えているのであろう……〕、これこそがおそらく端的に、「神」という語が名指すもの、あるいはむしろ合図するもの、「瞬きで示す」ものであろう。

それが言おうとしているのは少なくとも、超-上昇化は、知を欠いたまま、意味の外部で起きるということだ。強力な知〔学問＝科学〕でも、脆弱な知〔信＝信仰〕でもない。神への信仰でも、人間への信仰でもなく、知や芸術への信仰でもない。だが、そう、堅固な姿勢であり、忠実さである――さらには、この語の法外なまでに強力な意味において敬神＝献身〔*dévotion*〕である〔ある責務やある悪魔に身を捧げるように「身を捧げること」〕。[7]

ところが、そうなると、われわれは、先に挙げたカントの「実践的な信」に似通ったある何かに引き戻されるのかもしれない。だからこそ、ここでまったく暫定的なものとはいえ、このような結論を提示することにも幾らかのメリットはあるだろう。

すなわち、「ただ神のようなものだけ……」という文章は――あるいは、今日、「何らかの神」や「神的なるもの」を名指す、どのような文章であれ、それは――以下の有名な文章の再定式化――大胆だが必然的で緊急でさえある再定式化（とはいえよく考えてみるならば、再定式化されている事柄に比べれば、それほど大胆ではないが、必然性はより大きい）――に他ならない、それを改めて次に翻訳しておく。

「したがってわたくしは、信仰〔信 foi〕に余地を与えるために、知識〔知 savoir〕を除去しなければならなかった。かくて形而上学の独断論、すなわち純粋理性を批判することもしないで形而上学において成果を収めようとする偏見は、つねにまったく独断的な、道徳とは相容れない一切の不信仰の真の源をなすものである。」[8]

カントの文章のうち、われわれに対して、何が開かれたまま残されているのか、それは次のことに他ならない。すなわち、理性の批判、いいかえれば、理性自身による理性の、容赦も妥協もない検証は、理性自身のうちに、理性の開放性と超‐上昇化を無制約的に要請する。ここで問題なのは「宗教」ではない。理性が自己についても、また世界と人間についても理由＝根拠を与えうるのだという幻想を、理性から発して超え出るようなものに対し

6　本書所収の「神的なウインクについて」を参照のこと。
7　foi〔（信の対象を欠く）信、信仰、信徳〕と croyance〔（信の対象をもつ）信仰、信念、信条〕との差異、根源的な非両立性については強調しすぎることはない。この箇所でも、また別の箇所でも、私は結局この点に何度も立ち返るだろう。
8　カント、『純粋理性批判』、第二序文（B XXX）。

て、理性が示す忠実さの合図《シーニュ》＝しるしとしての「信」が問題なのだ。

「何らかの神」という合図《シグナル》——あるいは「何らかの神の合図」——がここで必然的なものなのかどうかは、またもや、決定されないままである。それはおそらく決定不可能なままに留まるであろう——あるいは留まらないかもしれない。だがさしあたり、疑いようのないこととして、合図は、どのようなものであれ、神を欠いたわれわれの理性から、われわれのほうへと差し向けられるのだ。

一神教の脱構築*

ルイ・マシニョンが的確に命名したように、アブラハム的宗教である一神教の遺産が執拗に残存している。ユダヤ教やキリスト教を始めとして、それぞれの宗教は、先行するものに取り憑かれた継承者である。ムスリムにとって、イスラームは預言の文字を成就し完了させる。あらゆる神々のなかで最も嫉妬深い神のこの三人の弟子――どのような角度から見ても、どれひとつとして統一された一枚岩的な陣営を構成しない――は、多種多様な形で競合関係にあるが、それに関する歴史らしい歴史も、その名に値する脱神話化も、あいかわらず存在しないままだ。とはいっても、三者が分かちもつ悲劇的なまでに和解し難いもの、これについての世俗的で豊かな例をパレスチナが提供してくれている。

それゆえ、驚くべきことではないが、ムスリムとキリスト教徒は十字軍やジハードについて語るのが常であり、その際、両者はありえないほどの無頓着さでユダヤの存在を無視する。エクバル・アフマドが言うには、こうしたプログラムは、「底なしの水のなかで、伝統と近代性のはざまで板挟みになっている男性や女性にとっては、大いに安堵させるものである」。しかしなが

＊　二〇〇一年に、カイロの経済・法律・社会研究資料センター（CEDEJ）で行われた講演、これはその第二版という形で、アブデルワハブ・メデブが編集する雑誌『デダル〔*Dédale*〕』誌の次号に収録される予定。

ら、われわれは皆、西洋人も、ムスリムも、また他の人々も同様に、こうした底なしの水のなかを泳いでいるのだ。
そしてこの水は歴史という大海の一部なのであるから、それを二つに割って、障壁を設けようとするのは無意味なことである。

エドワード・サイード「無知の衝撃」、『ル・モンド』紙、二〇〇一年十月二十七日
〔『オスロからイラクへ』（みすず書房、二〇〇五年）に所収〕

西洋にはその特殊な特徴があり、最近までそれはそういうものとして姿を現すことが可能であったが、その形態が今や世界全体に拡大する瞬間から、西洋を西洋と呼ぶことはもはや不可能となっている。この形態に含まれるのは、民主主義や法＝権利などの一般的規定であったり技術‐科学であったりするが、また語の広い意味での特定の表象タイプ（たとえば、映画や、ポスト・ロック的、ポスト・ポップ的な音楽の全体）に付きものの特定の言説と論理構成のタイプでもある。したがって、西洋はもはや、この世界化（西洋自身の世界化）――世界化において、西洋はみずからが西洋の「人間主義《ヒューマニズム》」と名づけていたものに特権的な役割を担わせることができると思い込んでいた――に伴うような世界観や世界の意味の保有者としてみずからをみなすことはない。反対に、世界化はその本質的な点において、マルクスが既に完璧な形で世界市場の生産として洞察していたものに集約されつつある。そしてこの世界の意味はただ単にさまざまな資本の蓄積と循環に存するように見える。それと同時に、富める支配者と貧しい被支配者のあいだの格差は歴然とした形で深刻化している、また、際限なく技術が拡大するなかでも、「進歩」や人間の生活条件の改善といった目的は、もはやほんの申し訳程度にしか設定されない、しかも不安や心配に駆られながら設定されているのだ。人間主義が非人間性＝非人道性へと大きく流れ出していく、現状

を大雑把に要約すればこうなろう。そして西洋はどうして、このような事態に立ち至ったのかを理解していない。とはいえ、紛れもなく西洋こそがこの事態に逢着しているのだ。よく言われることだが、まず地中海を取り囲むようにギリシア人、ローマ人、ユダヤ人、アラブ人たちが作り上げたこの文明こそが、こうした成果をもたらした。その限りにおいて、今や世界的となったこの身体に接ぎ木を試みることができるような他の価値や形態を他の場所に探し求めに行こうとしても不十分であろう（確かにこうしたこともよく言われるのだが）。他なる場所はもはやない、あるいは、いずれにせよ、古来からの西洋的意味における他なる場所はもはや存在しえない（オリエンタリズムのプリズムを通して見られたオリエントという他なる場所、もしくは、神話や儀式などの「原初的な」内在性のなかにいわば生きていると表象される世界という他なる場所などだ）。

われわれの時代において緊急に求められているのは、西洋が――あるいは西洋の残存物が――それ自身の生成を分析し、みずからの由来と軌跡について立ち返って反省し、西洋が生み出す意味が解体しつつある、そのプロセスについて問いを発することだ。

ところが、上記の「西洋」の内部では、人々が、啓蒙の哲学（人間理性の連続的進行のモデル）について、あるいは産業と征服活動からなる十九世紀の権力への意志について、またあるいは、違う形ではあるが、西洋にとって内的なさまざまな裂開――スラヴ的、正教的世界の側や、アラブ的、イスラーム的世界の側においても――について、それらの複雑な性格や挫折した機会も含めて、問いを発し、それらを再評価する姿が頻繁に見られはするが、驚くべきことに、思想の主要部分についてはほとんど問われない。だが思想のこの主要部分こそが、西洋そのものとは言わないまでも、少なくともその可能性の条件を組織化する上で、主導的ないし原型としての役割を果たしたことになるだろうと想定される。私が言いたいのは、一神教のことである。

周知のように――どうして知らないでいられよう――、ひとつの三重の「啓典＝書物の宗教」からなる三重の一神教（念のために、かつてのマニ教もそれに付け加えられるだろう）が地中海的‐ヨーロッパ的な特種性を画定する――またそこから、キリスト教とイスラームという少なくとも二つの分家の系統が、異なる形態を採りつつ世界に拡張するさまが画定される。だがおそらく人々は余りにも容易に、また余りにも頻繁にこう考えているようだ、つまり、宗教的な次元（あるいは、おそらく、単に「宗教的な」ものだと誤って考えられている次元）は、文明のさまざまな事実や構造に比較すれば偶発事のようなものとして働くのだと。あるいは、より正確に言えば、明らかに、世界化した西洋にその相貌を与えるのはもはや、こうした宗教的次元ではないとされるその時点から、この宗教的次元は外的なものとして現われる――しかしながら、もう一度言うが、多くの点から見て、この世界化は、一神教が、さまざまな形態のもとに、世界化することでもあるのだ。

なぜなら、結局、テクノロジーに基づく資本主義経済が、今日、価値と意味の一般的形態をまさしく構成するのは、通貨の交換（ないし一般的等価性）という法則やこの等価性の次元のうちでの付加価値の際限のない生産という法則が世界を支配するからである――まさしくいかなる規定もない増大拡張や等価性の観点から見て、価値は評価されうる、このことは紛れもない事実だ。ところで、この価値の一元性《モノヴァランス》、あるいは意味の流通という唯一の意味は、一神教的な考え方を担ってきた単一的文化《モノカルチャー》を外見上は、非宗教的な形で書き換えたものに他ならない。とりわけ、それはローマの文化であり、バグダッドやテヘランから、ロンドンやロサンジェルスに至るまで、ヨーロッパにおいてそしてまた近代において拡張してきた。この歴史の神秘が存するのは、ある時には「神」、またある時には「人間」、またある時には「価値」それ自体という形態で現われる価値もしくは唯一なる意味の性格のなかであって、この性格は、絶対的であると同時に不可視で計算不可能であり、規定されることなく、普遍的であるという点にある。

われわれの歴史をさらに深く理解し、変容させるためには、おそらく、この価値の一元性という構造の心臓部に問いを突きつけなければならないであろう。

*

「神」という問いに対して無関心であるという意味で、常に少なくとも暗黙上は神を欠く《ア》＝無神論《テ》的であった近代的合理性と、そのごく最近におけるさまざまな様相（知ないし法＝権利であれ、美学ないし倫理であれ）が展開されて以降、一神教に対しては副次的な係わり合い方をする以外は無益なことであるように思われる、すなわち、「私的な」信条の領域に立ち戻るか、単に歴史的なパースペクティブで対するかである。

だが人々は次のことも知っている――あるいは知っているにちがいないと思われる、とはいえ、その知は、私が話そうとしている意味において、積極的＝肯定的で、行動に駆り立てるような、「脱構築的な」知である――、つまり、世界についての近代的理解の最も顕著な特徴、また時にはその最も目立った神を欠いた〔athées〕、無神論的〔athéistes〕ないし無神学的な〔athéologiques〕特徴が、どの程度まで、その由来――これは厳密かつ根本的に一神教的である――において、分析されうるのか、また分析されなければならないのか、ということである（たとえば、簡潔に言えば、普遍的なるもの、法＝権利、個人、さらにより微妙な形では、無限の超越性によって人間を、人間主義のうちで乗り越えるというモチーフ）。ところで、「由来」とは、他の箇所と同じくこの箇所でも、単に何らかの過去のことではけっしてない。由来は、現在に形相を付与し、途絶えることなく現在に対して、由来に固有の効果を生み出す。したがって、一神教が、別の経路をたどって増殖したり、さまざまな宗教的形象に姿を変えて生き残ったりする一方で（また時には急進化も見せるが）、どのようにしてこの一神教が世界化としての西洋の由来であるのかを知ることもおそらく重要なことである。もっとも、この世界化の上に漂っているのは、神的な摂理とは完全に異なるもの、すなわちニヒリズムの暗い翼であるように思えるのだが。

　一神教を構成する諸要素を脱接合化するような操作を、私は「一神教の脱構築」と名づけようと思う。そうする目的は、諸要素のあいだに、またいわばその背後に、構築から引き退いたところに、諸要素の接合を可能にしたものを識別するためである。そして一神教それ自体は世界化し無神化《アテイゼ》したのであるが、そのようなものとしての一神教の彼方こそ、逆説的に、発見すべきもの、思考すべきものとしてわれわれに残されている、この残されているものを識別しようと試みたいと思う。

*

　こうしたプログラムを一回だけの講演のプログラムにできないことは当然である。それゆえ、今すぐこの講演での論じ方を絞っておく。二つのやり方でそうする。

　第一に、本来なら別に論じるべき点について、ごく手短で簡潔な指摘をしておく――つまり、一神教について語る際、私はすぐさま一神教の構成のなかに、ギリシア-ローマ的遺産、換言すれば、哲学的かつ国家的-法律的な遺産を含める。ヘレニズム時代に、ギリシア-ローマ的意識と一神教的傾向のあいだに緊密な共生関係が生まれていなければ、ユダヤ-キリスト教は可能ではなかった。第一のギリシア-ローマ的意識は、論理《ロジック》=計算的-技術的-法的な普遍性についての意識として、および、この意識そのものと「救い」（治癒、世界の悪=苦しみからの解放）――単に内面のないし私的な気遣いとして理解された「救い」――の圏域との分離として、特徴づけられるかもしれない。第二の一神教的傾向を区別すると思われるのは、多数の神の代わりに唯一の神を据えるという数字上のことではない。もはやこの世界のうちに与えられることのないある現前性、彼方でのみ与えられる現前性、神的な唯一性とはこうした現前性の相関物であるということで区別されるだろう（この世界のうちにある現前性とは「偶像」の現前性であり、それを拒絶することが、おそらく、三重のアブラハム的伝統を生み出し同盟関係を結ばせる最大のモチーフであろう）。この二つの由来をつなぐ結合符は、「神」を単数形で据える可能性そのものにかかっていたことになるだろう。たとえばプラトンにおいて、またヘブライ人において起きたように、そしてまた、二つの単数形のあいだにある大きな差異がどのようなものであったとしても。

第二に、ここでの私の分析は以下の点に限定しておく。すなわち、一神教の形態についてである、とはいえそれは、一神教が最もヨーロッパ的な形態――それゆえに、少なくとも二十世紀の中頃まで、世界の西洋化に随伴してきた形態――と化した限りでの一神教の形態であり、いいかえれば、キリスト教の形態についてである。この形態はまた、私にそれを語る能力が最も許されていると思う形態である、というのも、それはフランス人としての、ヨーロッパ人としての私の文化の形態であるからだ（とはいっても、正統的なキリスト教に対して幾らかの距離を取ることも意味する）。だが以上の作業は二つの条件と引き換えでなされる、それを次に強調しておく。

1．ユダヤ教とイスラームという他の主要形態は、後続する脱構築作業のために、別に取っておかねばならない。だがそれは、同一の分析操作をひとつの形態から別の形態へと移し変えるためというより、究極的には、一神教のなかで、その三重の規定あるいは一神教を構成する複数的単数性が不断に相互作用を及ぼしていることを視野に入れるためである。したがって、また後で別のところで、この相互作用を脱構築する必要がある、そして、一神教が三度にわたって少なくとも定義＝画定し直され、継承し直され、把握し直され、転位され、変形されたことになるであろうその運動に属するもので、西洋のうちにあるものについて理解する必要があるだろう。それはまたわれわれの由来をなしている。ユダヤ教徒、キリスト教徒、ムスリムの争いともめごとのことである。

2．次に、キリスト教を導きの糸として辿る際には、キリスト教を、かくも多くの仕方でユダヤ教やイスラームに結びつけているものを闇のなかに放置しないよう警戒する必要がある――この仕方が照応的であれ、対照的であれ、葛藤を孕むものであれ、関係はない。というのは、そうしたものはキリスト教それ自体に属するからであると同時に、キリスト教のベクトルを通して、一神教の西洋化を作り上げたであろうもの、またそれゆえに、抜きがたく複雑かつ両義的である、キリスト教の世界化を作り上げたであろうものにも属するからだ。

＊

というわけで、私は「キリスト教の脱構築」の輪郭線にアプローチする。この発表の冒頭に接続する形で、まず言っておこう。西洋がまとっているキリスト教的なしるし《マルク》、それは夥しいばかりのもので、いやでも目につくものであるが、それを集約するシンボルが十字架である。だがそうしたもののなかに重要な事柄が潜んでいるのではない。逆に重要なのは、キリスト教は、もはやキリスト教だと分からない、再認されない場＝時にこそ――とりわけ、おそらくそうした場＝時に――現前しているということなのだ。十字架のしるしは、キリスト教がほとんど影響力を失った場所や慣行に花を添えることもある。またそれは周知のように、昨日今日に始まったことではない。反対に、たとえば、「人権」についてのある一定の考え方、また政治と宗教の関係についてのある一定の規定の仕方は、キリスト教から直接に由来するものだ。

したがって、識別しなければならないのは、いかなる点で西洋は深層においてキリスト教的であるのか、いかなる点においてキリスト教はあたかも運命によるかのごとく西洋的であるのか、そして、いかなる点において、このキリスト教的西洋性を通して、一神教全体の本質的な次元が作動され賭けに投げ入れられてきたのか、ということだ。このことを思考しなければならないのは、西洋化された世界が――あるいは世界化した西洋が――意味を欠くものとして試練に曝されているからだ――意味ないし価値を欠くものとして、というのも、強調しておかなければならないが、西洋化した世界は、マルクスにおいて「商品」の価値として指定された一般的等価性によってあらゆる価値を置き換えてしまったからだ。実際、ある意味では、また乱暴な単純化ではあるが事柄の本質的動因に触れうるような単純化を冒して言うならば、問いは次の形を採る、すなわち、いったい何が、一神教と「一般的等価性」の単一的価値性〔monovalence〕を結びつけるのか？　秘められたいかなる動因が、mono-〔単一的〕を組織化する図式のなかに隠された両義性を維持しているのか？

この問いへの応答を試みることで――だが、もちろん、そのために、今私がこの問いに与えた粗雑な形式をさらに複雑なものにすることで――、われわれには少なくとも三つの結果を得ることが期待されよう。

1. まず、ある特定の合理主義に見られる一方的な図式と手を切るという期待。この図式によれば、近代西洋はキリスト教に対抗する形で、またキリスト教の蒙昧主義から身を引き離すことで、みずからを獲得したとされる（奇妙なことに、ハイデガー自身も、彼なりのやり方で、この図式のある部分を繰り返したことになるだろう）。手を切らなければならないわけは、どのようにして、一神教一般、また同様に特殊なものとしてのキリスト教が、西洋を生み出したのか、ということを理解することこそ重要であるからだ。

2. また同じく、特殊なものとしてのキリスト教への回帰ないし宗教一般への回帰によって、今日の世界の「悪＝災い」（世界の意味の剥奪）を「癒そう」とするようなすべての試みを停止させるという期待。なぜなら、重要なのは、どのようにしてわれわれが宗教的なるものから既に脱却しているのかを理解することにあるからだ。

3. したがって、キリスト教を否定するのでも、またキリスト教に回帰するのでもなく、キリスト教のもとに、一神教のもとに、そして西洋のもとに秘められたある点――ある資源――に向かってわれわれを導きうるようなものは何であるのかと、改めて自問しうるという期待。今やこの点こそ明るみに出さなければならないだろう。というのも、要するにこの点は、もはやキリスト教的でも、反キリスト教的でもなく、また一神教的でも、無神論的でも多神教的でもないような世界へと、こうした全カテゴリーのまさに彼方へと歩み出るような世界（全カテゴリーをいったんは可能にした後で）へと開かれていると思われるからだ。

私が「一神教の脱構築」と呼ぼうとしているのは、次のような探求である。それは一神教や、またより直接的にはキリスト教を構成する諸要素、したがって西洋を構成する諸要素の接合を解体し、分析《アナ》＝分解《リゼ》することにあり、そうすることで、「近代《モデルヌ》＝現代的」と言われる世界の秘められた起源と捉え難い将来を同時に形成しうるようなあの重大な資源へと遡ること（あるいは前進すること）を目指すことである。結局のところ、「近代＝現代的」とは、世界自身の真理を常に待望している世界を意味する。こうした世界の固有の意味は与えられてはいない、使用可能でもない、それは構想ないし約束の状態にあり、おそらくは彼方にある。それは与えられないことを本質とする意味、ただ約束されることを本質とする意味である。ところで、約束に関する契約ないし盟約、すなわち、何よりまず、拘束＝約束〔engagement〕それ自身のうちで拘束されることを拘束するような拘束＝約束、これこそ、キリスト教と一神教一般の特徴ではないのだろうか。キリスト教において、約束は既に実現されていると同時に、いまだ来たるべきものである（しかし、これはすべての一神教において浮かび上がるテーマではないだろうか）。こうした逆説的な空間は、そのなかで意味の現前性が確保され、獲得されると同時に、またその現前性において常に引き退き、不在化されているような空間ではないのだろうか。

世界の意味が、与えられない――いまだなお、そしてある意味ではけっして――という様態において与えられるような、そうした世界においては、「意味」それ自体が、既に受容された意味、受容可能な意味をすべて撥ねつける。この拒絶は、一神教からわれわれに投げかけられた拒絶ということなのか、一神教の脱構築が取り上げ直す必要のある拒絶ということなのか。

＊

今私が指摘した意味での「キリスト教の脱構築」へとみずからを拘束するならば、まず次のことが発見されよう、それはこの後の分析全体の中心に留まり、一神教一般のあらゆる脱構築にとって積極的な原理として重要性を必ずもつにちがいない。つまり、キリスト教は、それ自身によって、それ自身のうちで、ひとつの脱構築であり、また自己‐脱構築である。まさしくこの特徴によって、キリスト教は一神教の最も西洋化された――そして／あるいは西洋化しつつある、と言ってもよい――形態およびひとつの図式を表象＝代表する。われわれはこの図式を三重の一神教の総体に対して作動させることを学ぶ必要があろう。別の言い方をすれば、キリスト教は、最も積極的な仕方で――またキリスト教自体にとって最も破滅的な仕方で、幾つかの点ではニヒリズム的な仕方で――、どのように一神教がそのうちに――あるいはより正確には、キリスト教のうちにおいて、キリスト教自身よりもさらに内密な仕方で、キリスト教自身の手前あるいは彼方において――神なき世界という原理を秘めているかを示す。

今日のところは、この短い講演に関しては、キリスト教の自己‐脱構築的な特徴線のうち幾つかの主要なものがどのようなものなのかを、簡略に示すだけにしておきたい。五つの特徴線を際立たせておく。

1. 最初のものは一神教の原理そのものに書き込まれた特徴である。その特徴の最も逆説的な展開はキリスト教のなかに見られる、またこの特徴の内的矛盾は、〈啓典＝書物〉の三宗教――とてつもなく張り詰めた近さとてつもなく分断された近さのうちにある――の諸関係のなかに提示されている。それはこのように言明できる、一神教は実のところ＝真理において無神論であると。実際、一神教と「多神教」との違いは神々の数によるのではない。神々の複数性は（自然のなか、イマージュ＝像のなか、憑依状態の精神のなかでの）神々の実効的＝現実的な現前性に照応する、そして、この実効的現前性は（潜勢的）力《ピュイサンス》＝権能や脅威、救済＝補助という関係に照応する。宗教はこうしたものをあらゆる神話や儀式を用いて組織化する。反対に、神の唯一性が意味するのは、この神が現前性から外へ、また以上のように理解された力＝権能から引き退くことである。イスラエルの神が〈全‐能の神〉[Dieu Tout-Puissant]（要するに、この性質はこの神に後続する神々に遺贈される）であるとしても、それは、さまざまな力＝権能のあいだの差別的な関係においてこの神が積極的な力＝権能をもつという意味においてではない。その「全」‐能性が意味するのは、この神が単独でまったく自分の好きなようにその全能性を使用できるということ、この全能性を引き退かせ撤回したり、全能性から我が身を引き退かせたりすることもできるということ、そしてとりわけこの神は単独で人間と契約を結ぶこともできるということである。したがって、この神は神の歓心を買おうとして行われる犠牲を待ち望んではいない、神はただその盟約に無制約的に忠実であることを期待する――神がその民族に対して、あるいはその信者＝忠実なる者に対して、人間としての人間に対して行った「嫉妬深い」選択に見合ったものに他ならない忠実さである。

キリストという形象《フィギュール》＝人物の登場とともに、神的な力＝権能やそうしたものの現前性を断念すること自体が、神の固有の行為となり、この行為は人間‐となること［人間化すること］に転じる。この意味で、引き退いた神、パウロの言葉に則して言えば「空虚化した」神は、退引ないし空虚の根底に隠れた神（*Deus absconditus*）ではない。神が引き退いた場には、根底も隠れ場所もない。この神はその不在性が文字通り神的な性格をなすような神、あるいはその神性‐を‐欠いた空虚さが文字通り真理であるような神である。（エックハルトの文章を思い浮かべることもできよう、「私は神に祈る、神が私を神から自由にしてくださるようにと」、あるいは、ハッラージュ〔Hallaj、八五八―九二二年、イスラム神秘主義者〕を模したハラウィー〔Harawi〕の文章を、つまり「誰も唯一なる神について、《それは唯一である》と実際に証言することはない」。[1]）一神教はその原理において有神論を解体する、いいかえれば、世界を接合し、世界の意味を保証する力＝権能の現前性を解体する。したがって、一神教は「神」という名を絶対的に問題あるものとする――その名を意味作用をなさないものとする――、またとりわけ、その名から保証に関する全能力を引き退かせる。キリスト教的な保証とは、いわゆる宗教的な信仰＝信条〔croyance〕のカテゴリーとは完全に対極にあるカテゴリーにおいてのみ起こりうる。この信〔foi〕のカテゴリーは、不在性に対する忠実さであり、あらゆる保証が不在なところでこの忠実さに確信を抱くことである。この意味で、慰めを与えるような、あるいは贖いをもたらすようないかなる保証も断固として拒絶する神なき者〔無神論者 athée〕は、逆説的あるいは奇妙な仕方においてであるが、「信者」よりも信の近くにいる。だがそれはこういう意味でもある、すなわち、今や西洋的構造を規定する無神論、またこの構造に固有の知の様態や実存の様態に内属する無神論はそれ自体、現実となったキリスト教でもあるということだ。（とはいっても、さまざまに異なるキリスト教のあいだで、事情には大きな差があり、調子も異なることは事実だろう。たとえば、ラテンアメリカのキリスト教は、この点では、北米のキリスト教やヨーロッパのキリスト教とは同じ態勢にはない。だが根本的な賭金＝争点はそれでも同じである。）

1　*Cf.* Eckhart, « De la pauvreté en esprit », tr. fr. P. Petit, *Œuvres*, Paris, Gallimard, 1942, p. 138 ; Hallaj, *Diwan*, tr. fr. Massignon, Paris, Cahiers du Sud, 1955, p. 83.

2．第一の特徴から派生する第二の自己－脱構築的な特徴として脱神話化がある。世界の他のすべての宗教と比較して独異な軌跡を辿りつつ（ここで仏教は除いておかねばならない、それは正確にはひとつの宗教ではないが、まさにこの理由から、一神教と共通する特徴を幾つかもつ）、三重の一神教は、そのうちにあって、とりわけキリスト教は、自己－解釈的な歴史をまたもっている。この歴史のなかで、キリスト教は、宗教が神話（神的な行動や人物からなる物語や表象）を内包するということから言えば、ますます宗教性を失いつつあるものとして自己を理解する。キリスト教は、もはや創設的で範例的な物語（創世記、モーセ、イエス、その復活など）の用語ではない用語で翻訳＝表現される、つまり、人間という条件のなかで解読される象徴系（人間理性、人間の自由、その尊厳、他者との関係など）の用語で翻訳＝表現される。傾向として、キリスト教は弁別的な宗教的しるしや聖性のいっさいを抹消して、カントが「単なる理性の限界内の宗教」と名づけたものやフォイエルバッハが「神への信仰は、人間が人間自身の本質の無限性と真理を信じることである」[2]と述べた際に言明していることに軸足を移すようになる。今や、人権や連帯といった民主主義的な倫理は――もっとも、この「人間（中心）主義《ユマニスム》」にいかなる目的を与えるのかという問い、あるいは人間が自分自身の行先＝命運化〔destination〕を獲得することについての問いが伴うが――要するに、キリスト教の変わらぬ堆積物をなしている。

3．キリスト教は歴史的にも教義的にも、いわばひとつの構成物として出現する。いいかえれば、キリスト教は単に物語やメッセージの集成として現われるだけでなく（もっとも、範例的な物語を通して告げられる「福音」を、まず前面に出しているのだが）、明らかに、以下のものを元にした複雑で精緻な作業の所産である。元にあるのは、ユダヤ教に由来すること、およびユダヤ教からの離脱であり、またギリシア的、ないしギリシア－ローマ的な哲学であって、これは政治の側においてと同じく存在論の側においても言える。さらには、キリスト教はイスラームに対するそれに劣らず複雑な関係によっても定義される。イスラームに対しては、それがアブラハム的な信に共に属することを――また同時に哲学的‐神学的な思考の歴史においてイスラームが果たしてきた役割を――認めながらも、イスラームを拒絶する。このように表明された歴史的複雑さは、それ自身によって、厳密ナ意味デノ宗教の体制とは区別されたひとつの体制という意味作用を既に担いもっている。特に、この複雑さが表明されるのは、「信」と「知」のあいだ、あるいは「啓示」と「理性」のあいだの関係に見られる雑多な問題系を通してである。それはあたかもこの体制が、区別された二つの活動域で、みずからを分割したり自己‐解釈したりする永続的可能性を、体制自身のうちに担いもっているかのようである。

　他方で、キリスト教の理論的ないし教義的構築は、「神の言葉が肉となった」ということを中心とする思考の構築である。たとえば、受肉の教義では「本性」ないし「本質」、また「実体＝位格〔hypostase〕」ないし「感覚的現前化」の観念が動員され、イエスのペルソナは、その比類のない顕現において、同じもののまま、人間のペルソナであり、また神のペルソナであることが論証される。いうまでもないが、この教義の心臓部は「神秘《ミステール》」と宣言されているが、神秘は神話の特徴をもたない。神秘は人間精神に語りかける、そして、その精神自身のうちにあって、またこの精神自身について（ということは、繰り返すなら、人間の無限の行先＝命運化について）この精神を照らし出すもの――それを人間精神は理解できないのだが――を熟慮するように精神に要求する。受肉というポイントは明らかに、ユダヤ教やイスラームからの絶対的分離のポイントである。だが、指摘しておいて無駄ではないと思うが、この決裂ポイントはまた以下の二つのポイントでもある。第一に、一神教の中心的な問いのすべて

2　Ludwig Feuerbach, *L'Essence du christianisme*, tr. fr. J.-P. Osier, Paris, Maspero, 1968, p. 328 (reproduction 1992, Gallimard).

が議論されるポイント（神と人間との盟約とは何なのか？）、したがって、一神教の自己‐対決的‐解明（自己のうちで自己から分かれて折り広げられること）のポイントである。第二に、それぞれの一神教が、そこに、自身のある部分を、他の一神教のなかに（再び）見出すことができる、見出せるはずのポイントである（たとえば、受肉の必然的帰結である復活は、イスラームにも属するのに対して、もうひとつの必然的帰結である罪の赦しはユダヤ教に由来する、またもう一方で、受肉は、実際には、ユダヤ的‐イスラーム的な神が分有不可能な絶対性をもつことを廃棄するのではない……）。一神教の自己なるものが、このように分割された統一性をもつこと、このことが、最も固有な仕方で、またそれゆえ最も逆説的な仕方で、唯一なる神の統一性をなす。この神は、単数の／複数の一神教の十字交差において分割される――さらには無神化される＝みずからを神を欠くものとする〔s'athéise〕――と言うこともできよう。この考えと共鳴しあうすべての事柄もそれに含めておこう。

4．こういう状況であれば、キリスト教は教義の本体というよりも、自己を探求するなかで、それ自身と関係づけられたある主体＝患者〔接ぎ木の台木 *sujet*〕ということになろう。それ自身の同一性について不安を抱え、同一性を待望ないし欲望している主体＝患者なのだ（三つの一神教に繰り返し現われる告知や待望という主要テーマを想起されたい、このテーマはキリスト教においては逆説的に、到来＝降臨した出来事を希望するという形で展開される）。以上の理由から、キリスト教では三つのペルソナからなる神が思考され、この神の神的性格が自己への関係のなかに存するのと同じように、キリスト教は歴史的に少なくとも三つに分割される〔最後には再結集されるべき〈信仰〉共同体の分割〕、また同様に、分割された状態で、自己の主体であること、こういうものとしての三重の一神教の論理がキリスト教によって与えられる〈〈父〉の宗教、〈息子〉の宗教、イスラーム的な意味での〈聖人〉の宗教〉。

自己への関係が主体を定義画定する。主体の構造は古代世界とキリスト教的‐西洋的世界のあいだの区切りとして現われる。（本来ならこの箇所で、この主体のギリシア的由来や、アウグスティヌス、アヴィケンナ〔イブン・スィーナー〕、デカルト、ヘーゲルによる周到な作業について論じるべきであり、「精神＝霊《エスプリ》」と名づけられたもののあらゆる意味とあらゆる形象からなる歴史こそがこの主体であることについて詳述すべきであろう。）この主体は、同一性、確実性および応答責任の審級＝内的緊迫性〔訴訟過程にある力域 instance〕である限りでの自己である。だがその構造の法則は、自己は、最初にそれ自身が自己へと関係づけられていなければ、自己へと与えられることはないという点にある。自己の自己への関係は——あるいは「自己そのもの」一般は——無限なものでしかありえない。無限であることにより、一方で自己は時間的な次元を帯びる（自己は時間的次元において、意味や現前性の次元としての歴史、過去および将来をもち始める——さらに言えば、現前性は単に現在において存在するのではない）、そして、自己は最終的には自己自身から逃れ去るしかない。自己からのこの逃れ去りは、思考の空間においては、創造者の生と被造物の死を、結びあわさったものとして定義画定する。しかし、そうであることで、有限性という意味において無‐限による触発＝変様をこうむるのは、この両者であり、両者は互いに他方のうちにありつつ、あるいは互いに他方によって、触発＝変様をこうむる。

5．キリスト教は（またここでも、このプリズムを通して、一神教は）、その始まりから早くも、自己修正ないし自己超克という永続的な訴訟過程《プロセ》（プロセスかつ係争）のなかに巻き込まれている。この訴訟過程の形態で最も頻繁に見られるのが、より純粋な起源への回帰を目指す自己回顧＝自己省察である——この訴訟過程の注目すべき例は、ニーチェ自身のなかにまで見出せる、またそれは現在も継続し、そもそも諸福音書とパウロのあいだや、パウロとヤコブのあいだで既に始まっており、修道院制度の起源や、いうまでもないが、さまざまの宗教改革のなかなどでも始まっていた。あたかもキリスト教は、他に類を見ないような形で、神学的‐経済的‐政治的な力＝権能、支配、搾取＝利用の肯定を展開させてきたかのように（ローマはそうした肯定の現実の一部であると同じく、その圧倒的な象徴であったことになるだろう）、また同時に、逆に自己の剥奪や自己の放棄の肯定をも展開してきたかのように（そうした遠近法の消失点は自己－消滅ということになろう）、すべては進行する。そうすると、いうまでもなく、問いはこの自己－消滅の性質と構造の問いでなければならない。すなわち、弁証法的な超克、ニヒリズム的な解体、古いものが絶対的に新しいものへと開かれることなどである。いずれにしても、問題なのは以下のことに他ならない、どのようにして一神教は人間主義として生み出されるのか、そしてどのようにして人間主義はこのような形で歴史のなかに入った有限性に直面するのか、ということである。

＊

今日のところは、以上のようなごく簡略な特徴の記述に留めておく。そこからいかなる結論も引き出さないでおく。思うに、こうした特徴の記述によって示される思考の方向性を欠くことがあれば、西洋からわれわれに遺産として——あるいは遺産相続人不在のまま——委ねられているような世界の意味についての問いを、今後、真剣に考察することは不可能であろう。

再び図式化して要点だけに絞っておくと、この方向性は少なくともこうなるだろう。われわれの課題＝責務は、この世界においても他なる世界においても、新たな神的な王国の成就に導くことではない。それはまた、世界の西洋化－一神教化のなかで解体した神話の世界に、固有の内在的統一性を再発見することでもない。そうではなく、われわれの課題＝責務は次の点にある、すなわち、世界それ自身の世界－存在〔世界－であること〕は分割された世界であることであり、そのような世界のなかに、秩序《コスモス》＝宇宙《モス》を欠いた、無神学的な世界のなかに、それでもやはり何らかの形で「世界」である世界、常にわれわれのものである世界、存在者の総体からなる世界、それゆえ常に、およそ可能なあらゆる意味の総体――この可能性はまた常に不可能性へと露呈されていることは了解済みであるとして――からなる世界、そうした世界のなかに、「世界-の-意味」を思考することである。

追記（二〇〇二年二月）

このテクストは二〇〇一年二月にカイロで行なわれた講演のテクストである。それから一年後、後に「九・一一」と呼ばれる出来事を経て、この講演には単なる補足を上回るものが求められている（多くの点において、この主題に関する私の作業が転位し、新たな道筋を切り開いたことは別にして）。「九・一一」なるものが何かを明らかにしたとすれば、それは、世界が富と権力の耐え難い分割の仕方を巡って分裂している、ということだ。この分割は耐え難い、なぜなら、権力についても富についても、容認しうるヒエラルキー（階層序列、聖なるものの支配）にまったく依拠していないからだ。「ヒエラルキー」が意味するのは、語源的には、原理ないし命令の神聖な性格のことだ。ところが、技術《テクノ》-科学《サイエンス》の世界、あるいは私がエコテクニー――「自然」を人間が代補することで作られた完全に自然的な環境、結果として「自然」は今や引き退く――の名のもとに置く世界、これはまた民主主義の世界、普遍的と想定される人間の普遍的人権の世界、世俗性の世界ないし宗教的、美（学）的、道徳的な寛容の世界でもあるのだが、こうした世界は、権威や正当性に関するさまざまな差異を神聖な体制に基づいて創設することを阻むだけではなく、平等と正義の原理を公然と侵害する不平等や不均衡を耐え難いものとして出現させる。

宗教の道具化、あるいは特定の宗教の逸脱、倒錯ないし裏切り（合衆国の国家的有神論も含めて）と一般に呼ばれているものは、十分な説明には少しもならない。道具化されたり裏切られたりするものは、おのずから、道具化や倒錯の手がかりを与えている。この手がかりは、逆説的ではあるが明白に、〈一者〉というモチーフから与えられる。つまり、〈統一性〉、〈唯一無二性〉、〈普遍性〔一方向に向けられ、集められたもの〕〉であり、これらは世界的な対向的状況のなかで、あるいは対向性として構造化された世界のなかで、どちらの陣営からも呼び求められている。もっとも、対向性とは「文明間の戦争」という対向性ではまったくない（なぜなら、イスラームは、たとえもっぱらそうであるのではないとしても、その全歴史によって、西洋の一部でもある）。

唯一なる神の超越的な唯一無二性が絶対的なヒエラルキー化（神、信者の楽園、その他すべての塵芥のようなもの――その他すべてはまた夥しいドル、ミサイル、石油からなる……）を作り出すのだが、この唯一なる神の名において宣言され、遠隔から命令される総動員＝全体的流動化〔mobilisation totale〕（最近のファシズム的な概念をたまたま使っているのではない）に応酬＝応答していると主張するのが、自称普遍性の名を掲げた、現状（世界的資本）の全体的不動化＝固定資産化〔immobilisation totale〕である。この普遍性の〈普遍的なるもの〉とは「人間」と名づけられているが、明々白々なまでに抽象的である普遍性はたちまちのうちに別の神に依拠することになる（« *in God we trust, [in this God who] bless America* »「神をわれわれは信じる、アメリカを祝福したまえ〔アメリカを祝福する神をわれわれは信じる〕」）。

どちらの神も同一の〈唯一なるもの〉の二形象、対向関係にある二形象である、この際、この神の〈唯一無二性〉は、絶対的な現前性として把握されている。つまりそれ自体において、またそれ自体によって一貫性をもった現前性であって、ちょうど、点というものとしてのピラミッドの頂上、それゆえ不可視の頂上に似たものとされる。この場合、頂上はピラミッドの本質を集約し吸収するとされる。（カイロでの発言を引き継いでいるのだから、こうも言えるだろう、すなわち、ファラオンのピラミッドが重要性をもつのは、その頂上というゼロに等しい点によってではなく、その巨大な塊のなかに埋められた生と死の秘密によると。その重要性は、目を射る自明性として打ち建てられた現前性の尖ったポイントによってではなく、地下納骨堂《クリプト》の暗闇のなかへの深遠な退引〔retrait〕によるのである。）また「反アメリカ的」（ばかばかしいカテゴリーだ）になることなく、こう言うことも確かに許されるだろう、すなわち、〈一者‐化する〔Uni-fiant〕〉、〈統一的〔Unitaire〕〉、〈普遍的＝一方向に向ける〔Universel〕〉、また〈一次元的〔Unidimensionnel〕〉であり、結局は〈一方向的＝単独行動主義的〔Unilatéral〕〉であるモデルこそが、一神教のもうひとつのモデル、それに劣らず一方向的なモデル――こちらも劣らずニヒリズム的である――が対照的な形で動員されることを可能にしたのだと。結局のところ、人々が後者のモデルに注意を払うのは、それがわれわれには「テロリズム」なるものとして知られているもののイデオロギー的道具となっているからにすぎない。ところが、「テロリズム」とは、〈一者〉の別の相貌に直面しての〈一者‐化し〉ようとする意志と絶望の結合なのである。

　さて、ありとあらゆる形態で現われる一神教の本質そのもののうち、以上のような形で、失われたのは何であろうか、それは正確に言えば次のことだ。「神」の「一者なるもの」は、実体的なものとしての、自己自身に現前し、自己自身へと結集したものとしての〈唯一無二性〉ではけっしてなく、反対に、この「神」の唯一無二性、統一性（あるいはこの「一なるもの」の神的性格）は、この〈一者〉が措定されたり現前化されたりすることが不可能であり、自己のうちで結集化したものとして形象化されることも不可能である、という点に存する。追放や離散《ディアスポラ》のなかにあるのであれ、人間‐となることや自己‐のうちで‐三重で‐あることのなかにあるのであれ、あるいは、等しいものも似たものももたない（それゆえ、いかなる形態においてであれ統一性さえもたない）者が置かれた無限の後退のなかにあるのであれ、この「神」は（そして、いかなる点においてこれは神的なのか？　どのようにしてこれは神的なのか？　思考しなければならないのはこのことだ）、それ自身の現前化を――またこう言っておく必要さえあろう、みずからを現前性のうちに置きいれることと同様にみずからに価値をもたせようとすることも――絶対的に退ける。

このことは、三つの一神教の偉大な神秘家、偉大な信仰者、偉大な「霊的人間」が知っていたことだ、また彼らは、哲学者たちとは異質な存在でありながらも、哲学者たちと対峙して、繰り返しさまざまな意見交換を行い、論争を交えるなかで、そうしたことを知っていたのだ。彼らの思考、すなわち彼らの行為、彼らのエートス〔居場所、住まい方〕ないし彼らのプラクシス〔実践、活動〕は、いつもわれわれを待ち受けている。

ユダヤ－キリスト教的なるもの*（信について）

1

「ユダヤ－キリスト教的なるもの」、これはあやうい（脱）命名〔dénomination〕である。この語はリトレのフランス語辞典に現れるが、そこでの定義は歴史学的な定義であって、初期のユダヤ人キリスト教徒の宗教にこの語を限定している。初期のユダヤ人キリスト教徒の考えでは、ユダヤ人でないキリスト教徒はまず「イスラエルの民〔nation〕へと参加する」べきであるとされる。『使徒言行録（一五）』で報告されている、ヤコブ主宰のもとエルサレムで開かれた使徒会議の決議の諸規定を支持する者の考えは、こうした語の定義からは除外されている。既に

＊ このテクストの最初の版は、「ユダヤ性、ジャック・デリダへのさまざまな問い」と題された討論会で読み上げた講演である。討論会はジョゼフ・コーエンとラファエル・ザギュリ＝オルリ主宰のもと二〇〇〇年にパリで開催された、その会議記録は二〇〇三年にガリレー出版から同じタイトルのもとに刊行された。このテクストで参照されているのは二人のヤコブ／ジャック〔Jacques〕である。新約聖書の書簡の作者と、「もうひとり」、デリダ、特に彼の試論 *Foi et savoir*〔「信と知」〕についてである。

こうした定義は、世紀末において、もはやハルナック〔一八五一―一九三〇年、ドイツの神学者、教会史家〕の定義ではなかった。彼は、ユダヤ人キリスト教徒の弁別的特徴として、ユダヤ民族に優先的な場を認めているにすぎない。彼はユダヤ人キリスト教徒を、彼が「異教的《パガノ》〔ギリシア‐ローマ的〕‐キリスト教徒」と呼ぶ者〔「ギリシア的《エレノ》‐キリスト教徒」あるいは「ヘレニズム的キリスト教徒」と後に呼ばれる者〕と区別する。今日では、歴史家たちによってこの用語の複雑さが明らかになるにつれて、この用語を限定的に使用することはますます少なくなっている。同時に、このカテゴリーには多種多様な運動や立場が含まれると考えられるのだが、そのように雑多であるというだけで、このカテゴリーの有効性に疑問を呈する歴史家もなかにはいる。

そうこうするあいだに、より緩やかで歴史学的ではない用法が一般に受け容れられるようになった。例を挙げれば、ヨーロッパ文明の窪み＝空洞部に、シナゴーグ〔集い、集いの場であるユダヤ教の会堂〕とキリスト教会という敵対する姉妹あるいは母と娘が一定の仕方で絡まり合っている状態を指し示す場合に、ユダヤ‐キリスト教的な文化や伝統という言い方がなされる。実際、この用語は、われわれのアイデンティティないしわれわれの思考、さらには「西洋の思考が秘めている、最も解明し難い深淵＝無底」[1]といったものが、本質的に複数の要素の分節化によって構成されているという事態を指し示すまでになっている。このようにリオタールは、西洋の共同的構成〔共同措定 composition〕を維持する連結符〔ハイフン、結合符 trait d'union〕――あるいは西洋の構成を、その中心において、脱‐構成する連結符、構成の中心を結合の剥奪と化すような連結符――に関して的確に述べている。

この共同的に構成することのできない構成という謎は、ひとつ以上の理由で、実際には五つの理由で、われわれに関係するにちがいない。

1．後に「西洋的なもの」と同時に言われることになるであろうある文明の、際立った、内部に切り込みを入れる、決定＝決断的なあるひとつの特徴＝牽引線〔trait〕——特徴そのものではなくとも——までもが、この「ユダヤ－キリスト教的な」という用語によって提示されうる限りにおいて。それが含む争点＝賭金とは、前述の「文明」の、それ自体における、またそれ自体に対する、構成および／あるいは脱構成に他ならない。

2．この名は、われわれが、自分たちの文化において、諸「宗教」と呼ぶことにしてきた事柄を脱／構成する。その限りにおいて、その名は、西洋的思考の規定のなかに（またその自己規定のなかに）、「宗教」と「思考」のあいだで引き裂かれた特徴〔牽引線、分割線 trait〕を内包する。その一方で、思考のほうは、「哲学〔知への愛 philosophie〕」という、これもまた同様に、だが違った形で、それ自体が構成されたものである名のもとに、宗教的ならざるものとして、さらには反宗教的なものとして、規定されてきた。つまり、思考は、宗教に向けて、矢を射るようにその分割線を投射して〔tirant son trait〕、宗教を廃棄し、脱構成することを目指す。したがって、この名は、西洋が、それ自体において、またそれ自体に対して葛藤状態にあることを含意する。

3．この名が、たとえある葛藤ないし矛盾という資格においてであれ、哲学を巻き添えにする限り、あるやり方でこの名は、次のような別の複合的な構成物と通じ合う、すなわち、ギリシア－ユダヤ的なるものおよび／あるいはユダヤ－ギリシア的なるものである。この構成物は、ジョイス的な脱／構成的言語のなかで作り出された名である前に、異教的－キリスト教ないしキリスト教的ヘレニズムとしてのユダヤ－キリスト教の対向的性格をはっきりと名づけている（そして、まさしく布教《ミッション》＝宣教によるキリスト教の拡張の出発点をなすこのキリスト教的ヘレニズムはまた、ギリシア語を話し、ギリシア語で思考するユダヤ人という事実でもある、彼らは自分たちの宗教をもう

1 Jean-François Lyotard, « D'un trait d'union », dans J.-F. Lyotard et E. Gruber, *Un Trait d'union*, Montréal, Le Griffon d'argile/Presses Universitaires de Grenoble, 1993, p. 23.

ひとつの新たな哲学として明確に位置づけるのだ、そしてこのモチーフについていえば、その傾向から見て、ユダヤ的‐ギリシア的‐キリスト教でないようなユダヤ‐キリスト教は存在しない、また、哲学はこの脱／結合という二重の分割的特徴を免れることはできない）。

4．この分割線でもある特徴が、少なくとも一度は、みずから増殖する限りにおいて、この特徴は止まることなく減速し分散していく。この分割的な特徴線は、みずからを起点として、全般的な脱／構成を投射し描き出す。構成はまず、いわゆる「〈書物＝啓典〉の」三つの宗教を脱／結合する、またそれゆえに、イスラームも混えて、西洋のもうひとつの接合、もうひとつの非連続性を構成する、もうひとつの脱‐方向設定〔脱‐東洋化 dé-sorientation〕および再‐方向設定〔再‐東洋化 ré-orientation〕を構成する（しかしながら、周知のように、歴史的なユダヤ‐キリスト教から残されたさまざまな後遺症は、イスラームの誕生に明確な影響を及ぼした、ちょうど、その数世紀前に、マニ教についても同じようなことが起きたように）。こうした減速的分散化はさらに、さまざまなユダヤ教、さまざまなキリスト教、さまざまなイスラームを、それらのあいだで、脱《デ》／共同《コン》／措定《ポーズ》するものでもある、そしてその際には、そのつど、新たな形で、哲学との葛藤を引き起こしたり、哲学へと引き寄せられたりする。他方、哲学のほうは、共時的にも通時的にも不調和の極限にあるのだが、そうした不調和な状態を横断しながらも、宗教とは区別された（あるいはさらに、宗教そのもののなかで、信仰〔信 foi〕と本質的に区別された）ものとして哲学自身を措定する限りにおいて――また少なくとも、数ある理由のなかでもとりわけその限りにおいて――、哲学はひとつのものとして想定される。

5．ユダヤ‐キリスト教的な共同構成が、西洋の一般的な離散的‐措定〔配‐置 dis-position〕と呼ぶことができるようなもの（あるいはさらに、ギリシア‐ラテン語において、措定‐不全〔dys-position〕とも綴るべきようなもの）を秘めている、あるいは活性化させている限りにおいて、こうした構成は、対立物の一致〔*coincidentia oppositorum*〕という図式と明らかに照応することが分かる。この図式は、われわれの思考の伝統すべてにおいて、頻繁に繰り返され、広い射程をもつ。この対立物の一致という図式はさまざまに曲用変化するが、そのなかには、撞着語法、*Witz*〔ウイット、機知〕、ヘーゲル的弁証法あるいは神秘的法悦などがある。この三種類の変化のうちのどれに、ユダヤ－キリスト教的な共同構成は属するのか、おそらく提起すべき問いはそうしたものではない、というのも、この構成はそのどれにも属しているから、あるいは、この構成のほうがそれらすべてを構成しているからだ。だが恒常的には、この図式の一般的法則は（同じ類に属するもうひとつの種を形成するカントの図式論の構造とも同じように）、その中心に、ある隔たりを含み、その隔たりによって分節構造化されるという点にある。連結符はある空虚を経由するが、その空虚を埋めはしない。この空虚は何に面して開かれうるのだろうか？　この問いは、ユダヤ－キリスト教的な共同－構成に関して注意深い考察をする際には避けて通れない問いである。こうした考察は、おそらく、潜在的には、われわれの伝統の共同構成一般について、またわれわれの伝統のなかの共同構成についての省察であり、いいかえれば、結局のところ、そのものとして考察された *cum*〔共に〕の可能性についての省察である。どのようにして *cum* は、どのようにして共同＝共有〔聖体拝領 *communion*〕は――類を表す用語として捉えた場合であるが（キケロのこの語は後にキリスト教において再び用いられるが、それは *koinônia*〔共同、交わり〕、*societas*〔共同、団体〕、*communicatio*〔伝達、共同化〕といった語を吸収し、引き継ぐためである）[2]――、その構成上、それ自身の中心ないし心臓部の空虚化を含むのだろうか。それゆえ、どのようにして、この空虚化は共同構成の脱構築を要請するのだろうか、いいかえれば、それ自体において矛盾を孕んだ――緊張により収縮し、葛藤状態にある――可能性のただなかにおいて、共同構成が浸透され侵入を受けることを要請するのだろうか。

2　キリスト教史の初期のテクストを通して辿ることのできる言語的プロセスへの単なる示唆。

（二つの基本原理を示すために括弧を開いておくと、第一に、脱構築は常に浸透され侵入を受けることである、それは破壊でもなく、太古的なものへの遡行でもない、また意志決定の停止ではない、それは〈共同的〉構築〔con-struction〕が接合状態にあるそのような空間のなかに閉じ込められた来たる－べきもの〔将来 l'à-venir〕が有する志向性である、第二に、それゆえ脱構築は、構築の法＝掟として、あるいは構築の固有の図式として、構築に帰属する、つまり脱構築は他の場所から構築に不意に訪れるのではない。）

図表的な言い方をすれば、「連結符を用いた共同構成」とでも名づけられそうな事柄の構築が見せる論理、その全体が歴史的かつ理論的である論理、脱構築とはこうした論理に他ならない。確かに、共同構成なるもの、つまり複合的な構成、あるいは雑多な要素からなる性格は、キリスト教の排他的特徴でもないし西洋の排他的特徴でもない。しかしながら、傾向において、キリスト教の本質あるいは絶頂点として出現するような、ある伝達＝共同化、ないし共同＝共有化、共同性《コイノニア》を、キリスト教は絶えず指し示している、しかも、キリスト教からすすんで、あるいはキリスト教それ自体であるものとして、こうした共同化を指し示している。そして、キリスト教こそが、西洋に対して、あるいは西洋的な存在そのものとして、「異邦人〔諸国民〕全体」（*plérôma tôn ethnôn, plenitudo gentium*「ローマの信徒への手紙一一・二五」）への志向を刻印する、そしてパウロのこのテクストによれば、異邦人たちがイスラエルとともに共同体を作り直すことが、要の石でなければならない。いずれにせよ、クムラン宗団〔死海写本を残したとされる〕の前－キリスト教的な、あるいは準－キリスト教的なユダヤ教は、共同体を真の〈神殿〉とみなすユダヤ教である。〈神殿〉の宗教から、共同体的あるいは共同的＝交流的な信への移行、息子の宗教から兄弟の宗教への移行、共和国的な兄弟愛〔fraternité……友愛、博愛なども訳されるフランス共和国の三原則のひとつ〕にまで至る移行、初期共産主義者と初期キリスト教徒――あるいはより正確には、エンゲルスが「いまだ無意識的なキリスト教徒」と呼ぶこれらのユダヤ人[3]（何よりもまず「ヨハネの黙示録」に大きく準拠しながら）――のあいだにエンゲルスが展開した比較に至るまでの移行、またこの移行は、最終的に古代の神殿を全面的に放棄して、「集まりとしての教会〔église〕」――これはまず「集まり＝集会《アサンブレ》〔議会〕」を意味する（そもそも、「シナゴーグ」がそういう意味であるのと同様に）――を作り上げるほうへと向かうのだが、以上のような移行から、現在のわれわれの世界‐化における共同性《コイノニア》に関する問い――この世界‐化における共同性《コイノニア》、およびこの用語のあらゆる意味での共同＝共有的‐存在〔共同＝共有的であること être-commun〕、これらが何を意味しうるのかという問い――に至るまで、ある共同‐構成が執拗な形で連続的に存在している。この共同‐構成は、それ自身のうちに、その *cum*〔共に〕それ自体のなかに、脱構築の法＝掟を含んでいる、すなわち、この接合の分割的特徴のもとには、および接合の窪み＝空洞部のなかには、何が存在するのだろうか？

2

この（共同的に）構成することができない構成がわれわれの注意を引く理由を以上に列挙したが、さしあたり、そこからは、いかなる結論も引き出さないでおく。今日のところは、ユダヤ‐キリスト教の最も顕著な配置構成のうちひとつだけについて検証してみたい。それは、激しい疑念や抵抗――これは、われわれの時代に至るまで

3　Friedrich Engels, « Contributions à l'histoire du christianisme »〔「原始キリスト教の歴史に寄せて」〕, tr. fr. L. Lafargue, dans *Le Devenir social*, 1894.（テクストはサイト « Archive Marx-Engels », www.marxists.org/francais/marx/94-chris.htm で入手可能）。

も時おり残存している——を巻き起こしながらであれ、それと引き換えに、最終的には、前述の「新約聖書」のキリスト教正典に組み込まれたものである。私が話したいのは、ヤコブに帰せられる書簡〔離散している十二部族への手紙〕である。

この手紙は、非常に古くからの伝統において「カトリック〔普遍的、公同的、全体に即した〕」と名指される書簡の最初のものである。この呼称は、その由来において、これらのテクストがローマ教会に対して特別に服従していることを示すのではない、それはむしろ、また *katholikē ekklēsia*〔普遍的教会〕という冒頭の表現の場合と同様に、それらのテクストが一般的な、あるいは、こう言ってよければ、普遍的な使命＝宛先をもっていることを指し示す。普遍的という意味は、これらのテクストが、あるひとつの信徒共同体、シナゴーグ、あるいは（パウロの書簡のように）特定の教会に宛てられているのではなく、より広範な人々の集合に宛てられていること、そしてそうした集合は、そのつど、ディアスポラ〔離散〕状態にあるということである。まずカトリック性〔普遍性、全体性〕とディアスポラとが相互に関係しあうということ、これは省察に値する。「全体」と「離散」、これは離散のひとつの全体を産み出すのか、あるいは全体の離散を産み出すのか、あるいはまた離散状態の全体を産み出すのか？　ある意味では、問いのすべてはここにある。私が言いたいのは、全体性としてのおよび／あるいは撒種としての西洋の問いのすべては、ここにあるということだ。

今日、われわれにとって、ユダヤ‐キリスト教徒と言えば、それはジャック〔Jacques Derrida、ジャックはフランス語でヤコブに対応する名〕ということになろう。そしてそれは——どういう仕方においてなのかを識別する作業はこれからの課題であるが——あるひとつの糸、密かな連結符であって、それによって、歴史上のヤコブとこのもうひとりのジャックとが結びつけられる。われわれがここに集まっているのは、他でもない、このもうひとりのジャックを囲んでであり、彼を機縁として集まっているのだ、また、このジャックは、もうひとりの別のユダヤ

－キリスト教徒である、あるいは、もうひとりの別のユダヤ－ギリシア－キリスト教徒なのである。この密かな結びつきは、いささかも捏造されたものではないし、恣意的なものでもない、私の主張に都合のいいように持ち出したわけでもない。少なくとも、こうした結びつきが適切であるかどうか、そのチャンスを試してみる必要はあろう。適切であるかはただ以下の点にかかっていると思われる。すなわち、もし、二十世紀の最後に、ある哲学者が、ということは原理的に、あるギリシア人が、信〔foi〕ないし信の行い〔信徳 acte de foi〕というカテゴリーについて問いを発する必要性を感じたり、あるいはさらに、復活といった現実について話す必要性を感じたりすることがありうるのであれば[4]——そして、もし、彼がそのことを、同時にユダヤ的なもの（レヴィナスから借りてきた聖潔〔神聖さ sainteté〕）とキリスト教的なもの（「証しの奇跡」[5]）に準拠しながら行うことがありうるのならば——、そのことは、いかなる関係において、歴史的なユダヤ－キリスト教と整合性をもちうるのであろうか、また、そのことは、われわれに、われわれ自身の由来に関して、何を識別させてくれることになるのだろうか、何を脱構築させてくれることになるのであろうか？

（補足的挿入、問題の書簡を論じる前に明言しておくが、私は専門知識で武装することはいっさいせず話を進める、というのも、そうした専門資料は余りにも夥しいものになりかねないからだ。ユダヤ－キリスト教およびこの時代のさまざまなメシア信仰に関する、とりわけ最近の研究は膨大なものである。おそらくそれはひとつの合図でもあろう。とはいえ、いうまでもないが、私には歴史家としての作業をするつもりもないし、その能力もない。）

4　*Foi et savoir*, dans J. Derrida et G. Vattimo, *La Religion*, Paris, Le Seuil, 1996〔「信と知」、『批評空間』、太田出版、一九九五—一九九七年に所収〕、あるいは、なかでも、*Voiles*, avec Hélène Cixous, Paris, Galilée, 1998. 参考文献を逐一挙げることはしない。

5　同書「信と知」の結末部分のテーマ。

問題の手紙の作者とされるヤコブは、「小」ヤコブとして、大ヤコブと区別されている人物だ。大ヤコブのほうは、ヨーロッパ中がこぞってコンポステラ〔サンティアゴ（サン・ジャック）・デ・コンポステラはスペイン北西部ガリシア地方の巡礼地〕に赴き崇拝を捧げた人物である。「小」ヤコブのほうはまた伝承において「イエスの弟」と呼ばれており、結局は、エルサレム教会ないし「ヘブライ人の聖教会」[6]の長ではないかと考えられている。この教会は、『使徒言行録（一五）』に見られるように、非ユダヤ人に配慮した決定を下している、つまり、「神は御自分の名を信じる民を選び出そうとなさった〔中略〕人々のうちの残った者や、わたしの名で呼ばれる異邦人〔諸国民〕が皆、主を求めるようになるためだ」と言明されている。こうした言葉によって、ヤコブは自分の権威でもって（またアモスを引用して権威づけながら）、直前でペトロが発した言葉を確認している、ペトロはこう述べたばかりであったのだ、「神はわたしたちに与えてくださったように異邦人にも精霊を与えて、彼らを受け入れられたことを証明なさったのです」。神は証人である、いいかえれば、すべての人間に対して、殉教者＝証人〔*martyre*〕である、人間たちの神聖さの証人、あるいは人間たちが神聖さを（神自身の神聖さを）呼び求めていることを証言する者である。まさにこうしたメッセージを使徒会議から託されて、ペトロとバルナベは、その他数名とともに、アンティオキアへと派遣されることになる。そこではユダヤ人と他の人々の分割＝共有〔partage〕に関して人心を鎮める必要があったのだ。「人の心をお見通しになる」（*ó kardiognostès*）者である限りにおいて、神はすべての人間にとって証言＝証明する。イスラエルはそれゆえ、心に基づいたこの証言のために選ばれた独異な場である。可視的な場であり、またはっきりと（割礼によって）しるしづけられた場であって、その場を起点として、〈聖なる者〉は人間全体の、あるいは異邦人全体の見えざる神聖さを証しする。

この角度から私はヤコブの手紙を論じてみる。『ヤコブの手紙（一・一八）』にはこうある、神は「真理の言葉によってわたしたちを生んで」くださいました、「わたしたちをいわば造られたものの初穂となさるためです」。「わたしたち」とは、ここでは、第一に、手紙が送られた「離散している十二部族」の「兄弟たち」である。それゆえ彼らは、「造られたものの初穂」となるべきユダヤ人である。初穂とは、収穫ないし家畜の群れから取り分けられた一部分で、神々に捧げられるものである。ユダヤ人の教会と残りの人たちとの関係は、ここでは、この節だけに要約されている。イエスを信じるユダヤ人は神に対して神の創造を聖なるものと認める。ところで、手紙の先の箇所では、「人間は神にかたどって〔à l'image de Dieu〕造られた」（『ヤコブの手紙（三・九）』）と強調されている。（おそらく、この節の「わたしたち」は、創造全体の初穂としてのすべての人間を指しているようにも思える、この点については後述する。）

人間と神との類似性、またそれとともに、イマージュ〔像、姿、似像、似姿……ギリシア語のエイコーンに対応する語〕に関する限りなく複雑な主題系と問題系は、聖書に基づく一神教の本質的な核に帰属している。それはパウロの思考のなかで重要な位置を占める、つまりパウロにとって、イエスは「見えない神の姿《イマージュ》」（『コロサイの信徒への手紙（一・一五）』）である。ところが、ヤコブの手紙は、さきほどの『創世記』の有名な一節に言及しているだけで、人間－イマージュとイエスとの関係については特別なことは何も持ち込んでいない。ある意味では、イエスの媒介作用は、一定の仕方で引き退いたままである。後で見るように、ここでの思考を組織しているのは、キリスト中心的な救済体系ではない。それは、こういってよければ、直接的な形での、人間と神聖さとの関係であり、神聖さが人間のうちにおいてイマージュ化しているのだ。

6　ローマのクレメンス〔第3代ローマ司教（在位九二年頃―一〇一年頃）〕のヤコブ宛の正典外の書簡。

3

先を続ける前に、方法に関わる問題を押さえておく必要がある。このテクストの特徴は、キリスト論さらには神学一般さえもが欠如している点にある――このテクストは教義に関わるものというよりは、宣教的＝原始カトリック的、あるいは霊的なものと言えよう――、結果として、その真正さに嫌疑がかけられたり、単にユダヤ的なテクストとみなされたりするほどである。ついでに言えば、ハルナックはその『教理史』のなかでヤコブに言及さえしていない。実際、信〔信仰 foi〕の内容（信についての知に関わる内容と言ったほうがいいかもしれない、だが先を急がないでおこう）に関わる論証の展開ということから見れば、パウロの手紙とは違い、ヤコブの手紙が大して重要性をもたない点については彼に同意することもできる。ヤコブの手紙は、その全体が、信の行い〔信仰の業〕へと捧げられている、これについては後で見ることにする。私はこのテクストの背景や、暗黙の前提（特に、エッセネ派的な）を再構成するつもりはない（既に何人かが、私の場合よりも遥かに的確に行っている）。私はこのテクストを与えられる通りに受け取ることにする。ところで、このテクストは、神学的な思弁については厚みのない、ささやかなテクスト（「麦わらほどの取るに足りない書簡」とルターは述べている）として与えられると同時に、パウロに対立するのではないが、パウロの傾向的な解釈――これは信を行動から切断するまでに至るであろう――を修正する意図をもったテクストとしても与えられている。したがって、神学に関するヤコブの抑制した態度は意図的でもある。だがそれが意味するのは、神学の厚みのなさではなく、神学の退引を、あるいは退引状態にある神学を、まさにここに、探し求める必要があるということだ、いいかえるなら、内容を表象する作業が引き退いて、信――つまり、内容を活性化する唯一の事柄――を積極的に肯定する姿勢が優位に立つようにすることだ。

これはもうひとつの神学的な姿勢ではない、ましてや対抗するテーゼでもない。それは、紛れもなく、二つの神学的な理論構築のあいだに、またそれゆえに、おそらくは、二つの宗教、ユダヤ教とキリスト教のあいだに位置する。つまり、両者の連結符および両者を引き裂く分割線として、また両者の共‐可能性として――この「共‐」の位置づけがどのようなものであれ、すなわち、両者の構築と脱構築とが一体となったものとして――位置する。換言すれば、あらゆる構築がそうであるように、この問題となっている構築が、構築の一般的法＝掟に従って、みずから、その構成において、それ自体の脱構築へと露呈されているような地点のひとつとして、そうした状況のひとつとして、位置するのだ。

4

それでは、この手紙の内的な論理に戻ってみよう。もし人間たちが（神の）姿《イマージュ》に則して産み出されたのなら（*gegonotes kath'omoiôsin theou*）、このホモイオーシス〔類似性、似姿 *homoiôsis*〕はどのようなものなのか？　人間は何に、あるいは誰に「同質的〔同じ生まれの homogènes〕」であるのか？　手紙の神については、神は唯一であると、かなり簡略に記述されているだけだ、確かにそうであるが、信の本質はそこにはない、信の本質は神の本性よりも、遥かに人間の行い＝業〔œuvres〕に関係する（『ヤコブの手紙（二・一九）』、「あなたは「神は唯一だ」と信じている。結構なことだ。悪霊どももそう信じて、おののいています」、いいかえれば、それだけではあなたの信に資格を与えることはできない）。この神は、その排他的な嫉妬深さのうちにあるイスラエルの神ではない――とはいえ、本来的な仕方で神であるのでもなく、三位一体の神でも愛の神でもないのだが（そうはいっても、他者への愛はこの手紙において、極めて重要な役割を果たしている）。

神は「父である主」である〔三・九〕、これはホモイオーシスと同じ節で述べられているが、同じように、第一章〔一・一七―一八〕では、それは「わたしたちを、いわば造られたものの初穂となさるために、生んでくださった」と言われている。父は類似性の父であり、類似性のなかにある父である〔父性と類似性は相互関係にある、と言えるかもしれない〕。ちょうど同じように、『創世記』のなかの、創造の第二の物語において、アダムの神に対する類似性は、アダムの息子セトのうちに見られるアダムとの類似性へと受け継がれる、このようにして、系譜が開かれていき、ノアを経由して、セム、ハム、ヤフェトに至る。この類似性こそが、被造物のなかで人間を他と区別する、そして人間を被造物の初穂となす、いいかえれば、類似性は――また人間は、類似性によって――、世界をその創造者へと捧げる同質的な〔同じ生まれの〕マークあるいは痕跡なのである。この類似性は、したがって、生殖＝世代〔génération〕に依存するのではない〔通例、われわれはそう考えるが〕、それはむしろ、痕跡の伝達を本質とするような生殖＝世代であろう。創造された世界は、産み出された世界というよりは、マークを刻印された世界、痕跡として描き出された世界であり、ある名残を刻印されると同時に名残によって横断される世界〔後にアウグスティヌスが言うように〕――名残とは言い換えれば、ある起源の退引〔引き退き＝引き直し retrait〕のなかに残存するもの、ある起源の退引から残存するもののことである――である。

ホモイオーシス、すなわち、それ自体としての創造者の痕跡は、それでは、何からできているのか？　手紙では創造者は「光の源である御父」〔一・一七〕――光と、光によって照らし出されるものとを分割するなかで世界を開く者〔宇宙創生に関する太古からある図式に則して〕――と名指されている。そして直ちに、こう述べられている、「良い贈り物、完全な賜物はみな」〔*pasa dosis agathè kai pan dôrèma teleion*〕この神から来るのだと。換言すれば、あらゆる与える行為、あらゆる与えられたものは神から来る、最初のものは文字通り「良い」ものであり、二番目のものは「完成した」、「完全な」ものである。神は第一に贈与する者である。まさしくこのようなものとして、神は「光の源であり、御父には、移り変わりも、天体の動きにつれて生じる陰もありません」。神は光である限りにおいて与える、そして神の与えるもの、それはまず、本質的に、その光である（それはラテン語において明確になる、つまり、*lux*、照らし出す光であって、照らされたものの輝きである *lumen* ではない）。神が与えるものは、何らかのものであるというよりも、明るさの可能性であって、そのなかでのみ、ものは存在することができる。もうひとりのジャック〔デリダ〕も好んで入念な考察を試みているように、もし贈与の論理が、贈与者がその贈与において、みずからを打ち捨て放棄することにあるのならば、それこそここで起きていることだ。贈与することで、贈与を完成することで、贈与者は、陰のないまま自己のうちに留まるのと同程度にみずからを贈与する。というのも、贈与者が与えるのは、また「誰にでも惜しみなく与える」（一・五）のは、この陰の消失であり、林間の空き地〔明け透き éclaircie〕であるからだ。与えることと引き留めること、みずからを与えることとみずからを引き留めること、これらはここでは矛盾しない――またそれと相関して、存在することと出現すること〔paraître〕はここでは同一のことであろう、現象学的な神学。[7]

贈与の論理とホモイオーシス〔類似性、似姿〕の論理は重なり合う。つまり、ホモイオス〔似ているもの〕は、ホモイオーシスを産み出す者と同じゲノス〔誕生、系譜、種族、世代 genos〕に属している（人間と神的なものとの関係を転位させるこのテーマは、ピタゴラスに端を発し、プラトンを経由してクレアンテス〔前三三一―二三二、ギリシアの哲学者、ストア派の祖ゼノンの弟子、自己中心的な利害関心からの離脱を強調した〕にまで至る、パウロはクレアンテスからこのテーマを借りて、アテナイ人たちに語りかけた）[8]、そして、産み出す者、あるいは産み出される者はみずからを与える、正

7　贈与についての別の分析の方向を指し示す合図、ジャン＝リュック・マリオンの贈与の分析、*Étant donné*, Paris, PUF, 1997.
8　『使徒言行録（一七・二八）』

確には、みずからのゲノスを与える。

手紙のさらに後の箇所では、与えられるものが名づけられている。『ヤコブの手紙（四・六）』にはこうある、「神は羨望よりももっと豊かな恵みをくださる」と、さらに「主は謙遜な者には恵みお与えになる」（これは『箴言（三・三四）』の引用である）。恵み《グラース》〔grâce〕、それは寵愛＝恩恵〔faveur〕である、いいかえれば、特別に寵愛する選びであると同時に、そのようにして与えられる楽しみあるいは悦びである。恵みは無償性〔根拠・動機の不在 gratuité〕である（バンヴェニストが示しているように〔『インド・ヨーロッパ諸制度語彙集』〕、*kharis*〔優美、恩恵〕の翻訳である *gratia*〔優美、寵愛〕から *gratis*〔無料で、無償で〕、*gratuitas*〔無料、無償〕が生まれた）。それは、それ自体のために与えられた楽しみの無償性である。第四章（四・六）では、*kharis* は *pros phthonon* から来る欲望、つまり妬みや嫉妬から来る欲望と対置させられている。この欲望は肉欲（*hédonai*）と結びついている。だがテクストの論理は *philia tou kosmou*（この世の愛〔世の友となること〕）の断罪に尽きるわけではない。あるいは、おそらく、この断罪は、それが挿入されている論理、もっと複雑で広範なものである論理に則して理解すべきであろう。実際、ヤコブは、妬みから来る欲望は、欠如に由来すると言う、「あなたがたは欲しても得られず、人を殺します」（四・二）。*phthonos* は、他人のもっている財や幸福への妬みである（周知のように、人間の成功や幸福がギリシアの神々の不興を買った場合、神々の *phthonos* はその人間に襲いかかる）。ところで、ヤコブはさらに続けて言う、「得られないのは、願い求めないからである」。続けてこう言う、「願い求めても、与えられないのは、自分の楽しみ〔肉欲〕のために使おうと、間違った動機で願い求めるからです」。したがって、欠如と、妬みからの我有化からなる論理があるとともに、贈与からのみ受け取ることができるもの、あるいは贈与としてのみ受け取ることができるものを受け取るために願い求めるという論理がある。後者は恵みの特別の贈与である。この *kharis* は欲望や楽しみの対立物ではない、それは贈与を受容しうることとしての欲望や楽しみである。この受容可能性は、無償＝無動機での贈与行為に釣り合うものでなければならない。

この贈与は我有化しうる財＝利益の次元に属するようなものは何も与えない（この書簡は、新約聖書全体のなかで富める者に対する最も容赦のないテクストであることも強調しておく必要がある、これについてはまた後で論じるかもしれない）。この贈与は贈与自身を与える、それは、贈与自身が贈与を特別に恵み与えるということを与えるのだ、いいかえれば、この恵みのなかでは、贈与者と贈り物そのものが引き退いているということを与える。ホモイオーシスはホモドーシス〔同じ共通の贈与を行うこと、相互贈与〕である。神にかたどられてあること〔神に似せられてあること Etre à l'image de Dieu〕、それはしたがって、恵みを願い求めながら、今度はみずからが、自分自身を贈与へと与えることである。禁欲的修行に属するどころか、この恵みの論理は享受〔jouissance〕に属する、そしてこの享受それ自身は投げ捨て放棄することに属すると、当然言えるであろう。テクストの文字から判断すれば、おそらく、そのことは「不幸」、「悲しみ＝喪」、「嘆き」、「屈辱」を前提とするのかもしれないが、これらは犠牲ではないのだ。これらは投げ捨て放棄することという態勢であって、そのなかでこそ悦びは可能となる。確かに、何かが放棄される、またそれは我有化したいという羨望を伴った欠如である。けれども、それは犠牲にされたのではない。それは神に捧げられたのでもなく、奉献されたのでもない。ヤコブは諦念を説いているのではない。彼は諦念からも羨望からも遠く隔たった論理を述べているのだ。そしてこの論理こそ彼が信と名づけるものの論理である。

5

周知のように、ヤコブの手紙は、これまで言われてきたほどには、パウロの思想に対立するのではないとしても、信〔信仰 foi〕の行い〔業 œuvres〕を極端に強調している点で、パウロの思想とは少なくとも明確に区別される。（そもそも、ルターがこのテクストに対して峻厳な姿勢を見せる第一の理由はここにある。）だがここで重要なのは、問題となっている行いが信と対立するのではないということをきっちりと理解することである。反対に、行いは信そのものである。

信と行いとの関係は第二章に述べられている、その第一八節が最もよく知られている、「行いの伴わないあなたの信仰を見せなさい。そうすれば、私は行いによって、自分の信仰を見せましょう」。厳命あるいは挑発は、自分の信を証明する必要性などに煩わされない。そのうえ、先行する節ではこう言われたばかりだ、「行いが伴わないなら、信仰はそれだけで死んだものです」（*kath'heauten*、それ自身によって、それ自身のうちで、それ自身に関して）。行いは、外的な明示という次元にあるのではない、また現象による立証という次元にもない。信はそれ自身のうちに自存するのではない。だからこそ、*ek tôn ergôn*、行いを起点にして、行いから出発して、信を示すことが重要なのである。行いが信に由来するのではなく、また行いが信を表出するのでもない、そうではなく、信は行いのなかにしか存在しない。つまり信は、信の行いである行いのなかにしか存在しない、こうした行いが存在していることが、こう言ってよければ、信の本質をなす。第二〇節では、行いの伴わない信は *argê*、つまり空しい、役に立たない、実効性がないと言われている（奇妙なことに、ウルガタ聖書ではこの語は、第一七節の *nekra* と同じように、*mortua*〔死せる〕と翻訳されている）。*argos* は *aergos* の縮約形であり、エルゴン〔行い、働き、作品 *ergon*〕を伴わないことである。ヤコブは同語反復に等しいことを述べている。とはいえ、それが意味するのは、エルゴンはここでは存在〔実存 existence〕であるということだ。したがって、それは次のことも意味する、つまり、エルゴンは、一般的な形で、産出というよりも遥かに実効性として理解されている、またある *opus*〔作品、作業〕の *operari*〔産出する、働く、作り上げる〕というよりも遥かに現働－態に－あること〔être-en-acte〕として理解されている。

この論理は非常に厳密なものであり拘束力をもつ、その結果として、われわれは、自分たちには馴染みであるエルゴンについての一定の理解の仕方を変更しなければならない、また同様に、ポイエシス〔制作、創作〕についての、プラトン的かつアリストテレス的なわれわれの理解の仕方も変更を迫られる。このポイエシスという語は、エルゴンと結びついて、第一章第二五節に現れるが、どう考えても、この語は、幾人かの翻訳者がそうしているように、「実践」〔それゆえプラクシス〕という意味で思考しなければならない。この場合、プラクシスとは、ある対象への活動ではなく、行為者に属するものとしての活動なのである。

こう言えるかもしれない、*pistis*〔信、信仰〕とは、さまざまなエルゴンのポイエシスのなかで生起する、またそうしたポイエシスとして生起するプラクシスであると。ブランショの語法で転記してみるなら、信とは、作品＝営為〔œuvre〕のなかに生起する、また作品＝営為として生起する無為＝脱作品化〔désœuvrement〕であると言えるかもしれない。またひとりのヤコブ／ジャック〔小ヤコブ〕からもうひとりのジャック／ヤコブ〔Jacques Derrida〕へと移行するつもりなら、ポイエシスのプラクシスとしての信は、ポイエシスのなかに、自己との非適合性を切り開くが、この非適合性だけが「なすこと＝作ること〔faire〕」および／あるいは「行動すること〔agir〕」を構成しうると言えるかもしれない（「なすこと＝作ること」と「行動すること」という両概念のどちらであれ、前提として、あらゆる概念が自己との差異をもつことを含意している、あるいは、レクシス〔話すこと、言葉の使用〕と、そのレクシスを実現しようとするプラクシスのあいだには、還元できない差異があることを含意している）[9]。ここから一般化して言うなら、プラクシスとは、ある行い〔作品〕をその行いの（それゆえある対象の）概念に一致したものとして産出することではありえない、それはあらゆる行いのうちにあって、また *ek tou ergou*〔行いを起点として〕、行いの概念を超出するもの

9　*Cf.* J. Derrida, *Politiques de l'amitié*, Paris, Galilée, 1994, p. 135 sq.〔デリダ、『友愛のポリティックス』Ⅰ・Ⅱ、みすず書房、二〇〇三年〕

であると言えるかもしれない。それは、通常考えられるように、概念に対して欠如しているものではなく、概念を超出することで、概念を概念自身の外部に置き、概念に対して、概念が概念把握するものを超えて、さらに多くの概念把握すべきものを与えるもの、あるいはさらに多くの把捉し、思考すべきもの、触れ、指し示すべきものを与える、そうしたものなのである。ここでは信とは、行動あるいは行いをなすこと〔作品化、操作 opération〕のプラクシス的な超過、および行動あるいは行いをなすことのなかのプラクシス的な超過のことであろう、しかも、この超過は、超過それ自体へと秩序づけられる以外に、他の何ものにも秩序づけられない限りでの超過である、いいかえるなら、ある「主体」〔ある行為者、ないし当事者〕が、それ自体において、またそれ自体に対してそうであるところのものを超えるものである可能性、無限に過剰なまでに超えるものである可能性、こうした可能性にだけ秩序づけられるのだ。

この意味で、この信は、その「行い〔作品 œuvre〕」と同様に、主体の所有＝固有性ではありえない。この信は願い求められるべきもの、受け取られるべきものである——だからといって、この信が、信〔信仰〕をもって願い求められるべきものであることが妨げられるわけではない、その反対なのだ〔第一章第六節では、「いささかも疑わず、信仰をもって願いなさい」、そうしなければならないとある、つまり、信の心臓部には、みずからに先行し、みずからを超出する信の決断が存在する〕。そしてこの同じ意味において、信〔foi〕は信仰〔信条 croyance〕の内容を信奉することではありえない。信仰を、知〔savoir〕の脆弱な形式あるいは類比物と理解しなければならないとするなら、信は信仰の次元にはない。信は、いささかも知や知恵の次元にはない、類比的な意味であってもそうではない——パウロはキリスト教的な「狂気」と世界〔この世〕の「知恵」を対立させたが、この対立もまた、以上のような意味で理解すべきではない、というのも、この狂気は「超知恵」ではないし、知恵ないし知の対称物でもないからだ。他方、ヤコブが理解させようとしているのは、信は信それ自身の行いであるということだ。信は行いのなかにある、信は行いをなし、また行いが信をなす。あと少しで、ほんのもう少しで、ヤコブの考えを敷衍して次のような宣言を引き出すことも可能だろう、つまり、「「信仰」のうちに、たとえばキリストによる救済の信仰のうちに、キリスト者のしるしを見てとるとすれば、それは馬鹿げきった誤りである。単にキリスト教的実践のみが、十字架で死んだその人が体験したと同じ生のみが、キリスト教的なのである……」──ニーチェに読むことができる宣言[10]。

信はその実践からなること、まさにこの確信に命じられるままに、ヤコブはアブラハムあるいはラハブの身振りを解釈する（二・二一―二五）。パウロ（『ローマの信徒への手紙』、第四章）とは反対に、ヤコブの主張は、アブラハムがその行い、この場合は、イサクの奉献としてはっきり名指されている行いによって義と認められた点にある。パウロのほうは、この挿話に触れず、サラの不妊の挿話に言及している（『ヘブライ人への手紙（一一・一以下）』、犠牲への言及はあるが、基本的な議論は変わっていない）。パウロによれば重要なのは、神が、自然の理に反して、彼に子どもを授けうると、アブラハムが信じたことにある。彼の行為は、それゆえ、知を前提として立てることに依拠していた（あるいは、知を前提として立てることにその本質をもっていた、『ヘブライ人への手紙』のテクストには、《*logisamenos*（推論した、期待した、計算した）》という語が存在する、アブラハムは神がなしうると判断した）。反対に、ヤコブにとって、アブラハムはなした、彼はイサクを捧げたのだ。彼が何を判断したのか、評価したのか、何を信じたのか、こうしたことは言われていない。（同様に、娼婦ラハブは使いの者たちを救った、そしてヤコブは、パウロと違って、使いの者たちが彼女にした約束を彼女が信じたのかどうかについて何も言っていない、それに対して、『ヘブ

10　*L'Antéchrist*, dans *Œuvres complètes*, t.VIII, §39, tr. fr. J.-Cl. Hémery, Paris, Gallimard, 1974 (traduction modifiée).〔ニーチェ、原佑訳、『反キリスト者』第三九節、『ニーチェ全集』第一四巻、ちくま学芸文庫、一九九四年〕

ライ人への手紙』のテクストには、ラハブは命を救われることを期待したと明言されている。）

ある意味では、ヤコブのアブラハムは何も信じない、希望することさえしない（彼は「希望なしに希望した」とパウロは言っているが、こうした弁証法さえもがここでは不在なのだ）。このアブラハムは、確信の次元にもいないし、確信の代替物の次元にもいない。彼は納得ないし確信しているわけではない。彼の同意は *logismos*〔推理、計算〕のなかにはない。彼はただエルゴン〔行い〕のなかにあるだけだ。もしも「信」という観念を、「論理」ないし「計算的論理〔logistique〕」の次元のなかに位置づける必要があるとしても（*pistis*〔信〕の起源が *peithō*〔説得する、確信させる〕にあることから導き出されるように）、その場合、この信は、それ自身のロゴス〔計算、論理、根拠、理由〕が自己と一致適合しないということに存する。この信が「信じる」際のその理由＝根拠〔raisons〕は、諸々の数ある理由＝根拠ではない。したがって、この信は、要するに、みずから確信を抱くにあたって、何ももたない。それはただ次のような「確信」に他ならない、つまり、現働態《アクト》にある「確信」であって、ある「理解不可能なもの」（「私には理解できないが、信じなければならない、あるいは信じることができる」といった論理に則して）に再び身を委ねるのでさえなく、ある別の行為《アクト》——ある命令——であるようなものに再び身を委ねる、そうした確信に他ならない。信は論証的なものではない、それは命令に備わる遂行的なものである——あるいは、それと同質的なものである。この信は、意味の内容としては、信が信それ自体と適合しないことにその本質をもつ。そしてまさにこの点において、この信は信の真理としての真理である、あるいは、真理および真と‐なすこと〔véri-fication〕としての信である。犠牲をなすことではなく、真を‐なすこと。

「〜を信用する〔se fier à〕」あるいは「〜に委ねる＝託する〔se confier à〕」という概念は二つの側面に開かれている。一方では、確信のひとつの形式が問題となる、つまり前提とされた、保証付きの確実性であったり、ひとつの目的を、ある程度少々大胆に予測し、その予測に基づいて信頼することであったりする（これはカントの要請＝公準と類比的である、というのも、こうした公準は合理的もしくは理性的な信仰〔croyance〕の公準に他ならないからであり、このような信仰のなかで、キリスト教的な信〔foi〕が変貌し消滅していく）。だがヤコブの言う信が完全に実現されるのは、この信の行為が、この行為についてのあらゆる概念――類比、象徴、あるいは「かのように〔カントにおいて、概念に対応する対象があたかも可能であるかのように」みなす統制的原理のもとに、世界の絶対的統一性や神、自由、不死などを捉える考え方〕」に則した概念であるとして――と適合しない限りにおいてである。アブラハムの行いは、この非適合性を行動する＝振舞うこと、あるいは、なすこと〔作り上げること〕である。それはプラクシスであるが、このプラクシスのポイエシス〔制作、創造〕は、ひとつの行動（イサクを奉献すること）と、その行動の表象ないし意味（自分の息子を生贄に捧げること）とが共約不可能な関係にあるということだ。

　行いとしての信は、行動することがそれ自体に対して共約不可能であることについての知――あるいは知の欠如――であるのかもしれない、いいかえるなら、同じようにして、行為者、当事者ないし動作主が、その行動において、自分自身が超出され、そこでみずからが作り上げられる、あるいは超過をなすように強制される、またはみずからを超過される者となす限りにおいて、共約不可能性のなかにあるということについての知、ないし知の欠如であるのかもしれない。つまりそれは、以上のように、根底的に、絶対的に、また必然的に、自己－へと－委ねられてあること〔自己－に帰属して－あること l'être-à-soi〕が他者－へと－委ねられてあることを含みもつということ〔他者－に帰属して－あること l'être-à-l'autre〕である。この点において、信とはまさに、信の行為という意味で理解された贈与それ自体に対するホモイオーシス〔類似性〕の行為なのかもしれない。

　この信は――あるいは、ユダヤ－キリスト教的な、またイスラーム的でもある信は――次のような非－知の行為と言えるだろう。つまり、あらゆる行為のうちにある他者の必然性についての非－知、そして、ヤコブがこの箇所で〔第一章、第二一、二四―二五節〕「義とすること〔正しさを証明すること justification〕」――義とするもの、義しい者とするもの(ただし、この義しい者は、自分自身の正義についての知を適合した状態に保持することはできない)――と呼ぶものに見合う高さにある行為についてのあらゆる知のうちにある他者の必然性についての非‐知、こうした非‐知である限りでの非‐知の行為であろう。この行為はまず、他者への信にかかっていると思われる――他者への信とは、もうひとりのジャックが「証言という経験の秘密としての他者との関係」[11]と呼んでいるものだ、ただし、「証言」をデリダと同じように、あらゆる言葉が他者のなかに、また他者について――そして、私自身にとっての他者である限りでの私のなかに(プラトン主義者ならば「自分自身と対話する」限りにおいて)――原理的に前提としている真理の証言という意味に解するとしてであるが。義しい者あるいは義とされた者とは、他者のうちにおいてみずからが証明されるに任せるような者のことであろう。

この真理とこの正義が切り開かれるのは、厳密には以下のような場においてであろう、すなわち、この場では、確信をもたらし保証するものは、もはや聖なる現前性ではない、それは他者に由来しないようないかなる現前性にも保証されていないという事実そのもの――行為および行い――である、換言すれば、それ自身と異なったものではないような現前性、聖なる神々の現前性とは異なったものではないような現前性、こういった現前性にはまったく保証されていないという事実である。いってみれば、あるいはこう言うほうがよければ、聖なるもの(le sacré)それ自体、ないし神聖=聖潔なるもの(le saint)それ自体(さしあたり区別しないでおくが)ということになろう、ただし、あくまでも、与えられていないもの、措定されていないもの、神的な現前性の次元のうちに現前化されていないもの、こうしたものである限りでの、聖なるもの、神聖=聖潔なるものである――それどころか、それは、あらゆる神と類似性をもたない「〈神〉」「それ自身」であるだろう、贈与としての「〈神〉」「それ自身」、そして、他者へとみずからを与える信、いかなるものも信仰しない信、そうした信の贈与としての「〈神〉」「それ自身」であるだろう。したがって、それとともに、宗教の脱構築としての、またそれゆえに自己脱構築としてのヤコブのユダヤ－キリスト教であるだろう、これはもはや、連結符とその間隔化だけを存続させるだろう、もしそれがなおも存続であるのだとして。

6

まさに以上の理由から、ここでの信がそうであり、*pistis*〔信〕のポイエシス－プラクシスがそうである行いは、この手紙において、ただ三つの様相のもとにおいて姿を現す。隣人への愛、富を信用しないこと、真のものであり、決断された言葉。この三つの形態のもとで、そのつど、重要なのは、我有化＝自己固有化しえないものへの露呈、自己の外部に、無限に自己の外部に、自己の正義と真理をもつものへの露呈である。

この手紙において「自由をもたらす完全な律法」（一・二五、二・一二）と名づけられているものが重要なのである。パウロと違って、ヤコブは律法（古いものとされる）を自由へとそして／あるいは律法（新しいものとされる）へと引き上げる＝止揚することはしない。「自由をもたらす律法」――そのどの教えも本当にユダヤ教に異質というわけではない――が定める態勢とは、行動することが他者への露呈であるようにすること、またこの露呈以外の何ものでもないようにすることである――すなわち、何らかの欲望や我有化をなすというよりはむしろ何らかの関係ないし近さというものを働かせること、表象や意味についての「計算的論理《ロジスティック》」を作り上げるというよりはむしろ何らかの言葉や何らかの真理を働かせることである。この「自由をもたらす律法」（*nomos tès éleuthérias*）という表現は、おそらく聖書に一回しか登場しないもの〔*hapax*〕かもしれないが、ストア派と共鳴しあうものとし

11　J. Derrida, *La Religion*, 前出、八四頁。

て理解しうるであろう。そして誕生しつつあるキリスト教のなかに哲学が内包されているしるしのひとつが、そこに見てとれよう。もしこうしたことが少しでも証明されるなら、ストア派について深く透徹した理解が求められることになろう。つまり、自分の手の届かない秩序＝命令を従順に受容することではなく、自己‐になること〔devenir-soi〕のひとつの機会としての出来事を分有《パルタージュ》すること〔分かち与えられた運命〕（*nomos*〔法、配分〕）である。アブラハムについてのヤコブのテクストと、ストア派についてのドゥルーズの文章とを共鳴させることもできよう。「われわれに到来するものに値するものになること、したがって、そうしたものの生起＝出来事を欲し、解き放つこと、自分自身の出来事の息子となること〔中略〕自分の作品の息子ではなく、というのも、作品それ自身は生起＝出来事の息子によってのみ生み出されるからだ」。[12] そうすると *nomos* とは次のようになる、すなわち、われわれを自由に解き放つものは、唯一、われわれに帰属しない真理、われわれへと回帰しない真理だけであり、真理の到来が適合関係を逃れること、真理の到来は我有化できないこと、こうしたことに則してわれわれを行動させるような真理だけである。

7

愛、言葉、貧しさに則した「自由をもたらす律法」の三重の規定を分析するには、この講演では余りにも時間が足りない。本日のところは断念して、また後日、論じ直すことにしよう、その代わりに、もはや先延ばしにはできない事柄、つまりイエス・キリストの話だけをして締め括ることにする。

ある意味では、この手紙でのユダヤ‐キリスト教的な共同構成を疑いの余地なく証明する唯一のものは、イエスへの言及である。それは早くも第一節から、パウロも使用する定型化した表現で登場する、「神と主イエス・

キリストの僕であるヤコブ」、ついで、第二章の第一節では、「わたしの兄弟たち、栄光に満ちた、わたしたちの主イエス・キリストを信じるもの」。一方で、私が既に指摘したように、キリストなるもの〔注油された者〕への言及は、あらゆるキリスト論から引き退いたままである。他方では、また同時に、キリストへの言及のみが信を規定する、だがそれは信の性質〔実践的ないし操作的〔業＝作品をなすような〕〕に則してではなく、信が何かへと準拠していること、支えられ依託されていること、保証されていること、こうしたことに則して、信を規定する。既に見たように、神の単一性＝唯一性《ユニシテ》を単に信じること、これだけでは真に信とは言えない。信は、存在するためには、換言すれば、行動する＝行動させる〔行う＝行わせる agir〕ためには、その一貫性を他の場所から得てくる、すなわち、ひとつの固有名からである。この名は、ひとつの特種な神学を担うものではないゆえに、概念へと変質することはない。この名は、受肉や贖いの神秘という論理には導入しない。イエスの名のもとに、せいぜい想定できるのは、福音書が伝えている説教へと暗黙のうちに立ち戻ることであり、もっと特殊なものとしては、「山上の垂訓」の説教に立ち戻ることだ。その他には、この名は単にキリストなる者、つまりメシア〔救世主〕なる者が誰かをはっきりさせるのに役立つだけだ。もしメシアが名づけられているとすれば、それはメシアが到来しているからだ、何らかの仕方で現前しているからだ。メシアは現前している。その名が言うのは、この到来した現前性である。予断から自由な読者にとって、このイエスがもはやこの世界のものではないなどと考える理由はまったくない。この現前性は、信じることの理由＝根拠や、あるいは何らかの形で、信の範例といったものを与えるような証人＝証言者の現前性ではない。ここで名指された現前性は、メシアの性質にのみ送り返される。

12　Gilles Deleuze, *Logique du sens*, Paris, Minuit, 1969, p. 175-176〔ドゥルーズ、『意味の論理学』、河出文庫、二〇〇七年〕。別の頁が次のテクストに引用されている、Frédérique Ildefonse, *Les Stoïciens, I, Zénon, Cléanthe, Chrysippe*, Paris, Les Belles Lettres, 2000, p. 189.

「栄光のメシア」という表現も、一度だけ登場するものかもしれない。メシアとは注油された者である。注油は、イスラエル――他の諸文化から継承されたものであるが――においては、王としての、あるいは聖職者としての、または預言者としての役割を授ける身振り、また合図する身振りである（より後期のキリスト論になると、キリストにはこの三つの役割が帰せられる）。確かに、「メシア」と口にする者は、イスラエルでは、この三つの役割を聴き取っているのであり、まず最初に、第一の役割、君臨統治〔règne〕という役割を聴き取っている――ここでは第二章、第五節で次のように名指されている役割である、つまり、「神がご自身を愛する者に約束された国〔règne〕」（「栄光のキリスト」の四節先の箇所になる）。メシア主義についての省察は、こうした王権の考察と切り離せない。（ここでは分析の詳細に立ち入ることはできないが、言っておくとすれば、「メシア」の意味を「救済者＝救世主」という観念へと徐々に還元する傾向があるが、そうすることで、注油に含まれるさまざまな役割が軽視され、また「救済」そのものもそれらのさまざまな役割を経由するという事実が無視される――つまり、場合によっては、聖職者の立場と預言者の立場のように、これらの役割のあいだに裂け目や不調和が含まれることもあるのだ。[13]）「栄光の」メシアについては、それが栄光で注油されているのであれ、あるいは、栄光が注油された者の輝きなのであれ、絶対的に王としてのメシアである。それは、聖書が一貫して神に帰す壮麗さ〔惜しみないこと magnificence〕で輝いている、また、注油された者の髪やひげを伝い流れる油は、光り輝き、芳香を放ちながら、この壮麗さを反映している。栄光に則したものとしての王権は、まず権力の次元にあるというわけではない。あるいは、この王権が権力の次元にあるとしても、それは王権がそのまま、光と惜しみのない授与の次元にあるから、「良い贈り物、完全な賜物」の次元にあるからなのだ。

（栄光、輝き、あるいは荘厳華麗さ、これらは、アッシリアやバビロンの表象作品における神そして／あるいは王に関する極めて古くからの属性である、こうしたコンテクストにおいて、栄光は誘惑や快楽とも結合していることが分かる、とりわけ女神に関してそうである、それは寵愛と結びついた荘厳華麗さである。これに関して、ひとりの偉大な古代ギリシア研究家にもこういう記述が見られる、「他でもない、*charis* というギリシア語の観念によって、以下の諸々のものを近づけて捉える必要が起きた、つまり、魅力、外への表れとしての恵み、誘惑する力、また宝石や布地のまばゆい煌き、身体の美しさ、体の完璧さ、官能性、女性が男性に対して自分自身を贈り物として贈ること」。[14]）

栄光は、ただただ、正確には我有化できないもの――栄光の発出源である者によってさえ、おそらくは我有化不可能なもの――として与えられる、栄光はただ単に賛嘆される＝見惚れるもの《アドミラーブル》――だがおそらくは、凝視できないほど、人を見惚れさせるものであろう――として与えられる。栄光への信、あるいは栄光の信（*pistis tou Kuriou Iêsou Christou tês doxas*）は、我有化不可能なものへの信である。繰り返すなら、行い〔業 œuvre〕が適合していないこと、あるいは行いへと適合していないことにおける我有化不可能なものへの信である。この信は、我有化できない栄光から受け取られる、この信は栄光のうちにあるが、それは信が栄光から由来するという意味においてであり、この栄光が信にその確信――これは信仰〔出来上がった何らかの信仰〕ではない――を与えるという意味においてである。イエスの栄光《ドクサ》はその出現（すること）である。つまり、彼が到来したということ、君臨統治＝国〔règne〕の栄光が現れたということ、信である限りにおいて既に与えられたということである。「イエス」はこの場合、この出現（すること）の名である――そして、それは名である限りでの、すなわち我有化不可能なものの固有名である限りでの、栄光《ドクサ》である（我有化不可能なものとは、いいかえれば、周知のとおり、名と

13　ついでに指摘しておくと、クムラン宗団のあるテクストでは、二つのメシア、聖職者的なメシアと王のようなメシアとが区別されている。

14　Jean-Pierre Vernant, « Splendeur divine », *Entre mythe et politique*, Paris, Le Seuil, 1996, p. 522.

いうものの固有性そのものである、あるいはこういってよければ、名の神的性格である）。またそのようにして、イエスという名は、どのような名の代わりでもある名、あらゆる名の代わりの名、まったく他なるもの〔まったき他者、あらゆる他者 tout autre〕の名の代わりの名である。この節全体がこう言っている、「栄光に満ちた、わたしたちの主イエス・キリストを信じながら、人を分け隔てしてはなりません」〔『ヤコブの手紙（二・一）』〕、それは貧しい人たちへの配慮＝尊敬を導き入れるためである。ある意味では、次のことを理解しようと試みる以外にない、つまり、ここで重要なのは、イエスという人物＝人格（顔、外貌〔*prosopon*〕、ペルソナ〔人格、仮面〕）を特別扱いしないということだ。

ここでは構築の前に、あるいは構築の最中に、しかも構築の心臓部において、脱構築が生じている。脱構築は構築を廃棄するのではない、また私には、ヤコブの名において、キリスト教の構築について将来行われる検証を拒絶するつもりはない——起源に「遡ること」や起源の「純化」という、キリスト教、一神教さらに西洋に妄執のように取り憑いた考え方に則してそうするつもりはない。そうではなくこの脱構築は——これは、正確には、いわば明け初めたばかりの朝の光へと遡行する身振りではない——今や、構築の始元＝原理に、構築という構想に属している。脱構築は、構築の接合剤のなかに存在する、それは（分割的）連結符のなかに存在する、それは（分割的）連結符に属している／幾らかの（分割的）連結符である。

ここでは、さしあたり、「イエス・キリスト」という（分割的）連結符について残存しているのは、ひとつの名を栄光に結びつける特徴線＝牽引線だけである。ひとつの名、それは常にある他者の名である、ちょうどひとりだけのものではないヤコブ／ジャックという名が存在するように（もうひとりのジャックならそう言うように）、名とは常にある他者の名である、たとえ私の名であっても——そして、出現＝示現するものの栄光《ドクサ》、すなわち信を営み＝行いへと置き入れる〔作品化する met en œuvre〕ものとしての名〔nom〕の名声〔名の反復・強調 renom〕、また、事の始まりから、存在－神論——これは依然として、その歴史のなかでこの信を待ち望んでいる、その信においてみずからが脱構築されるようにと、信を待ち望んでいる——の脱構築と同じく宗教の脱構築を行い＝推進する信。

しかしつまるところ、栄光が本来の栄光であるのは、ただそれが金の輝きでも銀の輝きでも輝かない限りにおいてである（第二章、第二節にあるように、富める者の宝石や身なりと違って）。栄光は、示現されること、行為（のなか）への信の露呈である（「あなたの信仰を見せなさい」の *deixon*〔見せなさい……*deiknumi*（示す、明らかにする、証明する）の活用形〕は、*doxa*〔栄光〕と同じ意味素をもつ）、だがしかしながら、栄光は非適合性ないし共約不可能性の露呈である。まさにこのようにして、栄光はメシアの注油なのである、いいかえるなら、メシアは、注油されてメシアとなった者の引き退きを露呈する。この退引は、聖なる分離ではない、それは、極めて厳格に言えば、聖なるものの退引であり、また世界が世界へと露呈されること〔世界における世界の露呈＝遺棄 l'exposition du monde au monde〕である。確かに、注油はひとつの聖別である。けれども、それは、奉献＝捧げ物〔offrande〕のなかで、聖なる分離の侵犯を確固たるものとすることではない、そうではなく、神的なるものの退引そのものを、世界の上に、世界のなかに、また世界というものとして——創造の行い＝業として——降り注ぐことである。

手紙の末尾近くではこう言われている（五・八）、「主が来られる〔来臨、到来 avènement〕ときが迫っている」（文字通りには、「近づいた」、「近くなった」）。パルウシア〔来臨、到来〕が迫っている、いいかえれば、パルウシアは近くにあるとともに近くにはない。近さとは、絶えず閉ざされ、かつ開かれるもの、閉ざされつつ開かれるものである（近さは、混淆であるような混合ではない）。近さは存在する——近づいてくるものから引き裂かれているがゆえに、自己の隔たりであるがゆえに。パルウシア——傍らに現前すること——は、差延させる、またみずからを差延させる〔差異化され引き延ばされる〕、まさにそのようにして、パルウシアは、あたかも生のなかの死がそうであるように、切迫して、現にそこに／彼方に〔là〕存在する。

西洋を設立し制度化する布置のなかで、現在変わりつつあるのは、人間がもはや不死の者と相対した死すべき者ではないということだ。人間は、人間の生に終始、影のように付き纏う死ぬということ〔mourir〕によって死につつある者となりつつある。神的なものは、人間の住まいから――オリンポス山の頂上であれ、シナイ山の頂上であれ――、またあらゆる種類の神殿から引き退く。神的なものは、引き退きつつ、死ぬということが永続的に切迫していることへと生成変化する。実存のひとつの様態の自然な終焉としての死は、それ自体終焉を迎えた／有限である〔finie〕、つまり、死ぬということは、パルウシアの切迫が常に保留＝延期されていることに則した実存のテーマとなりつつある。

8

手紙の締め括りにおいて、「信＝信仰〔foi〕に基づく祈り」を捧げつつ病人に油を塗るように、そして罪人同士が告白しあうように勧められている。後にカトリック教会は、このテクストに基づいて終油〔最期の塗油〕の秘跡と呼ぶものを確立する。理解しておく必要があるのは、「癒して」くれるはずの塗油は、テクストで言われるように、魂を癒すのであって、体を癒すのではないということだ（「信仰に基づく祈りは、病人を救い、主がその人を起き上がらせてくださいます。その人が罪を犯したのであれば、主が赦してくださいます」、第五章、第一五節）。いいかえれば、塗油が合図するのは、後代になって、死の彼方の永遠の生と呼ばれることになるものではない、そうではなく、あたかも無限に差延される有限なパルウシアに入るかのようにして、死のなかに入ることである。共約不可能な非適合性のなかに入ること。この意味で、死につつある者ひとりひとりが、ひとりのメシアである、またどのメシアもひとりの死につつある者である。死につつある者はもはや、〈不死の者たち〉と区別された死すべき者ではない。死につつある者は、共約不可能な現前性という行為のなかで生ける者である。あらゆる塗油は最期の＝究極的なものであり、最期＝極限は常に近くに迫っている。人はそれに触れ続けているのだ。死は罪に結びつけられるが、それはすなわち死が、死ぬということの共約不可能な高みに見合うだけの信を実践することのないような――機能不全に陥ることなしには、信を実践できない――生のある欠陥に結びつけられるという意味である。けれども、信はそれでもやはり与える、信は、正確＝適切に、死ぬということを、その共約不可能性のうちに与える（「死を与える」と彼は言った〔ジャック・デリダの著作のタイトル〕）。この贈与は、しかしながら、愛や貧しさ、真を言うこと〔véridicité〕（これらは、最終的には、死ぬということと同じことである）と同じように、受け取って保持することが問題なのではない。

　犠牲でも悲劇でも復活でもない――あるいは、より正確さを期すなら、死に対して、何らかの仕方で、ある固有な厚みや整合性を与えるのである限りは、この三つの図式のいずれでもない、というのも、死とは絶対的な非‐整合性であるからだ、とはいえもし死が存在するとしてであるが（ヘーゲル、「死、もしわれわれがこの非現実的なものをこのように名づけるのならば」[15]）。この三つの図式のいずれもが死に整合性を与えている、すなわち、犠牲は、血のなかで、聖なる次元との和解を確固たるものとする、悲劇は、死のなかで、運命の真っ赤に焼けた鉄の刃を鍛える（和解不可能なものの引き裂き）、復活は、死そのもののなかで、死を癒し、栄光で輝かせる。どのような様態においてであれ、どれもが死者に形象《フィギュール》を与え、死には実体を与える。

　おそらく、以上の図式のいずれについても別のやり方で理解することが可能であろう――ひとつひとつ個別に、あるいは三つ合わせて、そして、その際の構成は、これから解明すべきものとして残っているが、まさしく、

15　*Phénoménologie de l'esprit*, Préface, tr. fr. Hyppolite, Paris, Aubier, 1939, p. 29.〔ヘーゲル、『精神現象学』、作品社、一九九八年〕

最も精緻に仕上げられた形態のキリスト教ということになるのかもしれない。それらの図式から別の糸を、あるいは別の刺を引き出すことができるかもしれない。それは死の非‐整合性である、死すべき者がそのなかに「沈み込む」ようなものでさえなく、ましてやそのなかで救われるようなものでもなく、またそこからみずからを救い出すようなものでもない、むしろそれは死すべき者が、まさに死すべきものとして消滅するまさにその時点＝地点において、死そのものに触れられていないままに留まっているような死の非‐整合性である。死すべき者は、まさにその死につつあるその時点＝地点において、およそ可能な唯一の接触によって、唯一の可能な不死性、厳密に死のそれである不死性に触れる。この死の不死性は非整合的で、我有化不可能なものである。それは現前性の近さである。唯一の整合性は、終わるものとしての、またみずからを終わらせるものとしての有限者の整合性である。それゆえに、死は実存者に何もなすことはできない――ただ、誕生が実存者を死のなかへと追放した後は、死もまた、その和解不可能な、非適合的な仕方で、実存者をひたすら実存させる以外には。死は、実存者を、実存するということそのものとの現前的関係に置き入れるのだ。

ヤコブの手紙においては、あたかも信〔foi〕が、別の生への信仰〔croyance〕であるどころか、いいかえれば生が生自体と無限に適合していることへの信仰であるどころか、非適合性を作動させること――実存は非適合性のうちで、非適合性として実存する――であるかのように、すべては進行する。どのようにして信が、ある日、西洋とともに、宗教の分解を共同構成する作業を、開始した〔毀損した entamé〕のか、まさにこのことこそが、なおもわれわれの前に、この日＝光を呈示するのだ、ユダヤ的でも、キリスト教的でも、イスラーム的でもないこの日＝光を――とはいえ、あらゆる結合＝連結を空間化＝間隔化するために引かれた線として。

全体の無なることの信*

〔Une foi de rien du tout〕

1

ジェラール・グラネルには独特の特徴がさまざまあるが、なかでも独特の特徴とは次のようなものだ、すなわち、明らかに一方ではハイデガーと、他方ではマルクスと結びついた哲学を実践しながらも、ある時期には、自分が宗教に、カトリック教会に帰属していることを明言した、同時代では極めて稀有な哲学者のひとり――唯一の者ではないにせよ――なのである。さらに敷衍して言えばこうなるだろう、つまり、彼は、自分の宗教的な信〔foi〕と哲学（いかなる「キリスト教的な哲学」でもない、その反対だ！）への積極的関与《アンガージュマン》とを、混同することなく、結合させた数少ない人間のひとり――唯一の人間ではないにせよ――であると、だがそうではありながらも、一

* 初出は、*Granel – L'éclat, le combat, l'ouvert*, textes réuins par Jean-Luc Nancy et Élisabeth Rigal, Paris, Belin, 2001. この試論はジェラール・グラネルの最後の刊行テクスト、« Loin de la substance – jusqu'où? »〔「実体から遠く離れて、どこまで？」〕（この試論の後に続けて収録されている）のひとつの読解を提示するものである。

方で彼は、この二つの次元のあいだに、外在性や異質性を維持することのない数少ない人間のひとりでもあったのだと。他の哲学者たち（レヴィナスやリクールのような人たち）においては、外在性や異質性が〔異論の余地がないわけではないが〕引き合いに出されるのが常だ。少しも解明されていない、ある独異な接触ポイントによって、ほぼ二十年にわたり、同一性なき結合が維持されてきたかのように、すべては進行する。このポイントは、事実ニオイテ、現に存在した。このポイントは、法＝権利ニオイテ、どのように刻印＝描出された〔tracé〕のだろうか？（というのも、グラネルは単に経験的に事態を成り行き任せにする人間ではないからだ。）私がみずからに提起する問いはこうしたものである。問うにあたって、もうひとつ別の問いを出発点にする、すなわち、このポイントの刻印＝描出〔痕跡 trace〕は、後で見えるようになるのか、著作の最後になれば見えるようになるのか？　また、この刻印＝描出は、もしそれが現に存在するとして、発端を切り開くマークという内容を与えるのだろうか？

　予告した「著作の最後に」まで行く前に、ごく簡潔に著作の最初の部分を位置づけておく。一九七〇年代までの時期、グラネルは、マルクス主義者かつキリスト教徒であるハイデガー主義者という独異な人物形象を呈している（またさらには、こう言っていいなら、彼はデリダのうちに、「彼らの時代を、その本質的な描線のなかに記載する著作＝仕事」[1]のひとつがあることを早くからはっきり認めている）。私は、統合的ないし混合的な構成物――彼の好む語で言えば、一種の怪物《モンストル》であるが――の分析には着手しない。だが確かに、この怪物性を組織する原理は存在していた、またこの怪物性は、奇形的というよりは、おそらく、顕示的〔予兆的 *monstrante*〕なものであろう。こうした原理に則って、形而上学――存在‐神論として理解された、いいかえれば、存在（する）ということが存在者的な性格をもつとする思考形態として理解された形而上学（ここではそれゆえ、存在（すること）は実体的性格のものとされ、また至高の現実にして自己原因《カウサ・スイ》であるとして基礎づけるものとされる）――の破壊ないし脱構築（彼はどちらの語も使用する）は、一方で、経済学の根本的な批判（すなわち、「根」としての「人間」を起点とする）と本質的には同じものであり、また他方では、カトリック教会――彼はカトリック教会の内部からカトリック教会に抗して、譲歩なき「闘争」を呼びかけた――の、それに劣らず根本的な改革（かといって少しもプロテスタント的ではない）とも同じものである。

この論文集の限られた紙幅のなかで、私は、この思考が歩んだ行程やカトリック教会（教義、道徳、司牧神学）に対する彼の姿勢の行程を辿り直すことはしない。存在‐神論の脱構築と信の肯定を結合すること――ハイデガー主義者にとっては独異なことだが――が当時、彼にとって重要なことであったことだけを指摘しておく。一九七一年に彼はこう書いている、「信の可能性は常に開かれたままである、信の現実性そのものも生けるままに留まっていることが多い、たとえ灰の下にあるとしても。信が姿を現す、あるいは再び活動するためには、キリスト教徒の生が神の真理について何がしかを垣間見させてくれれば十分である（原始キリスト教時代の二つの特徴に少しでも似ていればいい、すなわち、「どれほど彼らが愛し合っているかを見てみなさい」、「彼らは何も恐れない」）、あるいは、単にそれ自体における（「存在論的な」真理としての）、神の業〔行い、作品、営為 œuvre〕の真理の道が再び通行可能となれば十分である、とはいえ、神への従属化が考慮されるわけではない」（*TT*、二七八頁）。したがって、愛および勇気としての信、そして／あるいは、あらゆる制作者と切り離された「業＝作品」である限りでの存在者の総体についての思考としての信……（それゆえ、創造された「業＝作品」であろうか？　もし「創造」が作品制作〔ouvrage〕ではないとするならば？　読者には本論の最後までこの点は保留にしておいていただきたい）。

これらの特徴のいずれかによって、また三つ合わさった特徴によって、問われている信――「信の固有性＝本性はどのようなものか〔*quid proprium*〕」（*TT*、二三八頁）――は、神との関係でしかありえない、ただ単に「隠れ

1　*Traditionis traditio*〔『伝統の継承』〕（以下 *TT* と略す）, Paris, Gallimard, 1972, p.175（デリダの論文は一九六七年のもの）。

た」神との関係でなく、パスカルの言うように「みずからを隠そうと欲した」神との関係である（*TT*、二三九頁に引用）。みずからを隠そうとし、また隠れたままでいようとする意志との関係は、手の届かない超越的な本質とは異なるものとの関係である。問題になっているのは、正確には、*Deus absconditus*〔隠レタ神〕（「隠れた」という述語を従えた主語＝主体）ではなく、「秘め隠されているということ〔*absconditas*〕」の神的な性格である。そうすると、信に基づく関係とは、この「みずからを隠そうとする意志」それ自体への接近である。それゆえに、接近を切断するもの、あるいは引き退かせるものへの接近である。これは既に人々が理解していることである。範囲を広げて、カトリック教会や信仰告白と完全に断絶したグラネルの思考のなかに、私が問い質してみたいのは、まさしくこうした「信」の痕跡、あるいは灰の下に埋もれた埋火である。

実際には、後になると――後というほどではほとんどないが――、彼はカトリック信仰や神学を、さらには「破壊」へのあらゆる意志さえも見棄ててしまうことになる。彼はキリスト教をその形而上学的な運命に任せてしまうことになる。そして、キリスト教は「世界化」によって、「キリスト教世界」――これを現代的な性格を帯びたものであると巧妙に偽装しながら――の支配を更新しているという疑惑のもと、彼はキリスト教を放棄することになる。[2] しかしながら、彼が「信」の運命にはっきりと決着を付けたことにはならないだろう。発見された手稿のテクスト（出版されているのかは分からない――手書きで一九七〇年春と日付が付いている）において、グラネルは神に関して「*ipsum esse subsistens*〔それ自体、自存する存在〕についての古くからの冒瀆の言葉」の話をしている。[3] この定式で極めて明瞭に継続されているのは、神を至高の存在者とする存在‐神論と信との対立である。一九七三年に出版されたテクストで、[4] 彼はさらにこうも書いている、「（集団的、歴史的、具体的、政治的な実践としての）「実践の一般的統一性」が意味しているとされるものを人々が理解していない以上――少なくとも人々がそれをもはや以下の形態において理解していない（しようとしない）以上、すなわち、キリスト教的な〈信〉が「キリスト教世界なるもの」へと堕落し、長いあいだそうした役割を簒奪してきた——かつ果たしてきた——といった形態において……」。周知のように、こうした議論は、「〈差異〉」の政治としての非‐形而上学的な政治という考え方へと達することを望みながら、「堕落する」ことがなかったかもしれない〈信〉に関してある程度、決断を下しかねている状態にも留まっている。「堕落したもの」として、この〈信〉は、集団的、具体的な主体の役割を簒奪するとともに果たしてきた（それは早くも、〈信〉が何ものでもない、というわけではないということだ）。けれども、堕落していないものとして、〈信〉は何をしたことになるのか、もしそれが活動的であったとして？

とはいえ、これ以上、僅かな燠火の揺らめきが感じ取られるような例外的なテクストを強引に解釈することは控えておく。「信」それ自体は、この思考から明確に廃棄されたわけではなく、抹消されたのでもないということを強調しておきたい。というわけで、単刀直入に、一気にジェラール・グラネルの、最後に出版されたテクスト、「実体から遠く離れて、どこまで？」[5]に向かうことにする。

2

このテクストは「カント以降の思想の存在論的ケノーシス〔自己無化、自己放棄、自己の空虚化〕についての試論」

2　*Études*, Paris, Galilée, 1995, p. 71. を参照のこと。

3　「ダニエル＝ガロディ、無償の＝理由なき〔何ものでもないもの＝無のための〕闘争」（テレビ番組の分析）、エリザベット・リガルが発見した手稿。

4　« L'effacement du sujet dans la philosophie contemporaine », *Concilium*, n° 86, juin 1973.

5　本書一三九頁以下を参照。そこに雑誌掲載時の頁番号の指示が付けられている、私はその頁数に従って参照することにする。

と副題が付けられている。したがって、明らかにこのテクストは、パウロによってその神学的用法が定着した（これは言っておかねばならない）この語の合図＝表徴《シーニュ》のもとに、またこの語の概念のもとに置かれている（イエス・キリストとなることで、みずからの神性を空虚にする神）。「〔この用語に〕もはや神学的ではなく存在論的な指標の役割を担わせる」（五三五頁）と宣言しつつ、グラネルは、こうした理由づけのもと、存在論的な空虚についての思考を可能な限り遠くまで続行することを企てる。可能な限り遠くまで、つまり、タイトルでの、どこまで？ という問いに見られる解決しえないもののほうへと押しやられる極限状況に至るまで――この問いにおいて、「遠く」というものそれ自体が絶えず遠ざかっていく、要するに、それ自体、枯渇していく。どこまで？ おそらく、どこにでもない、思考のあらゆる把持を超えた過剰なまでの思考のうちにあって、特定可能ないかなる場にも至るのでもない？ それはさておき、グラネルの論理の筋道を追うことにしよう。

この思考は、彼が別の箇所で何度となく「存在の空虚化」と名づけたもの、またこの論文でカントに関して、「超越論的な空虚化」（五三五頁）と名づけているものについての思考である。これらの表現によって、彼はハイデガーの「存在（すること）の意味」を書き換えている、というのも、この意味は、実詞的な存在ではなく動詞的な存在（すること）の意味、しかも、他動詞的な様態における動詞的な存在（させること）の意味として理解されるからだ。もし存在が存在者を存在させるものとして思考されるなら（あたかも存在が存在者を「作りなす」、あるいは「取り集める〔集摂＝結集する recueillir〕」、またあるいは「露呈する」かのように、だがそうでありながら、これらの活動のどれかひとつと混同されることはなく）、あるいは、存在が存在者の固有の生起＝出来事（*Ereignis*〔性起、固有化……存在〔有〕が現－存在の自性〔固有性〕においてみずからの真理を現わすこと〕）以外の何かであるのではないならば、そのとき、存在は、存在させながら、あらゆる実体性を自己から除去＝空虚化する。この空虚化こそが、カントからフッサールを経て、ハイデガーに至る現代思想の導きの糸を与える、グラネルはそう想定する。このテクストの最後で、われわれは、空虚化は存在の有限化として理解されると学ぶことになろう。「〈存在（する／させること）〉そのものの端的な有限性」（五四四頁）というものこそが、接近可能となるかもしれない最も遠く離れた思考を、最終的に、名指すであろう

この接近の漸進的進行は、この進行が三つの活動域において作用する限りにおいて分析可能となろう。この三つは相互に関連しているが、相対的に区別されており、あるときは同時的に機能し、またあるときは交互に機能し、論証の構築においていわば互いに引き継ぎあうようになっている。まず厳密に哲学的な活動域があり、また他方では、神学的な活動域――それ自体、交互にキリスト教的または「異教的《パイヤン》」なもの[6]――を起点とする一連のさまざまな転位や隠喩あるいは借用によって構成される、特種な性質のものではない活動域がある。第三の活動域はまったく異なる性質のものである。他でもないこの活動域において、グラネル自身が、本人として一人称で、野心的計画を抱き「大胆な企図」（五三五頁）を試みる人物として姿を現わす。問題となるケノーシスについての思考において、他の誰よりも遠くに、「まさにハイデガー」（五三五頁）よりも遠くに向かおうとする大胆な企図である。それゆえ、これまでのあらゆる哲学よりも遠くへと、グラネルは「単独で」（五三五頁）前進する、どこまで？　どのような、「存在（すること）の空虚」（五三五頁）についての、またそのなかでの思索的経験にまで至るのか？　われわれにこの問いを提起するのは彼だ、あたかも、当ててみるがいいと彼がわれわれを挑発しているかのようである、あるいは、彼が単独で危険を冒そうとしているこの遠いところまで、われわれが彼について

6　どういう語を使用すべきだろうか？　われわれは余りにも一神教によって構造化されており、一神教の外部について語るのに他の言葉をまったくもたない。

いくように誘っているかのようである。

この三つの活動域は、それらがこのテクストにおいて占める場所から見ると、かなり異なった位置づけにある。第一のものは、かなりの分量をなすが、第二のものは、全九頁のうちで十ほどの文にも届かないくらいだ、第三のものはさらに分量が少ない。だが反対に、私が示したいのは、三つが共に緊密に絡み合い、テクストを真に機能させているということだ。

私が実際思うところでは、ここで重要なのは、幾つかのイマージュ（たまたま神学的であるイマージュ）や大胆な企図（その不遜な姿勢は、おそらく、どの思想家にも無縁のものではない、とはいえ、偽善的に謙虚さを守ればいいとする慣習に対して彼が浴びせかける挑発的な言葉の場合ほど露骨に表明されることは非常に稀である）の偶発的な表現で飾り立てられたような哲学的分析からなる本体ではない。さらに、さまざまの異質な活動域のこうしたアマルガムが重要な案件をなすと判断することは、グラネルを無視することになろう。反対に、理解しなければならないのは、どのようにして、自尊心に満ちた――あるいは勇気に満ちた？（区別可能だろうか？）――要請と神学的な――無神学的な《アテオロジック》？（区別可能だろうか？）――形象とが、ここで、哲学的な探求、またより正確には、存在論的な探求へと組み込まれる〔異質なものとして体内化される s'incorporent〕（この語を使うのにはそれなりの意図がある、これについては後述する）のか、ということだ。思考の固有の極限に対する要請（カント的に言えば *Anspruch auf*）および神学的なものの資源――明らかに／外見上はアレゴリー的な資源――とが、互いのあいだで、また哲学的な発言の直中で、どのようにして、必然的であるとともに目立たない盟約を、あるいは秘密の盟約を結んでいるのか、これを理解する必要がある。また、どのようにして、この盟約が論証をさらに遠くへと、その「究極の段階」（五四三頁）――究極の段階がどれほど「奇異な」（五四二頁）ものでなければならないとしても――に至るまで進めるのかを理解する必要がある。

3

「超越論的な空虚化」の分析は、まず、実体的な残滓あるいは実体化する残滓があるとして、カントとフッサールの権威を続けざまに否定することに帰着する。この理由で、このテクストには幾つかの敷衍的展開が登場するが、ある点から見れば、それらの比較的、広範囲に及ぶ議論展開は必ずしも必要なわけではない、またそれらがかなり以前からグラネルにとっては確認済みの結果に基づいたものであるだけに、その必要性は薄い。彼自身さらに、「〔自分が〕かつてカントの思考の存在論的両義性と呼んだものの多様な例を継承＝修正する」（五三五頁）と指摘している、またさらに先の箇所では、どのようにしてフッサールが「記述的と称される言説は実体化をもたらす体制をとり、機会のある毎に、そうした体制のなかに陥る」（五四二頁）のかを「別の箇所で十分に論証した」（五四二頁）と指摘している。[7] したがって、われわれが読んでいるテクストは自己超克的なテクストである。グラネルはかつて自分が到達したよりもさらに遠くに行こうと望む。またそれは同時に「あらゆる〈伝統〉」（五四〇頁）よりも遠くにという意味でもある。*Traditionis traditio*、伝統とともに／伝統を用いて伝統の外へと、伝統より遠くにみずからを引き出す、「引き連れていくこと」（五三五頁）、引き伸ばすこと、抽出すること、ある決定的な超

7　このテクストに、ウィトゲンシュタインがはっきりと登場するわけではない。とはいえ、ウィトゲンシュタインがグラネルに対して果たしたと思われる役割を見誤ってはならない、また注意してみるなら、透かし状にウィトゲンシュタインの存在＝影響を感じ取ることができるだろう。テクストにおいて「出現の形式性」と名づけられる事柄のなかに、ハイデガーを暗示する標識と絡み合った形で見出せるだろう。だがそうしたことは本論の主旨ではない。

過の約束。（「だが余りに多くのことを約束してはならない……」（五三五頁）と彼は遠慮がちに言う、あたかもあらゆる約束には構造的に過剰なものが含まれているのを彼が知らないかのように。）

伝統や自己を乗り越えることは、対象あるいは、とりわけ、主体についての多様な実体論に対して既に投げかけられたあらゆる批判よりも、「ああ悲しいかな！　野心的な意図」（五四二頁）と対応する（なぜ「ああ悲しいかな！」なのか？　おそらく、この野心がある法外なものに晒されており、グラネルがそれを嘆きながらも（心からそうなのか？　それはまた別の問題だ）同時に欲してもいるからだろう、このテクストの秘密のすべてはここにある、示されつつ隠されているのだ）。さまざまな批判の向こう側に、あらゆる〈伝統〉のなかの「〈実体〉の執拗さの理由＝根拠そのものを探求する」（五四二頁）必要がある。「そして私があえて提起する回答では、こう言うことになる、逃れ去るものは、〈存在〉の〈把捉不可能性〉と呼びうるかもしれないと」（五四二頁）。ある意味では、この回答の危険は、回答しないことにある。存在をあらゆる把捉から逃れるものとすることで、グラネルは存在から、あらゆる基部での－直立〔実体 sub-stance〕あるいは、あらゆる直立〔stance〕一般を空虚化する、あるいは刳り抜く。彼は存在からあらゆる存在を空虚化する、またそのようにして、全〈伝統〉から、どのような存在であれ、およそ存在を把捉しうるとするあらゆる主張を空虚化する。帰結として、存在と存在論ないし哲学の空虚——だが何に利益をもたらすのか？

まさしくこの箇所で、ハイデガー「そのもの」の乗り越え、より微妙な乗り越えが賭けられる＝演じられる。この乗り越えは、かつて「さまざまな批判」の成果を言明した際の揺るぎない確信を伴って論証されるというよりは、素描され示唆されている。素描がなされるのはグラネルがこう明言するときだ、つまり、「「事象」には、実存論的分析で記述されている様式、すなわち事象が、いわば、われわれへと与えられる知覚的様態とは異なった原初的な存在様式がある」（五三九頁）と明言するときだ。『存在と時間』のハイデガーだけに参照が限定されていることから、さまざまな考察が求められるが、ここでは立ち入ることはできない。重要なのは、「配慮＝気遣い」の実存論的な規範〔世界の「行為＝活動に関わること〔pragmatique〕」〕と私が呼ぶことにするものに対して——彼の意図を復元しようとしているのだが——、どのようにしてグラネルが、もうひとつ別の超越論性ないし実存論性を対置させるのか、ということを把握することである。つまり、行為＝活動に関わることとしてではなく、世界の創作＝制作に関わること《ポイエティック》〔詩作に関わること poiétique〕として理解された知覚。

4

（ここでひとつ指示をしておかなくてはならないが、必要なだけのスペースは割けない。「世界のポエジー〔創作、制作、詩作〕」はテクストの早い段階で登場する（五三六頁）。「世界の慎み深さを名づける」（五三六頁）という詩人の際立った能力は、あらゆる哲学的な試みに対する至高の挑戦という形で特定されている。この挑戦は「エクリチュール」（五三六頁）に起因する、またこのエクリチュールについて、同じ頁で幾つかの例に少しだけ言及がなされている（「灰色の空に線を描くノスリの叫び」など）。これらの例は、控え目な形だが、エクリチュールを、現象学的な「記述」の究極的な真理として構成するのであって、現象学的「記述」はもはや、実際には＝真理において、現象学的ではないと考えられる。こうしたポエジーあるいはポイエシスは——そのさまざまな例で示されるように（寒色、赤、枝の描線……）、完全にデッサンや色彩、感覚的なタッチからなる——、芸術＝技術〔art〕一般の体制とは別のものではない。知覚〔受領 perception〕としての芸術＝技術、これこそハイデガーよりも遠くに向かうはずのものである。したがって、後の箇所でハイデガーが再び姿を現すのだが、それは彼にとって、天と地の分割や「開けと閉鎖」（五四〇頁）の分割のなかにも芸術＝技術が含まれているからに他ならない。グラネルの「ポイエティック」という名のもとに私がここで強調するのは、このような天と地の分割、すなわち世界の出現である。だが後で分かるように、このテクストでは、芸術＝技術の分割を二重化あるいは延長するような、もうひとつ別の天と地の分割への言及が見られる、ただし、同じ分割で、異なった志向をもつものではないとしてであるが。）

こうした繊細で微妙な仕方で、ハイデガーよりも遠くに前進するとしても、それは——こう言いうるとして——「存在の把捉不可能性」に触れるため、また、「詩作的《ポイエティック》な知覚」換言すれば「創造的な〔créatrice〕」知覚という様態において、それに触れるためである。ただし「創造的」という語には今一度、留保を付けておく。この把捉不可能性は「神の認識不可能性に対して類比的な崇高な神秘」（五四二頁）のようなものでは全然ない。グラネルはこう書いている、それは「むしろ、いずれの現象的な領野のうちにもある、「どのように」——同時にその繊細さ、その完全な新奇さ、その産出不可能性」（五四二頁）——ということの退引である。どのように世界が「存在する」かということ——「どうして世界は存在するのか」ではなく——、あるいは、世界が、常に新たに存在する、産出されたものではなく、ある基体に依拠するのでも、「意識」（五四四頁）の主体のうちに基礎づけられるのでもなく、存在するということ、つまり「一種の空洞〔くぼみ creux〕」（五四二頁）あるいは「〈開け〉」（五四二頁）のうちに「取り集められ」て存在するということである、この〈開け〉は、そのつど、そのように世界を開き、世界を取り集める、これこそ存在の空虚が作動＝遊戯させることである。

ところで、まさにこの場所で、グラネルの孤独な前進が生まれる。ここで、彼はみずからを「危険に晒す」（五三六頁）、またここで、これまで「いかなる哲学も言うことができなかった」（五四〇頁）ような経験の条件、世界の「イデア性＝理念性」ないし「形式性」を打ち建てることが重要である。この「形式性」は次の問いに応答すべきものとされるだろう、すなわち、どのようにしてひとつの世界が私へと立ち現われるのか、しかも、「私の側から現実を我有化する動きが存在しないままに」、また「現実の側から私へと指向する動きも、それにもまして、存在しないままに」。グラネルはこのときこう明言する、「勇気だ、無気味＝奇怪なことを口にしなければならない、さもなくば、ここで身動きが取れないままでいなければならない」〔五四二頁〕。

「空洞〔くぼみ〕は〔中略〕見られたものを取り集める」〔五四二頁〕、そしてまた〈開け〉を形作る、この〈開け〉のなかで、さまざまな事象の出現するまさにその場に、「私は存在する」、とはいえ、私がひとつの主体のように、それら事象の直中にあるのでもなく、またそれらの前にあるのでもない。グラネルはこの場――場所化＝局所化できない場、だがあらゆる生起〔場を持つこと〕を場所化＝局所化する場――をハイデガーの *da*〔現にそこに〕と同一視する〔五四三頁〕。けれども、この最後の歩みが成就するのは、この *da* それ自体が、もはやハイデガー的ではない用語、「身体」という用語によって解釈されることになるときである。

グラネルは、伝統の最後の代表者であるハイデガーが保持する伝統に対して、このような最終的＝究極的な区別化の身振りをはっきりとは主題化してない。だがまさにこの箇所で、彼はそれを成し遂げる。ここで問題の「身体」は確かに、魂と対称をなす物質的なものではない、またメルロ＝ポンティの言う「固有の身体」〔五四三頁〕でもない。この身体は、「可視的なもののアプリオリの多方向化〔多様化〕の場」〔五四四頁〕としての、世界の最初の形式性である。それは、「さまざまの領域を振り分けるものとして機能する、一枚の絵画の中央の黒い矩形のようなもの」〔五四三頁〕である。絵画という用語は偶然用いられているのではない。絵画は、形式性－身体と世界の露呈の真の場として比類のない形で指し示されているのだ。

絵画とともに、また、新たに、絵画のうちでの、超－現象学的な〔志向の彼方あるいは手前での、非志向的な開放性のなかでの〕「記述」のポイエジー〔創作的詩作 poïesie〕とともに、ここで示唆されているのは、本来的な意味での、幾らかの芸術＝技術である。「黒い矩形」、「知覚的なものの、絶えず新たに生まれる空間的領域化の原理であり盲点」（五四四頁）、それは目ではなく、ひとつの芸術＝技術である。そうした芸術＝技術のなかで、また芸術＝技術として、一枚の絵／ひとつの世界（一枚の絵という世界としてのひとつの世界という絵）が開かれる。時間についての言及がないが、そのことはさらに、空間的な多方向化――引き裂き、空間化＝間隔化、「領域化」――が、開けの開放性としての拡張を主宰することを、ハイデガーを超過する形で示している。グラネルが述べていないことの説明を試みるにあたって、私が想像するのは、さまざまな領域の多‐方向性こそが、どのようなものであれ何らかの継起や何らかの運動に絶対的に先行する形式として不可欠のものとされているということだ（だからといって、そこに時間の延長＝拡張化が予感されないというわけではない）。

5

この身体は、それゆえ、開けの多様さに他ならないであろう、またそれはまさに、複数化する牽引線であって、グラネルはこれを、*Dasein* の *da* への加筆〔過剰な負荷〕という形で（その削除というよりはむしろ）記載したいかのようだ。そこから出てくるのが「まったく驚くべき結果である〔中略〕つまり、思考の最も純粋な領野を構成するものそれ自体は、いわば、われわれの身体の上に置き定められ〔措定され *posé*〕ている」（五四四頁）。この「上に置き定められてあること」によって、意識の純然たる主体の自律性や、「受肉した精神」（五四三頁）という観念が同時に忌避される。身体とは、そのなかで精神が何かしなければならないようなある何かでもなく、それに対して精神が関わりをもつある何かでもない。それは「むしろ完全に領野の外部に」（五四三頁）ある。結局、身体はそれ自体、存在論的な空虚であり、出現（すること）の多方向的な開放性としての空虚性である。世界の原理＝始元はこの空虚の上に置き定められている、他の何ものも世界を配置する〔分散的に措定する dispose〕ことはない。

グラネルはこう結論づける、「そのことについてさらに何かを知ろうと望むことは、神の創造の身振りのなかに入ろうと望むことであろう」（五四四頁）。「黒い矩形」の上への世界の出現の措定については何も知ることはできない。空虚の上に措定された開けが上に－存在するということ、このことを超えて何かを措定することはできない。この事実ゆえに、空虚のこの芸術＝技術について、あるいは世界と世界の「創造的」ポイエイン〔創造的詩作〕のこの空虚－芸術家について何も知ることはできない。

二重の転位がここでは、密かに、あるいは気づかれぬままに、起きている。一方で、グラネルは神学的な活動域を持ち込むが、この導入のやり方については明確に述べていない。「……入ろうと望むことであろう」、これは比較ではあるが、比較のために呼び出されたもの（神学的なもの）は、区別された現実という身分のうちに、また同様に、純粋に形象的＝表徴的な〔figurative〕類比という身分のうちに放置されている（とはいえ、何の形象＝表徴なのか？「創造」は何を形象化するのか、空虚からの脱出でなければ？）。他方で、「……知ろうと望むことは」と書きながら、グラネルはある不可能性へと立ち返らせるというよりは、ある禁止へと立ち返らせる。芸術家（的）である空虚のなかに入り込もうとしてはならない。この口調は聖なる禁止を思い起こさせずにはおかない。したがって、今度はわれわれが「勇気だ、無気味＝奇怪なことを口にしなければならない……」と、その前で口にしなければならないような、もうひとつの「驚くべき結果」があるのではないだろうか？

グラネルは直ちに、その最後の文章において、こうした読解へと招き入れるように見える、すべての事柄が作動しないように停止させ、それを否認しているかのように思われる。不意に彼は宣言する、「何ということだ！反対に、神的な創造という発明物が、〈存在〉そのものの純然たる有限性のなかにある恐るべきものを前にしての、われわれの側の逃避にすぎないのだとすれば？」（五四四頁）

二つの指摘を省くわけにはいかない。最初の指摘はレトリックに関するものだ。論証のなかに「神の創造の身振り」という表現を導入する意味合いがどのようなものであれ、直ちに思考空間からその考えを排除するために導入したのだとしたら、なぜ、導入したのであろうか？　どうしてなのか、もし、この「創造の身振り」が、われわれの文化において、身体‐空虚‐芸術家という賭金＝争点を際立たせるために、最も不適切さの少ない類比上の手段を提供するという理由でないとすれば――少なくともそういう理由でないとすれば？　だがそうならば、「創造の身振り」というものをひとつのイメージと捉えようと、あるいは信〔信仰 foi〕の真理と捉えようと（というのも、その内容は同一のままであるから）、「創造の身振り」についてもう少し詳細に述べておくべきではなかったのだろうか？

さて、第二の指摘では、この問いを継続し、その射程を広げることが求められる。今回は、複数の概念に関わる問いだ。最後の文章の「創造」では、明らかに、「創造」という語の通常の意味に則して、世界を産出する作用が喚起されている。つまり世界に基盤を与えたり、世界に対して世界の産出者ないし創設者による保証を与えたりする作用である。その反対に、最後から二番目の文章の「創造の身振り」は――比較のために持ち出され、担わされている役割から言うと――、それに劣らず明らかに、存在論的な空虚というテーマと結びついている。ひとつの創造から別の創造へ、グラネルは概念を変化させている。世界へと開かれたニヒル〔無〕という意味で厳密に理解されたエクス・ニヒロ〔無カラ〕から、彼は、素材なしに産出すると想定される産出者（だが、まさしくみずからの制作行為の主体であり基体である）の寓話へと移行する。最も厳しい要請を掲げる神学では、またいずれにせよ、三つの一神教における神秘神学では、この二つの思考の対立はいつも必ず強調されてきた。ここではゆっくり時間をかけて論じることはできないが、[8] 問題の差異は誰の目にも明らかであろう。ある場合には、神は、世界の開放性のなかで、自己自身を空虚化する、またある場合には、神は、それだけで単独に世界の主体かつ基体であるようなものとして、直立的に持続する。これは同じ「神」ではまったくない。第二の神――宗教的表象における神――を拒絶するがゆえに、グラネルは自分が第一の神を拒絶してはいないことを認められなかったのだろうか？　それとも、彼は、その反対に、この上なく目立たない、密かな仕方で、複雑かつ微妙な仕方で、拒絶していないことを認めたのだと考えられるだろうか？　これは伝統に対する彼の大胆さが孕んでいる争点をなす。

あるいは、またより正確に言うなら、第二の「創造者」を拒絶することで、グラネルは神を拒絶する、それは間違いない。彼は、神自身から〈神〉を除去＝空虚化するあるひとつの神を拒絶するのではない、もしくは、あらゆる神的な実体を完全に除去して枯渇状態にある「神的なもの」を拒絶はしない（すなわち、もし神的な自足性こそが、絶対的に、実体性を定義するのであれば、これはあらゆる実体一般を除去＝空虚化する「神的なもの」と言えよう）。だが、この空虚化し枯渇した神的なものは、まさしく、このテクストがその寓意的象徴となっているケノーシス〔自己無化〕的な神的なものである。それと同時に、ケノーシス――「神学的ではなく、存在論的な標識を打たれた」（五三六頁）――という標識の変更は、見た目ほど単純な操作ではないことが判明する。なぜ彼は〔ケノーシスという〕パウロの用語に訴えかけるのだろうか。もしこの〔ケノーシスというギリシア語の〕用語が、フランス語で難なく「空虚化〔évidement〕」と名づけられるようなことを、ここで単にギリシア語で転記する役割を負わされたも

8　前出『世界の創造あるいは世界化』〔本書五一頁、原注2〕所収の« De la création »〔「創造について」〕を参照いただければと思う。グラネルが私に論文「実体から遠く離れて、どこまで？」を届けてくれた後、私はこのテクストの第一稿の手稿をグラネルに送付していた、そして最終的に、われわれは「創造」に関して主要な点では意見の一致を見た。しかしながら、彼が病気であったために、ここで私が試みている分析に、彼とともに到達することはできなかった。

のであるならば、またさらには、もし、少なくとも神について語っている限りにおいて（あるいは、「神」がこのシステムの表記=書法《エクリチュール》の描線=牽引線[9]=分割線〔trait〕とされる限りにおいて……）なおも「神学的」なままであるシステムのなかで、神学に対して訣別を告げることの正確な射程を解明することが、こうした転記を行うことで難しくなり、テクスト全体（この用語への転記がテクストのタイトルになっているのだが）に、ある困難さがあやうくのしかかる（実際そうなっているのが分かるように）のであれば、なぜこのパウロの用語に訴えかけるのだろうか、人々はこう自問せざるをえない。

6

このようなシステムが、存在-神論的——ハイデガーにおけるこの用語の正確な意味で——でないことは、躊躇なく認めておかなければならない。この意味で、このシステムは神学的でも存在論的でもないと述べるならば、さらに的確な発言であるということになろう。グラネルはそう述べてはいない、けれども彼がそう述べたとしてもおかしくはない。たとえば、「ケノーシス論〔ケノーシスのロゴス kénologie〕」はあらゆる存在-神論を罷免すると、試しに言おうとしたかもしれない。彼がそうしていないとしても（またケノーシスという用語が副題のなかに限定されたままだとしても）、あえて仮説を立ててみれば、それは次のような動機からであろう、すなわち、「ケノーシス論」に促されて、彼は、ロゴス〔（結集的）論理・根拠〕について何が到来するのかを言明するように強く命じられていた——われわれ全員が命じられている——と思われるのだ。十分に考えられることだが、「存在」ないし「神」についてひとつのロゴスがあるのと同じように、ケノーシスについてロゴスがあるわけではない。というのも、「存在」や「神」は、論理的言説《ディスクール》（理性=根拠に基づいた創設的言説）の対象と捉えられるが、ケノーシスは、おそらく、そうした扱いを容易には受け容れないであろうからだ。

そのとき、ロゴスについて何が到来するのか？　おそらく、二重の転位がロゴスに襲いかかるのであろう。一方では、テクストに沿って明らかとなったように「空洞〔くぼみ〕」に則して、また「あらゆる現実の非現実的な「どのように〔あり方 comment〕」」（五三六頁）に則して、世界の出現を「記述すること」、ロゴスはこうした記述に何らかの形で同一化する必要があるのだ。この記述は、刻印すること〔scription〕つまり「詩作《ポエジー》」と「エクリチュール」（五三六頁）としてのみ可能である。「ノスリの叫び」や「海の煌きと切り離せない一筋の光」のような、世界のあらゆるもののうちにある「開裂の場に共同的に関与すること」（五四二頁）のさまざまな振舞いを素描しながら、グラネルは詩人の側に立とうと望んだ、みずからを詩人の側に求めた、あるいはそう希望した（約束した？約束しすぎることを恐れながら）、詩人の側にあろうと（そして文学者の側にではない、「そうではないと私は願う」と記された五四二頁で彼は文学者から身を引き離す、この言葉には彼の感情がはっきり窺える、つまり、哲学的なものによって詩的なものにアプローチすることはひょっとして大きな間違いではないのか、装飾を施し鈍重にすることではないのか、簡単に破綻する作業ではないのかという感情だ、とはいっても、接触にまで至るこうしたアプローチは、まさしくここでは不可避のものであり、これまで以上に緊急を要するものと思われる。実際、グラネルはこのアプローチに急き立てられ、不安に駆られる。だがこのアプローチは、束の間のものでありながら閃光を放つようなこの接触のポイントへと向かう、「〈集摂＝結集〉の〈尺度〉」が厳密にギリシア語の λόλος〔ロゴス〕の意味であるポイントへと（五四二頁））。

だが他方では、また同時に、論証的言説とその束の間の詩的輝きは、神的なものの隠喩系の源泉からの借用を

9　グラネルにこう質問したことがある、「この標識の変更は何を意味するのか？」と、それに対し彼は私にこう答えた、「だが、ねえ君、神学と訣別するのさ！」その後は、彼の衰弱のため議論は続かなかった。

行ったように思われる、そしてこの隠喩系の解読作業も依然として必要である。おそらく、二度にわたり、キリスト教神学の「神秘」は遠ざけられている、つまり、〈受肉〉の神秘（五三五頁、ケノーシスに関して）と「神の認識不可能性の崇高な神秘」（五四二頁）である。遠ざけなければならないのは、混同もありうるからである。二つの場合において、混同とは結局、キリスト教において、世界の外部に由来するもの（世界のなかに到来する神、世界には近づきえないままに留まる神）と、世界の「開放性」の「形式性」として世界のうちに含まれるはずのものとを同一視することにあるだろう。世界の「開放性」は、内部にあるのではないものの、世界の外部にあるのでもない、それはもうひとつの別の世界ではないし、彼方の世界でもない、というのも、それはこの世界をこの世界自身へと開くからだ。

　混同の危険が常に待ち構えているとすれば、それは類似性が存在するからだ、そして類似性があるとすれば、それによって、キリスト教から存在論的な空虚の思考——さらにはそれ自身の枯渇のなかにあるキリスト教の逆説的な成就の思考——に至る何らかの系譜関係が存在しないわけではないということが、おそらく証しされているのだ。けれどもここではこの道を辿ろうとは思わない、もっともグラネルのどの言葉を見てもそれはできないことであるが。私は以下の明らかな区別からは前進しないでおく、すなわち、世界に属するものは、世界の外部とは何の関係ももたない〔何も見るべきものをもたない n'a rien à voir〕、「純粋精神」とも「超自然」とも関係をもたない（そして *rien à voir*〔見るべきものは何も、見るべき無＝何ものでもないもの〕というのは、ここでは正確な表現である、つまりこのテクストでは、すべてが見ること、あるいは見ることの可能性の周りに集中しているからだ）。

　だが、世界に属するもので、世界の開放性をなすものは——たとえば縁のように、輪郭を描き出す／輪郭を奪い去る〔dis-cernante〕限界のように[10]——、それでもやはり「神的なもの〔divin〕」を含んでいる。神的なものはグラネルにはけっして欠如していない、彼は別のテクストで、「哲学者の神」と対置された「神－世界」という言い方さえしているのだが、このことはそうした地点にまで及んでいる（もっとも、「哲学者の神」は、確かに存在‐神論的な神ではあるが、それでもやはり信に基づく神である、ある意味で私が語っているのは、グラネルにおけるパスカル的特徴の影に他ならない）。この神的なものは常に、世界に関してその開放性を構成する他性を名づけるひとつのやり方である。世界をなす分割＝共有〔分け与えられた運命 partage〕こそが神的なのである。ここでは、この（脱）命名〔dénomination〕――*divin*――は、「神〔dieu〕」という語のなかで作動している隠喩との適合性のおかげで、適切な命名となっている。つまり、*dies*〔日、光、明るさ〕、「日の光、知覚的識別〔discernement〕の条件であるかのように、われわれが語った〈明瞭な輪郭〔Cerne〕〉である、だがこれはまた、こうした理由から、それ自体は、まったく識別可能ないかなるものでもない」（五四〇頁）。*Dies*、これはまた、ラテン人〔古代ローマ人〕にとっては、「〈天〉と〈地〉の母」なる女神である、いいかえれば、「本来的に、起源的であって、それゆえに、神的であるこの分割＝共有のすべて」の母なる女神である。この分割＝共有に則して、さまざまな事象＝事物《ショーズ》の秩序と、それらを区別しつつ、それらと区別される、「〈天〉の事象＝事物ならざるもの《ノン・ショーズ》」（五四〇頁）の秩序とが存在しうる。結局、別の言い方をするなら、それ自体、形式的な身体としての、あるいは、先述した形式‐身体としての、見ることの開放性である。

7

このように、神的なものは下降してみずからを「受肉させる」のではない、このことからやはり、神的なもの

10　参考文献を列挙してもかまわないが、余り意味はない。以下に続く引用は*Études*, 前出、一〇四頁に現われる。

それ自体が、輝かしい〔あるいは、ものを輝かせる〕開放性の形式‐身体となる。この場合に依拠する論理は、相異なった論理ではあるが、完全に異質な論理というわけではない〔ケノーシスの標識に変様が生じるが〕。つまり、世界の曙光としての「神的なものの誕生」〔五四〇頁〕である。受肉されたものではなく、「思考の最も純粋な領野」、いいかえれば、知覚的な無限＝無窮性〔apérité〕が、「いわば、われわれの身体の上に置き定められ〔措定され *posé*〕ている」〔五四四頁〕。「いわば」とは何を言いたいのだろうか？「置き定められる」とは何を言おうとするのか？　このテクストの冒頭で既にこの〔posé という〕過去分詞は使用されている、そこではこう喚起されている、あるいはこう〔脱〕記述されている〔(d)écrivant〕、「夕べ、姿を消しつつある野原の広がる大地の上に、強烈な色彩、あたかも、たった今、定め置かれたかのように」〔五三六頁〕。置き定められているのは、絵筆のタッチの一画分の静止〔*posé*〕である。ひとつの色彩――ある「分割された細部」、「宙吊り」、「開裂」――を開くのは、まさしく見ることとの接触＝筆致《タッチ》である。このような接触＝筆致《タッチ》は開放性そのものと――もし次の語がここで可能であるとして！――実体を共にする〔同じ実体を分有する consubstantielle〕。空間化＝局在化させる身体に直に接した「純粋な思考」、それは開けと輪郭づけられたもの、識‐別されたものとの同時性であり、また空虚と空間化＝間隔化されたものあるいは分割＝共有された《パルタジェ》もの――「どのように」の退引によって分割＝共有されたもの――との同時性である、「同時に、その繊細さ、その完全な新奇さ、その産出不可能性」〔五四二頁〕。産出不可能なのは、いかなるものからも出てこないものという意味での創造されたものである。置き定められたものとは、エクス・ニヒロ〔無カラ〕の把捉不可能な接触＝筆致《タッチ》であり、世界に場所を与える形式的ナ＝鋳型トシテノ神的ナ光〔*dies divus formalis*〕の明るさである。

　神はそこで、実体を空虚化される、そして神的なものはそこで、光と闇、見ることと見えるものの分割＝共有の尺度となる。この場、この身体は、それゆえ、空虚化された神および神的な空虚の場であり、空洞である。あるいは、神的なものについて残っているもの——神的なものについて神的なままに残っているもの——は、依然として、この名、*dies／divus*〔日＝光／神的ナ〕である、この名はそのうちにケノーシスを取り集めるであろう、ケノーシスのなかにおいて、無神学《アテオロジー》は「神秘」の剥奪にして「神秘」の真理であることが判明するであろう。グラネルに信仰心が残存しているのではないかという嫌疑をかけるつもりは、私には毛頭ない。まったく反対だ。ただ次のような要求だけは提示しておきたい、もっとも、そうした要求に駆り立てたのは彼だと思われるが。すなわち、どのようにして「存在の把捉不可能性」をそうと見分けるのか？　それについてはそれ以上何も「知ろうと望む」べきではない空洞的な身体に、どのように接近するのか？　世界の開け／世界への開けにどのように触れるのか、あるいは、どのように触れられるままであるのか？　どのようにしてか、幾らかの知以上のもの、かつ以下のものを置き定める《ポーズ》（あるいは置き捨てる《デポーズ》）身振りによるのでなければ、非理性を伴うことなく知そのものを超出する身振りによるのでなければ、顕現そのものと顕現の分割＝共有がもつ「明らかに神的なもの」（五四〇頁）へときっちりと同調＝適合した理由＝根拠によるのでなければ？　知によっても、またある意識の確実性によっても測定されないこの身振り、対象化的でも主体化的でもない身振り、あるエクリチュール（ある歌、調子、タッチ）の必然的な共犯者、それを「信」と名づけることはできるだろうか、名づけるべきであろうか？　平然と、留保なき無神論《アテイスム》に執着するような信、とはいえ、この無神論のなかで、その信は、「無気味＝奇怪なもの〔l'étrange〕」を言うために懇願される「勇気」以外の何ものでもないように思われる。無気味＝奇怪なもの、識‐別する〔輪郭を描き出す／奪い去る dis-cernant〕神的なひとつの身体。

　あらゆる哲学者よりも遠くへと——より遠くへ、どこまでだろうか？——単独で冒険に乗り出したグラネルの一見不遜と見える態度がこのテクストで演じている役割について、私は以上のように理解できるのではないかと考える。全体の無なること〔何ものでもないこと rien〕についてのこの信、つまり、概念の彼方での、「この原初的な

〈全体〉の無なること」（五三五頁）についての思索的な忠実さ〔信を置くこと fidélité〕、他なる場所から到来する――というのも、いかなる場所からも到来するのではなく、無というゼロに等しい場所から到来するゆえに――ものへと委ねられた思考、そしてそのようにして、要するに、何ものでもない信――この無の上に置き定められた思考のこのあるかないかの極限的なタッチ以外の何ものでも。

そしてとりわけ、宗教はなしに！　信仰はなしに――表象として立てられた実体の相関物である信仰――、そうしたものではなく、主体も実体もない確信、これは「純然たる有限性」から自己を受け取り、また自己を取り集める。果てに至るまで単独なままで、開かれた黒い矩形。

「実体から遠く離れて、どこまで？」＊（カント以降の思考の存在論的ケノーシスについての試論）

ジェラール・グラネル

【五三五頁】もともと、「ケノーシス」とは、神が受肉という神秘において、みずからの神性を除去＝空虚化される運動のことである。もはや神学的な標識ではなく、存在論的な標識を打たれたこの用語は、第一に、カントおよびフッサールにおける現代的思想の方向を――おそらく運命と言ったほうがいいかもしれない――、また第二には、ハイデガーの問いの方向づけを指し示そうとしている。最後に、われわれは「存在の空虚」のなかへと、単独で、危険を冒して乗り込んで行ければ幸いであろう、ハイデガーでさえも自分がそのなかへと導き入れられるようにする力はなかった。だが余りに多くのことを約束してはならない……

本論文のタイトルが示すように、この運動はすべて、〈実体〉から程度の差はあれ大きく遠ざかることとして測定される。私が〈実体〉（大文字のS）という語で意味するのは、存在の多様な落下についてのカントの判断表のなかの関係の最初のカテゴリー〔定言的な関係で、内属と自体存在についてのもの〕に還元されるのではまったくない。重要なのは〈存在〉そのものの意味である、たとえば、近代形而上学がまさに批判期に入る手前で、近代形而上学に避け難いものとして課せられているような〈存在〉（デカルトやスピノザの例で証明としては十分だろう）、ついで、超越論的な空虚化にもかかわらず密かに支配し続けるような〈存在〉（かつて私がカントの思考の存在論的両義性と呼んだものの多様な例を継承＝修正しながら、それについて注解を加えていこう）、そして最後に、主体と現象性――この主体はす

＊ *Etudes philosophiques, N° 4, Paris,* 1999 に掲載されたテクスト。グラネルはこのテクストにこだわっていた。彼は私にそれを送ってきていたが、その際にどこに掲載できるだろうかと問い合わせがあった。私がクルティーヌにその話をもちかけたところ、彼はこの雑誌に掲載できるよう即座に手配してくれた。上記の私自身のテクストで参照している頁数は、【　】のなかに記してある。なおこのテクストはいっさい変更を加えずに再録した。

べてを - 措定するものだが、純然と措定された主体であり、現象性は根源的に - 構築されたものであるが、印象を刻印する物質に属している——とが対峙しあうなかでのフッサール現象学の方法的徹底性のあらゆる努力の裏をかくような〈存在〉である。

しかしながら、重要なのは、単に〈存在〉をその歴史的な例を引き合いに出して指し示すことではなく、それ自体における〈存在〉の意味を規定することであるが、このとき、われわれは数ある難題のなかでも最悪の難題に直面することになる。それは平凡な事柄の解釈学に含まれる難題である。「根底に維持されているもの」——これが実体〔根底に存立するもの sub-stance〕という用語の文字通りの意味である——は、実際には、自明な事柄のなかでも最も陳腐なこと、つまり現実の現前性という自明な事柄を濫用気味に命題化したものに他ならない。そうした最も陳腐な自明性である現実の現前性に向けて、私は毎朝よろい戸を開ける、そうした現前性のなかで私は人生のさまざまな活動に時間を割く、ヒュプノス〔眠りの神〕とタナトス〔死の神〕を接合するものに気遣いすることもなく、現前性に身を委ねて眠りにつく、そして、こうした以上のことにもかかわらず、それについては私が気づきもしない現前性。

ただし、おそらくは、この原初的な〈全体〉の無なること——いってみれば、【五三六頁】〈世界〉という感情、あるいは実存することの感情（これは二者択一ではない、ひとつの差異でもない）——を前にしての、一種の立ち止まりという様態での、ささやかな静かな後退は別にして。常に、ある細部が、さまざまな事物が膨大にひしめき合うなかでのひとつの細部だけが、無限に小さい宙吊りを引き起こす。灰色の空に線を描くノスリの叫び、体をすくませる突然の寒さ、またある別の日には生暖かい風が髪の毛を愛撫する。まだ他にも。事物の反対側で垂直に下降する赤い太陽、大木の枝が絡まり合った解きほぐせない描線、木の影が白い壁にその描線を反映している、その厳密な射影を妨げるものは何もない、ついで、夕べ、姿を消しつつある野原の広がる大地の上に、強烈な色彩、あたかも、たった今、定め置かれたかのように。

ここでは〈世界〉のポエジーが問題であって、哲学はポエジーではないのだとも言えよう。だが私としてはこう言っておく、このようにエクリチュールが指で示すもののなかでは、現象性の論理こそが支配する、それは疑いようのないさまざまなアプリオリからなる織物であって、さきほどわれわれが使った定式〔「現実の現前性」〕に対して、また形而上学が使用する定式〔「〈実体〉」〕に対しても恥をかかせることになる。実際、現前性という自明性こそが、〈実体〉の形而上学が属している表象〔再現前化〕の自明性を伝播する、だがまた同様に、カントの哲学であれ、フッサールの哲学であれ、現象の哲学を伝播する、しかも、現象の哲学では、「実体から遠く離れて」問いを立て、記述し、体系化する努力が払われているにもかかわらずそうなのである。

問題の語がみずからそのことを語っている、prae-ens、pré(s)ent とは「前に存在する」ものである——何の前なのか、私の前でないならば？　このような「私」はそれゆえ、既に現にそこにある、現前する現実の絶対的な参照点なのである。けれども、その反対もまた避けられない。ひとつの私なるものが、さまざまの現前する事物のなかで自分自身に現前し、生起する＝場を持つためには、「現実」が既になければならない。そこには一種のひどい分裂病がある、本源的な肯定に対する本源的な否認がある。その結果として、開始は、再‐開始するなかでしか始まらない、あるいはさらに、現前性は再‐現前〔表象〕的にしか現前化しない。

こうした言語使用すべての鈍重さを考慮するなら、「いい気味だ」と喝采の声を挙げたくなるだろう。詩人は——またもや登場だが——焦燥感に駆り立てられた哲学にこのように復讐を加えるものを名づけることさえ可能だ。最も恐るべきネメシス〔復讐の神〕、〈世界〉の慎み深さ。

というのも、〈世界〉を私が——超越論的感性論、量の概念の分析論、質の概念の分析論、関係の概念の分析論のように続けざまに語りながら——物質と形式に、諸部分と全体に、諸々の事物と性質に、諸々の実体と活動に配分してしまうや直ちに、〈世界〉は消え去ってしまったからだ。空間と時間から始めて、この消滅の行程をしばしのあいだ辿ってみよう。周知のとおり、空間と時間は感性のアプリオリな二形式である。カントが言うように、それらの「究明」は形式についての思考を開示する、この思考は——『純粋理性批判』を通じて一度だけしか現われないが——、われわれがさきほど名指した物質／形式という最初の対の有効性を超出する、あるいはむしろ明らかに破棄し拒絶する。実際、こうした対においては、物質の自明性は常に形式の自明性に先行する、ところが、形式の自明性は——いかなるものの形式でもないということでなければ——、さまざまな任意の諸部分の【五三七頁】多様性の空間的な配列（いいかえれば、空間のなかにおけるここでの）として把握されなければならない。だが、空間内部のものから、空間のさまざまな自明性を汲み尽くすとしても、空間そのもの——空間性それ自体——のことはまったく思考されないであろう。まず感性に与えられる現前する現実〔実在性 réalité〕、換言すれば、多岐にわたるさまざまな感覚としての現前する現実の存在論的前提では、あらゆる形式は空間のなかの諸感覚の配列として必ず把握されるだろう。それはどのように行われるのか？ いかなる感覚も、絶対的な閉鎖性から外に出ることはできないので、諸々の感覚相互のあいだの関係を導入することはない。要するに、知覚されたものの空間的性格は形式的であり、いかなる形式も内容の偶発事件ではない。

初心者のようなゆっくりとした足どりで今われわれが見出したことは、カントの卓越した思考においては事の最初から肯定されていることだ。「空間という表象は、経験によって外的現象の諸関係から借りてこられるものではない」／「空間は［中略］物一般の関係に関する一般的概念ではない」。[1] したがって、『純粋理性批判』は大胆にも、われわれが〈世界〉について受ける経験＝試練の空間的な性格を「アプリオリに」宣言しており、またこの空間性の「多様さ」は「諸制限に［中略］基づいている」[2]とみなしている。この制限という概念が正面から「部分」すなわち「物質」という概念と対立すること、そして、それゆえに、空間そのものを形容するために用いられた「形式」という観念（「感性のアプリオリな形式」）がここで完全に謎めいたものと化していること、カントはこうしたことをほとんどうやむやにしたいかのように思える、つまり、こうした新奇さのすべて（「空間と時間の超越論的究明」）はライプニッツの概念構成との対立関係においてのみ「究明」されているのだ。あたかもカントは思想家である自分が、「対応する言葉が見つからない」新奇さに晒されなければならないのを恐れているかのようだ。

実際、彼が全体＝宇宙としての全体＝宇宙〔*universum qua universum*〕と名づけるものを、どのように言えばいいのだろうか（「記述＝描写する」という用語をあえて使用することも控えておく、絵画に対して、どのようなものであれ何らかのモデルが与えられているのではないから）、われわれとしては、それにその陳腐な名、その真の名、つまり〈世界〉

という名を与えておく。この名を与える必要がある、なぜなら、空間と時間という「アプリオリな形式」は〈世界〉の諸形式であるからだ。しかし〈世界〉は、与えられる何かではいっさいないので、形式をもたない。それは贈与そのものの形式性である、これはまったく違うことだ。そしてこの差異を思考するためには、どうしても実在性《レアリテ》＝現実（モノ〔res〕がモノであることという本来の意味で）の活動域から遠ざからなければならない。したがって、極めて形而上学的な実在性ノ全体〔omnitudo realitatis……カントでは指導的統制的理念である神を指す〕の引力に抵抗しつつ、〈全体〉〈〈世界〉は実際に〈全体〉である〉を思考しなければならない。同じく、「諸感覚」の自明性に先立って、またそれに抗して、感性を思考しなければならない、そして制限のひずみに似たような何かを、諸感覚に置き換えなければならない。この最後の表現に見てとれるように、何らかの無気味さが言語に取り憑いている、あるいは言語を探し求めている。それゆえ、その言語を探し出すことにしよう。空虚の地図作製法。

a．〈全体そのもの〉。いやそうではない、最初から「〔小文字で無冠詞の〕全体」と言うべきであって、〈全体〉「そのもの」と言うべきではない。「今朝すべては日差しを浴びている」、われわれはたとえばこのように表現する、この天候が見せる様相のもと、どのように、贈与そのものが与えられるのか、【五三八頁】その全体性における出現という唯一無二の贈与が与えられるのか。純然たる「どのように」、これは、既に「諸事物」であるようなものを起点にして名指されることを、いわば「ぎりぎり」、回避しながら、それ自身の非実在性《イレアリテ》を保護する。というのも、もし「すべては……である」――あれやこれ、日差しの当たった、あるいは反対に、霧のかかった、灰色の――ということが、確かに分配の統一性を意味し、「あらゆるもの」の純然たる消費としての〈世界〉を意味するのだとしても、それでもやはり、「あらゆるもの」がここでは――同じく、ぎりぎり――「おのおののもの」を意味するのでもなく（一筋の光が海の煌きと切り離されないのと同じように、いかなるものもいまだ贈与から外へと出現してはいない）、それゆえ「定冠詞付

1　『純粋理性批判』、超越論的感性論。tr. fr. Tremesaygues et Pacaud, p. 56.
2　同書、五六―五七頁。

きのすべてのものたち」を意味するのでもない。

ラテン語の「アプリオリ」のなかにカントが慎重に隠した先行性は、「より前／先に」という意味ではない。それは「同時に」から、そしてまた「より後に」からも解放するものである。空間‐時間が言わんとするのは（それはむしろ、このことを黙っているが）、あらゆる空間的な所与が、（それ自体に対して、また私に対して）開かれている、しかも、〈開放性〉――これ自体はいかなる場所にも開かれていない、あるいはさらに、いかなる「それ自体」ももたない――のなかでではなく、〈開放性〉に則して開かれている、ということだ。空間「それ自体」、それは何も意味しない。

だがしかしながら、〈全体そのもの〉ではなくとも、少なくとも形式‐全体なるものは確かに存在する。すべてを‐包括する〈円〉としてそれを思考すべきではないとしても、それでもやはり、それを思考すべきではある（それに相応しいさまざまな図式や運動――これらは語のさまざまなイマージュのもとに僅かに姿を現している――を見つけ出す必要がある）。たとえば「円」を「光り輝く輪郭〔cerne〕」に置き換えるようなことだ。カントが極めて不適切に「感性」と名づけるものは、実際は、われわれが常に諸現象の光り輝く輪郭を識‐別する〔分離的に‐輪郭を画す、輪郭を描き出す／奪い去る dis-cernons〕ことを意味する――いいかえれば、われわれは〈光り輝く輪郭〔Cerne〕〉を起点にして諸現象と関係する。そのことは誰も疑いえない。ひょっとして、われわれが見ているほんの僅かなもの――数軒の家、空の一角、通り、あるいはむしろ通りの一部分――が、偉大なる無〔rien〕の縁で、〈虚無＝非存在者《ネアン》〉という偉大な規準《カノン》の縁で停止するのではないか、それを知りたいという思いに駆られないだろうか？　もしわれわれがわれわれの古き良き地球――その球状の存在は間違いなく完全なものである――について十分すぎるほど確信に満ちているとしても、その反対に、諸天体とわれわれの銀河系を、またさまざまな銀河系（さらに銀河系同士が相互に遠ざかりつつある）を隔てる天文学的な距離は、われわれのうちに無限性についての恐怖を目覚めさせるだけのものをもっている、とも言えよう。無‐限性。けっして、けっして、けっしてあるひとつの〈世界〉の時機＝機会は訪れないだろう。「〈無限〉のなかで人間とは何であろうか？」等々。けれども、パスカルのテクストは、現象学的な根拠をいっさい欠いた、キリスト教の護教論的な欲望を表すレトリックにすぎない。夜空を見上げるとき、おそらく私は星々が「遠い」と感じるが、だがそれは膨大な数字の問題ではない、またこの住処＝滞在の親密な近さを引き裂くものは何もない。漠然と私が驚異を感じるのはまさにこうしたことである、ちょうどカントはそのことを口にすることなく言っている、「私の頭上の星輝く空」は「私のうちなる道徳律」の厳密な対部である――あるいは、さらにはおそらく単に他の側面である。あたかも、宇宙の普遍性と格率〔意欲・行為の主観的原理〕の普遍性とが、外見上は無反省に人間を参照基準としていながら、この人間の人間性は〈世界〉に付託されていることを強調することになるかのようである。そこに現にわれわれは住み、そこに現にわれわれは存在する、またただからこそわれわれは、あらゆる現実の非現実的な「どのように」へと開かれた、普遍的な視線をもつのだ。

〈世界〉から諸事物に移行するなら、この状況は確証される。

【五三九頁】b.「諸事物」――「〈全体そのもの〉」と同じようにもはや使用を控えるべきだと思われる表現。実際、ハイデガーが正しく指摘しているように、われわれが「最も頻繁に、かつまず最初に」関わるものは、「諸事物」〔諸々の学問＝科学が「自然のなかに」完全に準備されたものとして見出すような、客観的に与えられた現実－の－単位といったもの〕ではなく、「道具〔*Zeuge*〕」（あるいは、こちらがよければプラグマタ πραγματά）であり、「気遣い＝配慮」の投錨装置である。椅子と名づけることもまた可能であるこの「対象」ではなく、最初から、椅子というこの家具－環境《エレメント》である、これこれの天体の熱輻射ではなく、〈太陽〉そのもの（die *Sonne*）の母なる熱気。

しかしながら、「諸事物」には実存論的分析論で記述される様式とはまったく異なった原初的な存在様式がなおもある、すなわち、それらが、よく言われるように、われわれへと「与えられる」知覚的様態である。いってみれば、画家が「それへと」直面していることになる「もの」〔あえて明確に規定されない表現を使っておく〕である。私のいる通りの反対側に、大学の建物が聳え立っている、私が見ているその側面からでは、四階建てで長い三日月形をしている。もし私がそれを絵に描くとするなら、大学という合目的性は最初に廃棄される規定である、というのも、それは何か出現しうるようなものではまったくないからだ。だが「建物」〔建築学的に構築された集合体〕もまた目にとっては何ものでもない。「したがって、その側面しか残らない」のだと即座に人は言うことになろう、それは理解したということをはっきり示すためだ。だが何も理解したことにはなっていないだろう！　というのも、「見られたある何か」は、たとえ「それを考察する知にとって」実際には、ある側面、ないし建物の側壁であるとしても、いかなる見ること〔*voir*〕にとっても、そのようなものではまったくないのである。見ることが与えるものは、むしろ《プリュト》（あるいは「より早く《プリュ・ト》」）さまざまな白と灰色のなかの差異の集合体であって、より暗い色のさまざまな種類の窪みを伴い、その総体は棒状の煉瓦色の赤でリズミカルに変化が付けられ、細長い帯状の植物の緑によってアクセントを付けられている。全体は、その上部において、幾何学的な線、高いというよりも長い線で終わっている、これらの線は、前方へと押し出すような形で、さまざまな種類の刻み目をなしている。また「終わっている」と私が書くとき、それは、われわれが括弧入れ《エポケー》を行おうとするにもかかわらず、なおも記述を支配することになるような建物の現実存在についての知ではない、それは、一方でわれわれがさきほど述べたさまざまな調子や形態からなる集合および、他方で、所与のもうひとつ別の部分を形作るものとの視覚的な差異である。後者の部分は、もうひとつの高さ（むしろ上昇）であり、そのなかで、もうひとつ別の白ともうひとつ別の灰色とが、広大さと輝かしさの白と灰色とが、自由に広がっている（いかなる事物でもないものの広大さそのものと輝かしさそのもの――「空＝天」と名づけられるもの）。

とりわけ「視覚的な内容」と名づけてはならないもの、そうではなく（むしろ、だがこれも極めて不適切なやり方であることは人々も同意のうえだが）さまざまな性質や形態と名づけるべきものの帰属に関する差異は、それゆえ、どこから由来するのか、あるいはこのほうが良ければ、どのように差異は印しづけられるのか？　われわれがさきほど述べたことから、この問いを拒絶することはどうしてもできない。建物という実用主義的《プラグマティック》な観念にも、また「対象」という超越的な概念にも何も負わないもの、とはいえ他の「集合」――周辺の樹木、道路の脇に並んだ自動車、道路そのもの――からははっきり区別され続けるもの、こうしたものをわれわれが知覚的「集合」と名づけるときに、われわれは何を志向しているのか？　というのも、最終的には、われわれが強調したこの集合と空＝天との差異は極めて簡単に把握されているのだ、というのも、空＝天はひとつの「事物」――「事物」に対しては、さまざまな形態と性質が、なんらかの帰属関係において存在するであろう――としてはけっして出現しないからだ。【五四〇頁】空＝天は、範例的な非‐事物《ノン・ショーズ》である。またそれゆえに、そのものとしての〈世界〉の寓意的象徴である非‐事物である。

少しここで立ち止まろう――「諸事物」は後で再発見することにする（少なくとも、決定的に発見不可能でないとして）――、というのは、われわれは、ラテン語において考えられているような神的なもの〔le divin〕の誕生そのものにここで立ち会っているのだから。《*Dies*》、これは日、より正確には、日の光であり、知覚的識‐別〔dis-cernement〕の条件であるかのように、われわれが語った〈明瞭な輪郭〔Cerne〕〉である、これはまた、こうした理由から、それ自体は、まったく識別可能ないかなるものでもない。日＝光ハ識別サレエナイ〔*non cernitur dies*〕と、プリニウスが的確に言っているとおりだ。オウィディウスの友である詩人のヒュギーヌスによれば、*Dies* は〈混沌〉の娘であり、〈天〉と〈地〉の母なる女神である。そして確かに、日の光は、夜の混沌から外に徐々に広がり出し、可視的なものの最初の二元性を「産み出す」、この二元性に則して、可視的なものは〈天〉の非‐事物と事物‐からなる‐〈地〉へと「分割＝共有」される。ハイデガーなら『芸術作品の根源』において〈開け〉と〈閉鎖〉とでも言うものであろう。実際＝真理において〔en vérité〕、この分割＝共有のすべてが、本来的に、起源的であり、また神的なのである。しかしながら、冒頭＝始まり《デビュ》（ラテン語の言い方での「最初の登場《デビュ》」）から既に、神的なものは、いわば〈天〉のなかに凝縮されている。《*dius*》ないし《*divus*》は、区別されないで、日の光、天＝空、神的なものを言おうとする。《*Sub divo*》は、白日のもと＝明るみに、天＝空のもとに、という意味である。実際、言うまでもないが、そのなかに〈光〉そのものが滞留するこの〈開け〉、自明性〔（盲目化する）明るさ、明白さ évidence〕の（なかの）この自明性、いかなる仕方においても事物ではないがゆえに、近づくことも捉えることもできないもの、この〈開け〉は明らかに神的な次元にある。

さらに、忘れてはならないが、〈光〉は、今度はそれが明らかにするものなしには、存在することはないだろう。「諸事物」とここまでわれわれが暫定的に呼んできた多様性であるが、この多様性の存在様態はまさに多種多様であり、一般的には〈伝統〉のなかで問われないままであったことも認めておかなければならない。感覚的なものの配分は常に、帰属の統一性のもとに管轄されているが、この統一性が「事物的な」スタイルをもつことは極めて稀なことでさえある。たとえば、木を考えよう、日の光が木を光り輝かせる、同時に、日の光は木に当たって砕け散ることになる、この木はわれわれの眼前で、有り余る豊かさの統一性を肯定する、そして自明のことながら、この有り余る豊かさは、「事物」を互いに積み重ねることではない、幹であるような「事物」、枝であったり、枝先であったりするような他の「事物」、葉－という－小さな－事物の揺れ動き、きらきら輝く多様性に至るまでの事物の積み重ねではない。木とは、事物的ではないタイプの帰属の統一性である。植物の有り余る豊かさとは完全に異なる豊かさは他にも夥しいほど存在する。たとえば、丘の坂道が広がりながら見せる統一性、あるいはさらに、二種類の通過－の－統一性、留まる－通過（川の流れ）と通過自体が通過するもの（鳥の飛翔）。有り余る豊かさ、広がり、通過、これらはさまざまなスタイルであり、真の形式性である、要するに、大胆な言い方をすれば、可視的なものの理念性なのである、だがわれわれはそうしたものを、わざわざ思考する必要もないままに認めているのだ、ちょうど、経験のアプリオリについていつもそうであるように。

問いはこうなる。つまり、なぜいかなる哲学もこうした理念性を言うことができなかったのか？　なぜいかなる哲学も理念性について気づくことさえできなかったのか？　われわれがさきほど「理念性」と呼んだものをまず明らかにし、次に表現すること、これが哲学的言説の責務ではないのか？　あるいは、「繊細な」理念性が存在するというのだろうか、余りに繊細すぎて、すべての〈伝統〉がごく単純にも取り逃がしてしまうほどのものが？　そもそもそうしたことは信じ難いことだ、というのも、自明のことだが、【五四一頁】まさしく〈伝統〉の区切りをなすものは、イデエール的なもの〔超時間的、超経験的理念性をもつ対象〕の開示の条件に関するみずからの知を漸進的に精密化していくことであるからだ。それこそが、プラトンが最初に投げかけたものに対して、早々と、アリストテレスが行った批判の意味であることは証明可能だろう。近代の人間に限れば、よりいっそう明白なように、カントの批判の意味、またフッサールの徹底主義《ラディカリズム》の意味はそこにある。実際、前者の批判の意味は、〈実体〉の自明性から遠く身を引き離す試みのうちにあり、〈存在〉の意味を、彼が「経験の根源的な綜合的統一」——ここから、カテゴリー的な理念性の総体の「図式的な」意味が引き出される——と呼ぶもののなかに探求しようとする。第二の徹底主義の意味——フッサール——は、「対象」（すなわち、繰り返しておくと、あらゆる近代人にとっての〈存在〉の意味そのもの）を、その「どのように〔comment〕」（*das Objekt-im-wie*〔どのように－における－対象〕）へと還元することにより、現象に対する揺るぎない忠実さを思考に付与しようと試みる。あらゆる実存の定立とあらゆる表象的構築は「括弧に入れられた」（エポケー）ことから、「対象」の「どのように」は絶対的に与えられると想定されている。また両者の場合において、その成果は数え切れないであろう。フッサールよりはカントにおいて数多くの成果が見られる、しかもとりわけ、より奇妙な新奇さを伴っていると、私は心底から言うこともできよう。その理由は第一に、概念は、図式へと還元された限りにおいて経験のアプリオリを言うのであるが、図式のほうは、形象を伴わないからだ——いいかえれば、表象不可能であるからだ。『純粋理性批判』のなかに、それに関する少なくとも二つの印が見つかる。1．経験の現象を「カテゴリー化する」能力は、もっぱら、三つの「純粋悟性概念」のいずれの区画においてであれ、本源的に三者の統一のなかにあるどの一者にも帰属するのであって、別々のものとして捉えられたこれこれの概念には帰属しない、という事実。たとえば、単一性はそもそも数多性のなかにしか存在しない、多様はそれゆえ一者の数倍というわけではない、ちょうど、ひとつの全体性において予測される限りにおいて数多性が存在するのと同じようである、そして全体性はそれゆえ、幾つかの部分の総計ではない。「量」に関するいわゆるカテゴリーの三元構造は、実際には、数の思考ではない。それは数の多さの思考である。そうでなければ、この三元構造は二律背反から逃れられないだろう。さらに理解しておくべきであろうが、数が多いことは、数とは正確に異なっており、記述に対する挑戦である。試しにやってみるがいい、分かるはずだ！　2．現象的存在者の超越論的図式化のこの「表象不可能性」はさらに、カントが「経験の根源的な綜合的統一」を名づけるために使用する表現によって認められている（否認され／認められている）。つまり彼はそれを「ある何か＝X」と呼ぶ。未知数を表す数学記号を借用していることは少しも偶然ではない。なぜなら、この「〈対象〉一般」（綜合的統一の別名）とはまさに何でありうるのか（いかなる存在様態に則してか）、もしそれが経験的に与えられる対象ではなく（実際に問題なのは経験の贈与そのものである）、また単に論理的な一般性のなかで捉えられる対象の概念のヌーメノン〔思考は及びうるが客観的な認識は不可能である悟性的存在者、フェノメンと対をなす〕的な相関物でもないのであるなら？　ここで人は容赦なく、意味作用の空虚のなかへと投げ込まれる。

これは、厳密に、超越論的対象の対部についても同様である、すなわち、綜合の別の極、カントがもっぱらデカルト的に「我思う」と呼ぶものである。確かに、彼は、随伴による帰属の統一性のようなものを持ち出して、一定の仕方で、「我思う」を「置き換える」、「「我思う」はあらゆる私の表象に随伴することができるのでなければならない、等々」。そしてある意味では、コギト〔我思ウ〕はそこではすべての実体性を失うことは確かだ、【五四二頁】いいかえれば、魂の近代的名称であることを止める、さもなければそれは誤謬推理と化す、そしてコギトは、もはや経験の統一性の論理的必然性を名指すにすぎない。しかしながら、この「論理性」は単に形式的であるのではなく、まさしく超越論的〔存在論的〕であるがゆえに、ある空虚の実効的な力を、それ自身、名指してもいる、この空虚は〔演繹によって〕確かにその存在を結論づけることが可能であるが、とはいっても、それを言う能力は人間にはない。私＝X。

そして、いうまでもなく、フッサールの現象学は同じ状況にある。この現象学はカントよりもさらに体系的に、「素朴な」ノエシス〔意識の志向的体験における作用的側面〕系にのしかかる「心理学主義」を論難する。だがこの賞賛すべき努力にもかかわらず、記述的と称される言説は実体化をもたらす体制をとり、機会のある毎に、この現象学はそうした体制のなかに陥る。私は別の箇所で、色彩に関して、あるいは素描の学説に関して、あるいはまた時間－の－意識に関して、このことを十分に示してきたので、ここで繰り返すことはしない。ここでの私の意図は、あらゆる批判よりも、ああ悲しいかな！　野心的な意図である。われわれは〈実体〉のなすさまざまな絆を解体したと、あるいは少なくとも緩めたものと思っているにもかかわらず、なおもわれわれをその絆のなかに引き留めておこうとする〈実体〉の「執拗さ」の理由＝根拠そのものを探求することが、むしろ重要である。そして私があえて提起する回答では、こう言うことになる、逃れ去るものは、〈存在〉の〈把捉不可能性〉と呼びうるかもしれないと。このことで私が意味するのは、神の認識不可能性に対して類比的な崇高な神秘では全然ない、それはむしろ、いずれの現象的な領野のうちにもある、「どのように」ということの退引である――同時に、その繊細さ、その完全な新奇さ、その産出不可能性である。そして、われわれは「主体」の話をしていたのだから、これからはこの範例に基づいて、知覚的経験の領野に常に留まりつつ、この退引を辿っていくようにしよう。

ここに何か確実なものがあるとすれば、それは知覚的経験が私の経験であるということだ。それは、私なるもの–の–経験であるとさえ言えよう。他の誰かが私の目を通して見ることができるかもしれないという想定は絶対的なナンセンスだ。それは、私の目が「私に属している」からではない。そうではなく、視線が目「によって」作られるのではないからだ、すなわち、視線は私が見るその当のものをまさに起点として私に与えられる、私の目もそうであり、「私なるもの〔moi〕」もそうなのだ。これはよしとしよう。だがまさにここで難題が始まる。見るということ、「私の」見るということは、見るということがその視覚＝絵〔vue〕であるところの「その当のものをまさに起点として」私に「与えられる」ということは、何を言おうとするのか？　私の側から現実を我有化する動きは存在しないのと同じように、現実の側から私へと指向する動きも、それにもまして存在しない。そうすると、どういうことになるのか？　勇気だ、無気味＝奇怪なことを口にしなければならない、さもなくば、ここで身動きが取れないままでいなければならない。

一種の空洞〔くぼみ creux〕が、可視的なものの単に一部をなすものとして、見られたものを取り集める、とはいえ、その境界はまったく現実的なものではない。境界は、頭を少し動かしただけで、角度を少し変えただけで、解体し、また新たに作られる。その正確な意味は、「見ること」が、見る者の側においても、また見られるものの側においても、けっして現実の（あるいは現実のなかの）偶発的出来事ではないということだ。常に〈開け〉は〈集摂＝結集〉の〈尺度〉であって、そのなかで、私は、草原が緑をなすように、私自身へと到来する、あるいはむしろ、草原とともに、草原の上で――開裂〔閉域解除 éclosion〕の場に共に参加しながら――そのようになる。「〈集摂＝結集〉の〈尺度〉」、これは厳密にギリシア語の λόγος〔ロゴス〕の意味である。この「尺度」のなかにはいかなる客観的な量もない、この尺度は反対に、知覚するということを、雪崩のような事物の襲来すべてから完全に解き放つ。

描写的に（文学的に？――そうではないと私は願う）私がさきほど「一種の空洞」と呼んだものは、ハイデガーがDa-sein〔現–存在〕の「現にそこに」（《Da-》）として主題化しているものだ。【五四三頁】私が「私なるもの」と呼ぶものの存在様態は、実際、ひとつの「現‐存在」であるが、諸事物の直中における「現‐存在」ではなく、諸事物それ自体が「場」をもつ＝生起するような場における「現‐存在」である、いいかえれば、諸事物の出現が尺度を見出すような場における「現‐存在」である。知覚的な展開は常に、ある「所与」とその「所与」の「地平」との差異を含むだけではなく（フッサール）、さらに一種の中心の設定を含む。中心の設定について難しいのは以下のことを理解することである、つまり、それはいかなる「中心的な現実」をも前提にしない、また措定もしないということ、それが前提し措定するのは、ある形式の必然性であって、この形式はそれ自体、どのようなものでもない形式であり（どのような形式でもなく）、出現（すること）のひとつの形式性なのである。この空洞のうちに、この「現にそこに」のうちに、この「中心化」のうちに、「私は」存在する。厳密にマラルメ的な様態において、つまり「あらゆる花束の不在」という仕方で。

ここまで忍耐強く私の話についてこられた方は、さらに最終段階もおそらく読み通していただけるであろう。重要なのは、身体という現象を説明することである。というのも、主体性の側からの徹底的な批判から逃れる道は、実際、私が「私なるもの」と呼ぶ経験を標識化するものを説明するに当たり、「私の身体」という揺るぎない自明性に助けを求めることにあるのかもしれない。したがって、魂をもたない「私なるもの」である私は身体ももたないということを論証する必要がある。いずれにせよ、私にとってはそうではない。さらには、他者の目から見てもそうではない、すなわち、他者が、たとえば臨床的な視線がそうであるような、客観化する反省的で二次的な視線を私の上に措定するのでない限りは、そうではない。人は「私は病気である」と言うが、「私の身体は病気である」とは言わない、「我が神よ、神はなんと偉大なことか！」とは言うが、「神の身体はなんと偉大なことか！」とは言わない。またとりわけ、見ることは私の目に関するすべてのことには無頓着である、あなたの言葉の意味が聴覚的なものを超越しているのと同じくらい決定的にそうなのだ。まったく当然のことだが、私はわれわれが純粋な精神であると主張するつもりはない。むしろ重要なのは、われわれは受肉した精神でもやはりないことを認めることだ。私の身体は、私にとって、出発点でも到達点でもない、手段でも障害でもない、それはむしろ完全に領野の外部にある、たとえ身体の一部がイマージュのなかに入り込むことがあったとしても（たとえば、足から棘を抜く場合のように）。

知覚の現象をその本質において捉えた場合、そうした現象にとって身体は管轄外であることを見抜けなかったために、メルロ＝ポンティは、いろんな箇所であらゆる客観化を懸命に回避しようとして、いわば身体の類似品を発明した、彼はそれを「固有の身体」と呼んだり「肉体そのもの」と呼んだりする。知覚の現象学において、それは骨折り損に終わった。実際、私の身体が「固有の身体」となるのは、たとえば、筋肉を努力して働かせ運動感覚的な経験をする場合に限られる、あるいは、苦痛の「受動的綜合」の場合に限られる。ところが、その場合に私は知覚された世界――これは「外的世界」という抽象化へと再び陥る――から暴力的に切り離されるだけではない、さらには、知覚を私の固有の身体の知覚へと制限することも、それでもやはり重要なことではないのだ。努力と苦痛、それは強く感受される〔*se ressent*〕のであり、知覚されるのではない。

「知覚的経験における身体の役割」と呼ばざるをえないものについての執拗な問い、われわれがいかに拒絶しようと避けることのできない問い、この問いについてそれでは何を言うべきなのか？　おそらくこういうことであろう、私が自分の当惑を書き込んでいる画面に面と向かって、壁に、また窓の開口部に面と向かって、「私の身体」（「私なるもの」――あるいはむしろ「私なるものの場」）は、さまざまの領域を振り分けるものとして機能する、一枚の絵画の中央の黒い矩形のようなものである。正確＝公正に、明確に開かれた「面と-向かって〔対向性 l'en-face〕」という領域、【五四四頁】この領域の縁において、左右の二重の領域は、前から後ろへと逃れ去る、その結果として、外形の描出の発端をなすものが、「文字通り知覚されたもの」になおも似た性質をもつ（とはいえ、「はっきりしない」仕方において）、というのも、「残滓」はたちどころに第三の領域へと消え去っていくからだ。第三の領域とは、「私の背後に」存在するもの、すなわち、知覚的には-知覚され-ないものの領域である。明らかに、身体は何もなす＝作ることはない、何もこうむらない、要するに、知覚的なもの（知覚されたもの／知覚可能なもの）の絶えず新たに生まれる空間的領域化のなかでは、いかなる仕方においてもみずからを際立たせることはない、とはいっても、身体はこの空間的領域化の原理であり盲点なのである。身体は可視的なもののアプリオリの多方向化〔diversification〕の場である。それは純然たる存在論的な場である。

それは、身体が「意識」の確実性の物質主義的な真理であるということだろうか？　そうではない、なぜなら、いかなる「身体的な物質」もわれわれが今記述した空間的領域化のなかに入り込まないからだ。空間的領域化は形式的なのである。つまるところ、私はこう思う、われわれはこの結果で立ち止まっておくべきであると（少なくとも今回は、だがおそらくはずっとこのまま）、これはまったく驚くべき結果である、その点は私も同意する、つまり、思考の最も純粋な領野を構成するものそれ自体は、いわば、われわれの身体の上に置き定められ〔措定され posé〕ているのだ。そのことについてさらに何かを知ろうと望むことは、神の創造の身振りのなかに入ろうと望むことであろう。何ということだ！　反対に、神的な創造という発明物が、〈存在〉そのものの純然たる有限性のなかにある恐るべきものを前にしての、われわれの側の逃避にすぎないのだとすれば？

心臓での経験*

ここではニーチェや、彼の思想のひとつのテーマを論じることは控えよう。「今日、ニーチェはわれわれに何を語っているのか」という問いに答えることにしよう。

それに答えるために、私は、バタイユがニーチェに対して採ろうとした態度を採用してみたい、そしてこの態度をニーチェに対して、またバタイユ自身に対して採用してみようと思う（そしてバタイユをブランショから切り離さないでおく、その理由はおそらく後で分かるだろう）。それは、あらゆる思想家に対して思考が採る態度に他ならない。つまり、思想家を引用するのでも、研究するのでもなく、思想家を心＝心臓で学ぶこと〔暗記すること l'apprendre par cœur〕である、いいかえれば、理解する〔共に掴む comprendre〕ためには、火がつく〔掴む prendre〕必要が、火のように燃えあがる〔外へと掴み出される s'éprendre〕必要があるこの器官によって学ぶことである。これは陳腐な事実であるが、それこそ改めて賦活されるべきことなのだ。また今日、「ニーチェ」の名を呼ぶことに意味があるとすれば、こうした点にある、しかも第一にこうした点にある。とはいえ、それは哲学史のある一項目の名を

＊　掲載は *Lignes*, Nº7, Paris, Léo Scheer, 2002.

呼ぶことではない。（もっとも正確には、それは単に哲学の次元に属するのではない。）

私にある経験を伝達＝共有化《コミュニケ》するのでなければ、ニーチェは私には何ら重要ではない。言説と経験＝試練〔épreuve〕のこうした相互感染が、作品を徹底的に特徴づけている。だからこそこの作品はみずからを激化、高揚させ、不確実なままに、極端と苦痛のあいだで揺れ動く。

問題の経験は常に神の死の経験である。神の死はやはり、原理＝始元に関する表象〔再現前化〕が大規模に廃位されたことであり、またそれに伴って、表象そのものが廃位されたということである。というのは、ひとたび原理＝始元が崩壊したなら、何かを表象することはもはや問題になりえないからだ。それ以降、すべてが現前性を直接に賭け＝演戯に投入する〔危機に曝す met en jeu〕。すべてが現前性を賭け＝演戯となし、すべてが現前性を賭ける＝演戯する＝欺く〔jouer〕。悪しき霊。

1

原理が引き退くなかで現前性が震え始めるに至った時、襲いかかってくるこの動揺をニーチェが最初に知った。（最初に、というのはある意味で言い過ぎになる。プラトンに引き続き二人目、あるいは、プラトン、アウグスティヌス、カントに続いて四人目であった。だがわれわれの歴史はもはやほとんど強烈な衝撃を知らない、つまりそれ以降われわれはずっと揺れ動いたままなのだ。）もはや現前性はその根底＝背景の上にくっきりと姿を現すのではない、また根底＝背景において消滅するのでもない。存在と仮象〔出現 paraître〕のあいだにもはや裂け目がないような世界のなかへと出現するかどうかの縁に、現前性は、揺れ動きつつ、身を保つ。現前性は、それ自体、この裂け目となったのだ。（もはや存在と仮象＝出現のあいだには裂け目はない、あるいは、両者のあいだにはもはや裂け目しかない。）

引き裂かれた現前性、引き裂く現前性。それは世界に存在しないまま、世界に存在する。それは自己に先行しつつ、また自己から引き退きつつ存在する。このようにして現前性に到来するものは、世界の秩序＝次元へと到来するものである。原理＝始元を欠くままに、世界は、かつてさまざまな意味作用（高、低、既知、未知）を組織していた秩序をもはや正当化しない。権威、美徳、価値は原理＝始元なき無秩序《アナルシー》〔原理＝始元＝支配（アルケー）の欠如〕へと委ねられる。それらはもはやアルケー〔始元・起源・支配〕をもたず、アルケーの下方で、アルケーの手前で危機に曝される。問題の無秩序《アナルシー》は、あらゆる種類の拘束に抵抗しようとする大げさな騒擾のことではない、それは、すべてを始めること、またいかなる所与の意味もないままにすべてを意味することを義務として課せられた力のことだ。

2

この意味で、理解されなければならないのは、*umwerten*〔価値を転換する〕ということだ。*Werte*〔価値〕を*um-werten*しなければならない。《*um*》は常に「周囲を回る＝迂回する」という意味をもち、また接頭辞として、反転や、反転を生む再開を指し示すことも多い。価値を評価し直す、超えて評価する、対抗的に－評価する必要がある。価値を逆転させる〔価値を失墜させる〕必要があるのではなく、価値そのものを再評価する必要があるのだ。価値を改革＝再形成する〔réformer〕（この語の二つの意味で〔la Réforme は宗教改革を指す〕）必要がある、あるいは、価値を革命する＝再転回させる〔révolutionner〕（やはりこの語のすべての意味で〔la Révolution はフランス革命を指す〕）必要がある。それはこういうことだ、もはや価値を固定するある原理＝始元に依存しないものとして、絶対的＝分離的な〔absolu〕値として、価値の値を考慮しつつ、価値の値を再考する必要がある、ということだ。

価値はいかなる尺度＝共約性〔mesure〕もないままに価値あるものでなければならない。バタイユはそれを「異質な」価値と名づけ、定式化した。「同質なるもの」は諸価値の交換であり、一般的等価性である。価値が、その本来的＝固有の仕方で価値あるものであるためには、そうした等価性とは異質でなければならない。（こういう言い方では、バタイユを介してニーチェからマルクスへと話が移ってしまうが、だがそれはニーチェとマルクスとの同時代性を正しく評価することでもある、そしてたとえ両者が互いのことを知らなかったとしても、その同時代性が価値の思考に関する同時代性であることは偶然ではない。）異質なるものは、使用にも交換にも関する事柄ではない、それは経験＝試練＝実験〔expérience〕の問題なのだ。

3

いったい誰がこの絶対的＝分離的な（つまり尺度から引き離された）価値の経験、（使用と交換という）世界の連鎖的秩序とは絶対的に異質な価値の経験をするのか？　いったい誰が、世界のなかに――尺度を与え創設していた原理＝始元の代わりに――異質なるもののこの退引〔引き退き、引き直し *retrait*〕を導入するのか？

世界は今や価値の不在や一般化した等価性のなかに埋没してしまっているように見えるが、世界をそうしたものから救う者こそがそうするのだ。ニーチェはそれを救い主〔贖い主〕と名づける。[1] 彼はその人にキリストの肩書を与える、そしてそのようにして、彼は反キリスト《アンチクリスト》者を救いの表徴そのものとする、というのも、反キリスト者としてのニーチェは、キリスト教を転倒させ、「救い主の類型」と彼が名づけるものをこの転倒から出現させようとする者であるからだ。

この類型は「かつて存在した唯一のキリスト教徒」という類型であり、「十字架上で死んだ」者である。最初期の弟子たち自身や福音書作者たちによる利己的な歪曲作業の背後に、こうした類型を認識できる唯一の者、見分ける力をもつ唯一の者、それがニーチェである。確かにそれは「デカダンスの類型」であるが、この類型自身によって救われるデカダンスの類型でもある。救い主はニヒリズムから脱却するひとつの形態を呈示している。最も積極的な形態というわけではないが、ひとつの脱却にはちがいない、そして以下が私が示唆しておきたいことだが、おそらくこの脱却は、脆弱で憔悴したものでありながらも、それでも肯定的で力強い脱却と触れ合うところももっている。（ニヒリズムからの脱却の問いはすべて、脆弱さと力強さのあいだに宙吊りとなっている、二つのあり方はともに必然的であるとともに危険なものなのだ。）

こうした救い主とは、宗教を創設することなく、ある神を声高に叫ぶこともなく、何らかの教義への信仰も、いかなる種類の教義への信仰〔croyance〕も求めることはない、そうした人物である。救い主とは、その信〔foi〕が行動であって、あるメッセージ＝啓示を信奉することを信とはしない人である。救い主は行為＝現働態〔acte〕のうちにあり、意味作用のうちにはない、もしくは、その人の意味作用はすべてその人の行為のうちにある。救い主は赦し《パルドン》の業をなす、その人は与えられた赦し、また受け取られた赦しであり、あたかも他なる場所から到来するかのように、この場所においてなされる贖いである。なぜなら、贖い、あるいは赦しは、まさしく、他なる場所をこの場所に記載することにあるからだ。救い主は罪を消し去る、いいかえれば、もはや実存《エグジスタンス》〔脱存立、外へと脱自すること〕を過ちとはしない。反対に、実存とは、この世界に属さないものの経験、かといって他なる世界

1　以下の部分の背景をなすのは、*L'Antéchrist*〔『反キリスト者』、前出、本書一〇一頁、原注10〕の第二八節から第三五節までである。cf. J.-Cl. Hémery, dans *Œuvres*, t. VIII, Paris, Gallimard, 1974.

ではないものの経験を、この世界のなかでなすことである。

世界のなかでの世界の開放性は、キリスト教がすべてを放棄したことの成果、キリスト教の脱構築の成果である。キリスト教の脱構築は、キリスト教のうちにおいて、手前へと遡及していくとともに前方へと進んでいき、現在の極限的状況にまで至る。この状況のなかで、ニヒリズムは神の現前性と神の価値を廃棄し、世界から透き間越しに見えるものとしての救いの意味を廃棄する、また天に記載されたあらゆる価値を抹消し、天そのものを抹消する、そして世界を、奇異な裂開、つまり同時に恵み《グラース》=恩寵かつ傷である裂開によって触れられ=傷つけられていないとともに触れられ=傷つけられたままにしておく。

4

さまざまな背後世界とそこから立ち昇る靄が消え失せるなかに、救い《サリュ》の秘密は保たれている。この救いはさまざまな他なる世界から救うのだ。それは世界へと再び置き入れる、世界へと改めて、新規に置き入れる。この救いは、この世界に属さないある経験の新奇さに則して、世界へと置き入れる。というのも、この経験は〔単数の〕価値そのものについての経験であるからだ。この世界の諸々の〔複数の〕価値は、この世界の必要性や利害によって測定される、つまり評価される。ところが、この評価によって一方的に測定されない者、自分だけのものとして価値の経験をする者、そうした者は世界のただなかにあって、世界から引き退く。それはこの人が、自分に固有であるような価値の主観的源泉になるからではまったくない。それはこの人が、次のような経験の場となるからだ、すなわち、その経験自体において、絶対的=分離的に〔absolument〕、〔単数の〕価値そのものであるような経験、あるいは価値そのものを創造するような経験である。

この経験は「内的」経験である。「内的」経験は、主体性としての内部性＝内面性の事実ではまったくない。「内的」とはここでは、見出したり表現したりしなければならない隠れた深層ではない、埋もれていて解釈の対象となる意味ではない。そうではない、それは等価的で、測定可能かつ交換可能である諸々の価値の同質性からの退引のテクスト、解釈を伴わないままでの、端的な、文字通りのテクストである。[2]「諸々の価値についての感情をひたすら転位させるだけでなく、みずから最大の価値をもち、より強力である恋する者」[3]についても、ここでは事情は同じである。愛は（「神への愛」でさえ、とニーチェは同じ断章で言明する）、使用可能な尺度を欠いた、それ自体における価値の増大に他ならない。

内的経験とは、諸価値の等価性という外部の外部へと、さらには諸価値の価値性一般の外部へと、そしてあらゆる固有性《プロプリエテ》＝所有物——商品財という所有物であれ、精神的＝霊的な財という所有物であれ（知識や美徳）——と同じくあらゆる主体性の外部へと、私を置き入れるものについての経験である。

この外部の外部こそ「内的なるもの」を包含する、そのなかでは、諸々の期待は無力なままであり、さまざまな知、確実性、懐疑は混乱に陥る。さまざまな表象や意味作用に対して、実存＝脱存立〔existence〕そのものの肯

2　「[……]たとえば「私は気分が悪い」——こうした判断は観察者の後からやって来る大いなる中立性を想定している、無反省な人間は常にこう言うものだ、これこれのことによって、私は気分が悪く感じるのだと——こういう人間は、気分の悪い理由を見つけてようやく居心地の悪さに完全に気がつく……　それこそ私が「文献学の欠如」と呼ぶものだ。テクストをテクストとして読むことができること、そこに解釈を滑り込ませることなしに、それは「内的経験」の最も後からやって来る形式である——おそらくは、ほとんど不可能な形式である……」（Fragments posthumes 15[90], dans *Œuvres*, t. XIV, tr. fr. J.-Cl. Hémery, Paris, Gallimard, 1977.〔「遺された断章」15（九〇）、『ニーチェ全集』第一一巻（第二期）、白水社、一九八三年〕）

3　Fragments posthumes 14[120], dans *ibid.*〔「遺された断章」14（一二〇）、同書〕

定が取って代わる。それはみずからの価値についての思弁ではなく、実存＝脱存立すること〔l'exister〕の肯定と露呈としての、それ自体における価値である——換言すれば、実のところは、〔動詞としての〕実存する〔exister〕としての実存することであり、それ以上ではないが、とりわけそれ以下でもない。

この肯定は、実存が経験＝試練＝実験であるということを肯定する、つまり、目的、計画＝企投《プロジェ》、意志から解放された実存は、実存自身の出来事＝到来〔外への到来 événement〕のもつ予測不可能なもの、未聞のものへと、ただひたすら露呈＝遺棄される、ということを肯定する。実存は、こういった言い方が必要かもしれないが、ただひたすら「自己を外へと出来事として到来させる〔s'évenir〕」のだ。この「外へと出来事として到来させる〔évenir〕」は世界のなかにある外部を切り開くが、その外部は彼方－の－世界ではなく、世界の真理なのである。

5

真理とは評価し直された価値である、つまり測定可能なあらゆる価値の剥奪、あらゆる評価データの価値の剥奪である。自己を外へと出来事として到来させつつ、評価される／自己を評価する——等価性なしにみずから価値となる——実存、価値とはこの実存である。それは、値なき実存の絶対的＝分離的な値である。いかなるものによっても評価されるままにはならない実存者がみずからに与える値である。実存者はみずからに値なき／無限の《サン・プリ》値の値を与える、この値を実存者は測定することも、支払うこともできない。実存者は何も支払うべきものをもたない、過ちも負債も。実存者は罪を犯してはいないし、負債を負ってもいない。実存者は、世界から退引することで、世界への帰属〔世界に存在すること〕から解放される。だがこの退引は世界のただなかでなされる。退引は実存することと同時的であり、退引は、実存することとともに、実存することとして、外へと出来事として到来させる。

救い主はそれゆえ模倣不可能な「類型」である。それはひとつの類型ではない、それは実存するという経験なのだ——これは次のことへと露呈＝遺棄されることに他ならない、すなわち、世界の内での／外での救い主の歩み〔救い主が世界の内にも／外にもないということ〕とは別の何かによって、何らかの値、重さ＝重要性、意味を帯びるようなものではまったくないということへと露呈＝遺棄されることに他ならない。内／外というこの束の間の拍動が重要なのだ。この拍動そのものが尺度なき評価なのである。

この救い主はそれゆえ神から人間を救う者である。意味の霊廟のなかでミイラ化したこの死者から人間を救う者である。今や、神的なるもの、それは空虚な墓である。それは、値をもたないもの／無限の値をもつものの永遠回帰を肯定することとしての、墓の空虚である。価値は、まさしく値をもたないがゆえに、永遠に回帰する。値の不在とは、それぞれの実存の到来とともに、実存の永遠なる現前性として内部記載され〔s'inscrit〕、かつ外部記載される〔外へと剥き出しに書かれる s'excrit〕ものである。この実存の永遠なる現前性は、無媒介的に世界の内に世界の外にあり、瞬間的に永遠なるものである。

以上の理由から、同質なものからなる世界において、評価とは、ある時は商品的価値の等価性として呈示され、またある時は、実存が最高の全能性へと犠牲に供されるという形での等価性として呈示される。それは常に不正取引《トラフィック》＝商取引なのだ。それは常に別の原理主義〔十全主義 intégrisme〕に対抗するものとしての価値の原理主義である。いずれにおいても、ひとつの価値が原理をなす尺度としてある、神であれ貨幣であれ、精神的＝霊的な価

4　*L'Antéchrist*, §34, dans *Œuvres*, t. VIII, *op. cit.*〔『反キリスト者』、前出、二二六頁〕

5　同書、同頁

値であれ証券市場の価値であれ。ところが、異質な価値は、いかなるものにも値しない、あるいは、「価値がある」ということそれ自体がもっている価値に値する。他でもない、あるひとつの尺度が、あらゆる尺度にとっての他なるものである場合、あるいは、ひとつの尺度が現動態《アクト》のうちにあって無限なものであることだとした場合に、そうした尺度へと外部‐措定されること〔露呈＝遺棄されること ex-position〕、これこそ異質な価値の値なのである。

6

その意味で、エペケイナ・テス・ウシアス、あらゆる存在者性の彼方の〈善〉以外の何ものでもないのだ、つまりそれは、存在せず、存在者でもなく非存在者でもない、実存するものである。神でも人類＝人間性でもなく、次のような世界である。すなわち、そのなかにおいてある外部が開かれうる、また経験＝試練をなしうる、そうしたものとしての世界である。この経験は「心＝心臓での経験」――*eine Erfahrung an einem Herzen*[4]――である。心臓に直に接してなされる経験、内部／外部の拍動でみずから脈を打つこの心臓である経験であり、この拍動により、心臓は脱‐存する〔実存＝脱自する ex-iste〕、そして、脱‐存しつつ、みずからを世界の内部に／外部に感受し経験する、みずからを、内部と外部の間隙として感受し経験する、みずからの最も固有な生起〔場をもつこと〕であるものが場をもたないこととして、みずからを感受し経験する、そして固有の財産を欠いた、この絶対的な固有性の評価できない／評価を絶した価値として、みずからを感受し経験する。

救い主によれば、「「神の国」は、なんら待望されるようなものではない。それは、昨日をもたず明日をもたず、「千年」待ったとて来ることはない、――それは心＝心臓での経験である。それは、いたるところに現存し、どこにも現存していない……」[5]。

言葉は肉となった＊

さしあたり、短いメモ程度の時間で、キリスト教の中心的な命題、*verbum caro factum est*〔言葉は肉となった〕を分析してみよう。（ヨハネ福音書におけるギリシア語では、*logos sarx egeneto*）。これは〈神〉が人間となる「受肉〔incarnation〕」を表わした定式である、そして、〈神〉のこの人間性はまさしくキリスト教の決定的な特徴であり、またキリスト教を通して、西洋文化の全体を規定する特徴である——西洋文化が作り出した「人間《ユマ》（中心）主義《ニスム》」の心臓部に至るまでそうなのであり、この特徴は消し難い仕方でこの「人間主義」にしるしを刻みつけている、たとえこの人間主義を根拠づけるわけではないとしてもである（引き換えに、要約してしまえば、人間を「神性化」へと反転させることになる）。

「受肉」という用語はほとんどの場合、身体のなかに何か非‐身体的な実体的存在（精神、神、観念）が入ることという意味で理解される、より稀には、身体のある部分に別の部分が貫入すること、ないしは、ある実体、原則として異質なもの——肉に食い込んだ爪〔嵌入爪〕という言い方をするように——が貫入することという意味で

＊　未発表、執筆は二〇〇二年。

理解される。それは場の変更である、つまり、第一にある所与の現実とは本性を異にする一空間としての身体を占拠することである、そしてこの意味は容易に「形象化＝人物形象を演じること〔figuration〕」（俳優は登場人物を「演じる＝肉付ける」）という意味へと拡張される。この通常の意味（これは主要な神学的意味でないことは確かだ）によれば、受肉は位置の転換や表象＝再現前化＝上演〔représentation〕のひとつの様態である。こうした思考の空間においては、身体は必然的に、魂や精神――内部性として与えられ、直接的には形象化されえない――とは区別されて、外部性の位置にあり、感覚的な顕現という位置に置かれている。

キリスト教の信徒信経《クレド》に表現された定式を文字通り読みさえすれば、この定式は、その本質から言って、今挙げた解釈の方向にはまったく向かっていないことが分かる。もし言葉が肉とされた、あるいは、もし（ギリシア語の場合）言葉は肉となった、またあるいは、言葉は肉として生み出された、ないしみずからを生み出したのであれば、それは、最初に言葉の外部に与えられたこの肉の内部へと言葉が貫入する必要がまさになかったからだ。言葉それ自身が肉となったのだ。（ひとつの単独のペルソナ〔位格〕のうちに、二つの異質な本性を生み出すこの生成変化を思考するために、神学は超人間的な努力を尽くしてきた――このことは言っておかねばならない。）

*

ここで二つの補足的な与件――他の箇所での来たるべき分析用にとっておくが――を付け加えておこう、この与件に注意を払っておくのも無駄ではあるまい。そこには微妙なニュアンスの違いがあり、さらには、「カトリック」、「正統派」、「宗教改革派」それぞれのキリスト教のあいだに大きな差があることも踏まえたうえで、ロゴス

〔言葉、神の言、神の言葉の体現者としての子なるイエス・キリスト、三位一体の第二の位格（ペルソナ）〕の人間的な母性《マテルニテ》＝出産（母の処女性の存否に関係なく）、および「聖体拝領《コミュニオン》」のパンとブドウ酒のうちでキリストの身体が「実体変化すること」（現実的か象徴的かはここではさして重要ではない）、この二つにおいて、受肉の二つの展開あるいは強化が表象されている。すなわち、一方では、人間－神の出所＝由来が、既に人間の身体のうちに、また女性の身体のうちにあるとすること（ある意味では、受肉は複数の性《セックス》を計算に入れている）、他方では、その神的な身体には、無機的な物質へとさらに転換する能力があるとすることである（そのようにして、ごく僅かの空間－時間の小片は「神」によって公認される〔備給・投資を受ける〕、また人間の技術による自然の変形作用から生じた現実――パンとブドウ酒――もまた公認される）。

*

この意味で、キリスト教における身体は、魂に対して覆い包むもの（あるいは牢獄ないし墓）の役割をする身体とはまったく異なる。ロゴスである限りにおいて、またその最も固有のロゴス学〔論理学、ロジック〕に則して、身体となるようなロゴス、キリスト教における身体とはこうしたロゴスそのものである。この身体とは、他でもない、精神がそれ自身から、あるいはその純粋な同一性から外に出たものであり、それが目指すのは、人間へと同一化することでさえなく、人間として（また女性として、物質として）同一化することである。だがこうした精神の自己からの脱却は、精神に降りかかる偶発事ではない（罪と救いの問いについては大幅に省略させていただく、この問いはさしあたり脇に置いておきたい）。それ自体において、キリスト教における神的な精神は既に自己の外部にある（それはその三位一体的な本性である）、そしておそらくは、「〈啓典＝書物〉の」三宗教へと遡るのと同様に、一神教の神へと遡る必要さえあるだろう、遡及する理由は、本質的に、一神教の神とは既にそれ自身、自己の外部へと自己を置き据えるような神であること、また「創造」(これはいかなる点においても産出ではなく、自己‐の‐外部へと‐置き据え(られ)ることに他ならない)によって、また「創造」のなかへと自己を置き据えるような神であることを考察するためである。

この意味で、キリスト教の(さらには一神教の)神は、自己を他者化する神である。一瞬だけ強引な言葉遣いをしてよいなら、この神は、みずからを無神論化する〔*s'athéise*〕あるいは無神学化する〔*s'athéologise*〕神である。(「無神学的《アテオロジック》」という語を作ったのはバタイユである。)身体の思考としての無神学とはそれゆえ、以下のことについての思考である、つまり、「神」なるものは、神自身から自己そのものを抜き取り空虚化してしまった限りにおいて、「身体」となったということである(キリスト教の別のモチーフ、パウロの言う空虚化〔自己無化、ケノーシス *kénose*〕のモチーフ、すなわち、〈神〉が空虚‐となること、あるいは〈神〉が「自身から自己を抜き取り空虚化すること」)。「身体」は、「神‐の‐欠在〔神の否/歩み pas-de-dieu〕」という意味で、神を‐欠くこと〔無‐神論的 *a-thée*〕の名となる。だが「神‐の‐欠在」は、人間あるいは世界の無媒介的な自己充足を意味するのではない、それは、基礎=根拠づけるような現前性がないことを意味する。(より一般的に言えば、「一神教」とは「多神教」における神々の数を「一」へと縮減することではない、その本質は、神話の神々がそうである現前性、そうした現前性が消滅することである。)「受肉」の「身体」とはしたがって、この消滅の場、あるいはむしろ、この消滅の生起〔場をもつこと〕、この消滅の出来事=到来《エヴェヌマン》〔外部への到来〕なのである。

＊

魂の牢獄（感覚的ないし堕落した身体）でもなく、それゆえ、内部性の表出（「固有の」身体ないし「意味作用的な」身体、これを私はある一定の「モデルニテ」における「止揚＝再興された」身体と名づけてみたい）でもなく、かといって、純粋な現前性（身体‐影像、彫刻された身体、影像それ自体がそのまま完全な神的現前性であるような多神教的様態において再‐神性化された身体）でもない。そうではなく、延長、空間化＝間隔化《エスパスマン》、前記の消滅そのものの引き裂き。剥き出しにされ＝逃れ去るような（剥き出しにされ遁れ去った《デロペ》、衣装《ローブ》が剥がれ落ちた、つまりは無限の逸走が剝き出しになること）ある「魂」の真理としての身体。

しかし、身体がそれであるところのこのシンコペーション（切断・中断的な接合・衝突、失神 syncope）――そして身体はひとつの姿勢保持によってシンコペーションなのである、姿勢保持は誕生の産声と死の間際の溜息のあいだに張り伸ばされている、また姿勢保持は、ひとつの独異なフラゼ（切断的な話し方、分節法 phrasé）へと転調される、つまり「ひとつの生」のディスクール（切断的流れとしての話）なのだ――は、単にひとつの喪失ではない。それは音楽におけるように拍動＝拍子である、それは切断しつつ（-cope）接合する（syn-）。それは身体を身体それ自身に接合し、さまざまな身体をそれらのあいだで接合する。出現と消失のシンコペーション、言表作用と意味とのシンコペーション、それは欲望のシンコペーションでもある。

欲望とは、欠けている対象へと向かうメランコリックな指向のことではない。それは対象ではないものへと向かう指向である。すなわち、他者（他なるもの l'autre）のなかで生起するものとしてのシンコペーションそのもの、また、他者のなかにあること、他者に属してあることで初めて「固有で」あるものとしてのシンコペーションそのものである。けれども、他者が他なる身体であるのは、この他なる身体が、私の身体との隔たりのなかで、隔

1　プラトン、『パイドロス』、250d。『饗宴』、210a-211b も参照のこと。

たりそのものに触れさせてくれる場合、切断的に接合された《サンコペ》真理へと開かれた身体に触れさせてくれる場合に限られる。

ある（ソクラテス的な）エロス論が、この箇所で、あたかもロゴス〔言論〕に内的なある折り目を通してであるかのごとく、（キリストの）受肉を横切る。まさにこのエロス論が望むことこそ、さまざまな身体を愛することで「自己のうちに美そのものを懐胎＝把握する」ように導くということである。このことは、プラトンにおいては、〈イデア〉のうちでただひとつおのずから可視的であるような〔美という〕〈イデア〉を捉えること——あるいは、それに捉えられること——に他ならない。[1]

このように、際限なくある循環が、〈イデア〉の可視性から——すなわち意味の顕現から——魂のシンコペーションにまで——すなわち真なるものの束の間の逸出にまで——繰り返し続けられる。可視性とシンコペーションとは、互いに他方のなかにあり、互いに他方によってある、そうした身体同士は絡みあう接触＝格闘状態にある、そして身体のほうは、そうした身体同士の接触＝格闘によって打ち震え、苦しみを感じるとともにその接触＝格闘を享受するのだ。

ブランショにおける神の名*

このタイトルは挑発を意図したものではないし、巧妙に人の注意を惹くための裏のある企てでもない。あの新たな政治的な正しさ＝修正（それゆえ礼儀を欠いたものである）の側へと、ブランショを滑り込ませることが問題なのではない。この正しさ＝修正は「宗教の」あるひとつの「回帰」という形を採るが、それはあらゆる「回帰」同様、欠陥だらけで不毛なものだ。

重要なのはただ以下の点を考察することにある。つまり、ブランショの思考は、十分なほど厳格な要請を掲げ、周到な注意を払い、不安のなかにあり、警戒を怠らないものであるがゆえに、彼の時代に当然なこととして認められていた事柄――たとえば無神論的な正しさ＝修正や、反宗教的な信条告白における上品ぶった口調――を頑なに守る必要があるなどと考えはしなかったのだ。とはいっても、この思考が、どのような理由においてであれ、逆方向の信条告白ないし信仰告白のなかに囚われたままであったというわけではない。確かに、ブランショはある無神論を肯定する、だが肯定の理由はひとえに次の点にある。有神論と無神論をともに、どちらの肩ももたず

* *Le Magazine littéraire, n° 424*, spécial « Maurice Blanchot », Paris, octobre 2003. に掲載。

に、厄介払いする必要があるのだが、そうした必要性の方へとより巧妙に導くためである。

（これは『無限の対話』のなかの重要なテクストで起きていることだ、それは「無神論とエクリチュール、人間主義と叫び」というテクストであり、そこでは、無神論はエクリチュールと結びつけられている。このテクストを論じることにするが、引用も分析も施さない、他のテクストについても同じだ。このメモ書きのスペースとコンテクストからすれば、分析を試みるのは論外だ。私はブランショの幾つかのトポスへの示唆に止めておき、また後ほどなされるであろう作業の方向を素描しておく。）

無神論と有神論をともに遠ざけること、それは何より次のような重要なポイントを考察することだ。すなわち、西洋の無神論（あるいは一神教の二重の無神論、というのも一神教が引き起こす無神論と一神教が秘めている無神論があるからだ）が、これまで、神に対置してきたもの、神の代わりに据えてきたものは、あるひとつの意味——目的、善、現前《パルウシア》＝来臨、いいかえれば、成就した現前性であり、奇妙にも、人間の現前性である——が至高の点的な性格をもち区切りをなすこと〔ponctuation〕についてのもうひとつ別の形象、別の審級ないし〈理念〉以外の何ものでもなかったということである。まさしくこうした理由から、無神論とエクリチュールの結合——有神論と無神論の主張をともに廃位させるための予備的、暫定的な結合——において賭けられているのは、意味の不在化〔absentement〕の側へと無神論を引きさらっていくことである。確かに現在まで、無神論のなかでの際立った形象のどれひとつとして、意味の不在化を受容する力をもたなかった（ただし、部分的にではあるが、バタイユの無神学〔*athéologie*〕の形象、これはブランショに非常に近いものだが、これは除く——ここではこれ以上の発言は控える）。

「不在なる意味」、時々ブランショが使うこの大胆な表現は、不在のなかにその本質や真理が見出されるようなある意味を指すのではない。実際、不在であったなら、ソノ必然的結果《イプソ・ファクト》トシテ、現前性の一様態に姿を変えるであろう、またこうした現前性は、最も確実で保証された現前性、最も存在者的な〔*étant*〕な現前性に劣らず堅固な一貫性をもつであろう。そうではなく、「不在なる意味」はその不在化そのもののなかで、またそれによって、意味をなすのであり、その結果として、最終的に、それは終わりなく「意味をなすこと」のないままである。まさにこのような形で、「エクリチュール」はブランショにおいて――そしてブランショをバタイユ、アドルノ、バルト、デリダへと一挙に結びつける思考の共同体において――、意味の逃走への露呈＝遺棄〔exposition〕という運動を指し示す。意味の逃走は、「意味」から意味作用〔signification〕を取り去り、意味にこの逃走という意味そのものを与えることを目指す。逃走という意味は、すなわち、ある跳躍、開放性、倦むことなき露呈＝遺棄であって、これらは、したがって、「逃走する」ということでさえなく、現前性からと同じく逃走からも逃走するのだ。それは何らかの所記〔意味作用されるもの〕（そして／あるいは何らかの能記〔意味作用するもの〕）のニヒリズムでもなく偶像崇拝でもない。以上が「無神論」の賭金＝争点である、つまり無神論がみずからに課すべきこととは、無神論が公言する否定というポジションを自分自身から取り去ること、そして神の現前性――換言すれば、絶対的な意味作用ないし意味作用する可能性という能記が有する現前性――に取って代わるあらゆる種類の現前性に由来する保証を自身から取り去ることだ。

ところで、ブランショのテクストには宗教に対する関心がいっさい窺えないとしても（ただし、キリスト教的な文化、また厳密にはカトリック的な文化がところどころで顕著な形で透けて見えることは別にする、これについては後で検証する必要があろう）、逆に、神の名が単純に不在というわけではない。正確には、神の名はこのテクストにおいて、極めて特殊な場を占める、すなわち、逃れ去りながらも、それでも回帰する名であり、断固として遠ざけられながら、その遠ざかり自体のうちにおいて喚起される名（こうした交替は頻繁に起きはしないが、人目を引くほどには十分なものである）という場所であって、あたかも意味の不在化という厄介な問題のあり方を示す場ないし手がかりとも言えるだろう。

（もう一度言うなら、ここでさまざまなテクストに立ち入ることはまったく問題外であるが、『無限の対話』、『災厄のエクリチュール』あるいは『最後に語る者』と同様に『謎の男トマ』――第一版と第二版――に手短にもう一度目を通していただきたい、そして少なくとも形式的なやり方で十分であるが、神の名が現前していること――単に潜在的にすぎない場合でさえ、時にはあるが――そして神の名の役割と内実が明らかに多様かつ複雑、さらには謎めいた様相を見せていることを確認いただけるとありがたい。）

もし神の名が意味の不在化の場に＝代わりに到来するのだとすれば、あるいは、いわば神の名が逃走線のなかに、およびこの同じ逃走線の無限な展望でありかつ同時に、領野としての奥行きをもたない展望のなかに到来するのだとすれば、それは何よりもまず、この名が何らかの現実存在《エグジスタンス》に関係するからではなく、厳密には意味の不在化の命名――指示でもなく意味作用でもないようなもの――に関係するからである。したがって、以上の理由から、いわば至高の存在者が現実存在するのか否かというお決まりの問いとして提起されなければならないような「神の問い」はまったく存在しない。そうした問いはおのずと消滅する（それはカント以降、周知のことであり、実際にはカントに先立つ遥か以前からそうだった）、なぜなら、至高の存在者といえども、その存在を、あるいは存在そのものを、ある審級ないし潜勢力《ピュイサンス》＝権能（明らかに非常に不適切な用語であるが）――存在者の秩序のなかに配置しえない審級、潜勢力＝権能――に負っていることがまちがいなく判明するであろうからだ。

だからこそ哲学の最も貴重な贈り物は、ブランショにとって、神の現実存在を否定する操作のうちにあるのでさえなく、こうした現実存在がただ単に消滅、消散することにある。思考はここから出発して初めて思考するのだ。

ブランショは、したがって、いかなる「神の問い」も提起しないし許容もしない。さらに言えば、彼はこの問いが提起＝措定されないと認め、そのことを知っている。その意味は、この問いが何らかの問いではないということであり、存在のなかに特定することを求めるような図式（「何であるのか？」あるいは「存在するのか？」）には対応しない問いであるということだ。神は問いの管轄下にはない。その意味は、あらかじめ問いに対する肯定の応答が下されていて、神がそうした肯定に属するということではない。また問いへの否定的答えに属するのでもない。神が存在する、あるいは存在しない、ということが問題なのではない。それとはまったく異なること、つまり神の名が存在する、あるいはむしろ神の名が発せられる、ということが問題なのだ。この名は問いというものの廃位＝脱措定に応答する、それが存在の問いであれ（何であるのか？）、起源の問いであれ（何によって？）、あるいは意味の問いであれ（何のために？）。もしすべての問いがある「何か」、ある何らかのものを目指すのだとすれば、神の名は、いかなるものでもないもの、あるいは、いかなるものももたないものの次元、活動域、様態に応答すると言えよう。

さらに言えば、この意味で、この名はブランショにおいて「存在」（ハイデガーから借用されているような）や「中性的な〔neutre〕」という語と隣接して現れることが時折ある。これらの語にとっても、問いは提起されるべきものではない、というのも、こうした語のうちで問いは既に廃位＝脱措定されているからだ。だがそれらは語（概念）であるのに対し、「神」はある（概念なき）名である。神の名はしたがって、ここでは概念とは異なるものを表象＝代理するはずだ、またより厳密には、名それ自体に固有の――つまり意味作用が極限状況に置かれ死滅しつつあるという状態に固有の――特徴線＝牽引線を担い、それを尖鋭化するはずだ。

ブランショのエクリチュールに名を付けるとすればその名祖《なおや》とも目されるトマ〔Thomas〕の名についても、事情は今述べた名とおそらく同じであろう。『謎の男トマ』は、全編を通して神の名が繰り返し現われ、作用を及ぼす物語であるが、そこでトマという名は「トマという語」として時折名指されることがある。ギリシア語で、*thauma* という語は驚異、超自然的出来事、奇跡を意味する。概念として、「トマ」は、名である限りでの名の奇跡ないし神秘を呈示している。

時によって、ブランショは、神の名は「余りにも威圧的である」と述べる。恐れと畏敬の入り混じったこの形容の仕方は二つの解釈に開かれている。この名が、いわば意味の全体系の要石を押しつけようとする、あるいはそうした要石としてみずからを押しつけようとするがゆえに、余りに畏敬の念を与えるのか、それともあるいは、この名が幾らか暴露しているのは、これらの名が意味を生成しないということについてであって、まさにこれに釣り合う形で、この名は威厳に満ちた恐るべきものであるのか。第二の場合には、この名が名指すのは、名の至高の潜勢力＝権能であって、それによって、あの意味の不在化へと合図が送られる――これは意味作用することとはまったく異なる――、そして、意味のこの不在化とは、そこにおいて、喪失されたもの、ないし忌避されたものと想定される現前性を代補するために何らかの不在が到来するようなことがまったくない不在化のことである。そうすると、「神」が名指すのは、意味の主体＝基体である神ではない、またこうした神を否定して、意味ないし非-意味の別の主体＝基体を立てることでもないだろう。「神」が名指すと考えられるのは、名において、命名そのものから逃れるもの――〔男性名詞の〕もの＝者、〔女性名詞の〕もの＝者――であろう、というのも、命名は常に意味へと隣接するからである。こうした事情から、この名は、執拗に名指そう、名を呼び＝呼び求め〔*appeler*〕ようとしながらも、名一般を脱-命名するのかもしれない〔dé-nommerait〕。名を呼ばれ＝呼び求められているもの、また、何に向けてこの名が名を呼ばれ＝呼び求められているのか、その宛先なるもの、それはブランショが場合によっては「空＝天の空虚」として指し示す事柄と、いかなる点においても別の次元にあるのではない。だがこの空虚への、また空虚のうちにおける呼びかけは、この名のなかで、意味の放棄《アバンドン》＝遺棄をいわば究極的に区切り際立たせる――とはいえ最後の＝決定的な言葉を語るのではないが……――、そしてこの意味の放棄

＝遺棄はまた、意味がみずからを超過する／される限りでの意味への放棄＝遺棄の真理でもある。神の名はこの呼びかけを合図する、あるいは公言するものと言えよう。

無神論とエクリチュールという組合せに対して、ブランショは同じテクストのなかで、また同一のタイトルのなかに、人間主義と叫びという組合せを併置している。叫びの人間主義とは、人間に関するあらゆる偶像崇拝とあらゆる人間神論を放棄する人間主義であろう。これは正確にはエクリチュールの活動域にはないとはしても、論理的言説《ディスクール》の活動域にあるわけでもない——それは叫ぶのだ。文字通り、「それは砂漠で叫ぶ」とブランショは書いている。このように聖書の預言者の言葉からこの人目を引く定式を彼が借用したのは偶然ではない。預言者とは神のために／神に向けて／神の代わりに〔pour Dieu〕、また神について語る者であり、他の人々に対して神の呼びかけと呼び戻し＝想起を告げる。宗教へのいかなる回帰も、こういうやり方では、忍び込むことはない。むしろここには、一神教の遺産から、その本質的な特徴線＝牽引線を、本質的には宗教的ではない特徴線＝牽引線を抽出しようとする試みが見られる。それは無神論の特徴線＝牽引線であり、あるいは不在神論〔absenthéisme〕とでも名づけうるようなもののそれである。不在神論は、信＝信仰の対象、あるいは不信＝不信仰の対象をどのようであれ措定することを超え出たところにある。ほとんど自分の意に反して、またいわば自身のテクストの究極の限界に留まりつつ、ブランショは神の名に関して——神の受け容れがたい名に関して——譲歩することはなかった、というのも、名づけえない呼びかけを、命名しないことへの際限のない呼びかけを、依然として命名する必要があることを彼は知ってしまったからだ。

ブランショの復活*

復活というモチーフは、概観する限り、ブランショにおいては重要な場所を占めていないように思える。少なくとも、「理論的」と評されるテクストを通して頻繁に出会うものではない。おそらく、物語のほうにたくさん見られるかもしれないが、しかしながら、必ずしも主題系列も明確にそういうものとして切り分けられるわけではない。とはいえ、むしろわれわれが通例ブランショの名と結びつけて考えている、こうした死と死ぬこと〔le mourir……時制や法と無関係な不定法〕（について）の著作〔作品、営為 œuvre〕において、復活は分離不可能である。また、死ぬことのほうから見れば、これがただ単に文学ないしエクリチュールと分離できないだけではなく、そうしたものと同じ実体をもつものであるのは、死ぬことが復活のなかに巻き込まれ、まさしく復活の運動にぴったりと寄り添うからこそなのだ。この運動はどのようなものなのか、私が着手してみたいのはこのことだ、とはいっても、ブランショの著作を通して、この運動が包括的にどのようなシステムをなしているのかを再構成するという構想は省かせていただく、それには一冊の書物を捧げねばならないであろう。

さっそく本論の基調を定めておこう、ここで問題にする復活は、死から逃げ去るのではない、また死から脱出するのでもない、また死を弁証法化するのでもない。反対に復活は、死ぬことの極限であり真理である。復活は死のなかに赴くが、それは死を横断するためではなく、死のなかへと、決定的な形で、沈み込むため、死そのものを復活させるためである。死を復活させるというのは、死者たちを復活させることとはまったく別だ。死者たちを復活させるというのは、死者を生へと戻すこと、死が生を消し去ったところにおいて生を再び出現させることである。それは奇跡的な、驚異的な操作であり、自然の法則を超自然的な力で置き換えることだ。死を復活させるというのは、まったく別の操作《オペレーション》=作品化である、ただしそれが操作であるとしてであるが。この概念と隔たっているわけではないが、いずれにせよ、それはまちがいなく、ある営為=作品〔業 œuvre〕である、あるいは、営為=作品という問題、その本質的な無為=脱作品化〔désœuvrement〕のうちにある営為=作品という問題である。もしも、営為=作品によって、「言葉は死の内密性に声を与えることができる」[1]のであれば、死の復活ということを起点にして初めて、われわれは、実際、無為=脱作品化それ自体を理解することができる。

さて、「死の復活」がブランショにおいて明確に定式化されるのは稀ではあるが、それは決定的な形を与えられている。おそらく、彼はこうした定式化を一度しか行っていないとさえ思われるが、だがそれは極めて決定的な仕方、衝撃的な仕方で行われているために、この一度だけの出現で彼には十分と判断されたのかもしれない――同時にそれは、余りに大胆であるので、何度も繰り返すと危険なものとなると判断されたのであろう。というのは、いうまでもなく、この定式は危険を孕み、あらゆる両義的な問題を開く恐れがあるからだ。ブランショはそのことを弁えている、彼は注意してその危険を事前に知らせておく、とはいえ彼は、その危険の一部分を慎

* 二〇〇四年一月にクリストフ・ビダン主催のもと、ジョルジュ・ポンピドゥーセンターで開催された、モーリス・ブランショを記念する一連の講演の冒頭で発表された。

1 Maurice Blanchot, *L'Espace littéraire*, Paris, Gallimard, 1955, p.193.〔ブランショ、『文学空間』、現代思潮新社、一九九六年〕

重かつ、微妙なところまで、と言えようか、計算した上で、引き受けてもいる。この部分こそ、少なくとも一部において、復活についての思考の一神教的な根、またより正確には、キリスト教的な根に相当するものを保存している部分である。

まず始めに、キリスト教的な由来について少し足を留めておこう、より詳細なことについては後で論じることもあろう。というのも、ブランショはキリスト教的な由来については沈黙を守った可能性があり、さらには、その由来を完全に消し去り、「復活」の代わりに、これこれの別の用語を据えた可能性があるからだ。別の用語で考えられるとすれば、たとえば、「無為＝脱作品化」――「成就なき営為＝作品」――、あるいは「狂気」、あるいは「不眠」、「反転」、「転倒」[2]、あるいはさらに「再認＝感謝〔reconnaissance〕」などが挙げられよう、最後の用語については、クリストフ・ビダンの努力のおかげでその運動と「法外さ」が浮き彫りになった[3]。ある程度まで、こうした置き換えは考えられる、またそれによって宗教に預け入れた抵当はすべて解除された。しかしながら、簡単に分かるように、復活が明らかに死からの解放と脱出を指し示すものとした場合の、そうした死に対する直接的で明白な結びつきが消え失せたように思われる。したがって、エクリチュールにとって本質的なものとみなされた死との関係において――またそれに劣らず、死ぬこと、あるいは人間の死すべき運命にとって本質的なものとみなされた、エクリチュールとの（言葉《パロール》との、叫びとの、詩《ポエム》との）関係において――、論理的な操作子として機能する役目を負った用語なしでは済まないかのように、すべてが進行してきたものと思われる。とはいっても、それだけではまったく十分ではない。以上の理由から、神学的なモチーフを仮説として引き受ける形でのみ機能しうるものを正確に計算に入れる必要がある。

検証の範囲を拡大して、ブランショのテクストにおける神学的与件、あるいはあえて言うなら、神の形態論に関わる与件の総体を調べる必要があるかもしれない。それはまた別の作業となろう。復活に関して、ここでは以下の指摘に留めておく、つまり、この与件は復活というモチーフの周辺において、極めて独異な形で、明確に表現されている。この与件が明確に表現されるのは、復活の名祖《なおや》とも言うべき人物への明らかな言及として聖書が参照される場合である、すなわち、ヨハネ福音書のラザロだ。実際、「復活した死者」という表現が最初に、またほとんど一度だけ登場する場面において同時に、ラザロはまず姿を現す。それは早い時期に彼の著作に現われる、というのも、一九四一年、『謎の男トマ』の初版[4]でのことであるからだ。このテクストは第二版にも保存されることになるが、その代わり第二版では、ラザロの名が現われる言表の前後に当たる二つの文が変更されている。そこには、次の文に対して著者が払う注意が窺える、ちなみにこの文の主語はトマである、「彼は歩みつづけていた、唯一の真なるラザロ、その死さえもが復活させられた者」。

直ちにはっきりと言い添えておかなければならないが、六行前の箇所で、テクストにはこうした言葉がある、「[……]復活者としてではなく死者として、死からも生からも同時に引き離されているということに確信を抱きつつ、みずからの墓所の狭い扉のところに姿を現わした」。この最後の文は、初版の言い回しを削除しながら、少々変形を加えている、「生からも死からも」という初版での言葉の順序は転倒されているのだ。削除について言えば、それは挿入節を用いた多様な表現を変更することにある、「[……]突如として、最も容赦のない雷の一

2　さらなる正確さは割愛して、取り急ぎこの五つの用語の出典だけを挙げておく、すべて *L'Espace littéraire* からのものである、〔フランス語テクストの〕九九、二二七、二四四、三六七、五〇頁。

3　*Reconnaissance – Anthelme, Blanchot, Deleuze*, Paris, Calmann-Lévy, 2003 を参照のこと。

4　この初版は入手困難であるが、僥倖にもクリストフ・ビダンのおかげで入手できた (Paris, Gallimard, 1941)。この一節は四九頁に載っている、第二版では四二頁にある (Paris, Gallimard, 1950)〔邦訳は「謎の男トマ」、『ブランショ小説集』、書肆心水、二〇〇五年〕。

撃によって、引き離されているという感情を抱きつつ〔……〕」。この微妙な論理に関わる正確な表現は示唆的である、すなわち、墓所の扉があいかわらず、ラザロの名と、福音書のエピソードを同じように想起させるとしても、反対に、トマの意識は「感情」から「確信」へと移行している、またこの確信からは、「雷で打つような」派手な形容詞はいっさい取り除かれている。一種のショック状態から、ある確信の肯定へと移行したのだ――この確信は、一般的な言い方をすれば、デカルトのエゴ・スム〔我在リ〕の体制とけっしてそれほど隔たってはいない。震撼させるような印象から、トマは一種の死せるコギト〔我思ウ〕、死のなかにおける、また死についての、死せるコギトへと移行している。彼は自分が、生からと同程度に死からも「引き離されて」いることを知っている(だからこそ言葉の順序の変更は重大なのだ)。死せるものでありながら、彼はそれでもやはり「死」というもののなかに沈み込んではいない、彼は死そのものからの引き離しの主体、死せる主体となる。だからこそまた、彼は復活させられてはいない、いいかえれば、彼は死を横断した後で生を回復しているのではない、そうではなく、彼は死せるままでありながら、死のなかへと進み入る(「彼は歩みつづけていた」)、そして、この「唯一の真のラザロ」のうちで復活させられることになるのは、死それ自身なのである。

死が主体である。主体は自分自身の主体ではない、あるいはもはやそうではない。復活の賭金＝争点はここにある。主体化でも対象化でもない。「復活させられた者」でもなく死体でもない――そうではなく「復活させられた死」、あたかも死体の上に横たわっているかのようであり、またそのようにして、死体を止揚する〔再び立てる relever〕ことはないが、死体を立ち上がらせるものである。他の何ものでもない。*Wo ich war, soll es auferstehen*〔私＝自我が存在したところに、ソレは復活しなければならない……*Wo Es war, soll ich werden*（エスが存在したところに、私＝自我は生じなければならない、フロイト）〕。

もうひとりのラザロである福音書のラザロは、それゆえ真のラザロではない。彼は奇跡物語の登場人物であり、生への回帰という最もありえない回帰によって死を侵犯する人物だ。真理はこうした回帰のなかにはない。真理は、死と、死のうちにあるひとつの生とが混淆することにある、死のうちにあるひとつの生は、生へと回帰することはなく、死が死として生きるようにする。あるいはさらに、真のラザロは、みずからの生きることを死ぬのと同じように、みずからの死ぬことを生きる。まさにこのようにラザロは「歩む」。テクストはまだ続くが、そこで章は閉じられる（またも変更が施され、初版に対して削除が加えられている、初版では、この章の終わりはまだまだ先のことである）、「夜の最後の影の上を踏みこえながら、その栄光をなんら失うことなく、雑草と土に覆われつつ彼は前進する。星々の落下の下、均質なむらのない足どり〔歩み、否 pas〕、屍衣に包まれていないひとたちにとっては、生のもっとも貴重な地点への上昇を示すあの同一の足どりであゆみながら」。災厄〔*désastre*……悪い星回り、星の落下〕の直中、密かに行われる、栄光に満ちたこの前進は、われわれが死へと向かう足どりと同じ足どりで進む。トマは、ラザロのように、屍衣に覆われているが、その一方で、人間たちの歩みは「上昇＝昇天《アサンシオン》」の歩みである。この別のキリスト教用語は、今度は、とりわけ〈復活した者〉の固有の前進を指し示す。このように、福音書からの遠ざかりは、福音書を参照基準としていることを再度指摘することと引き換えにして初めて重要性をもつ。真のラザロは、キリストによって復活させられたラザロと完全に別なわけではない（キリストすなわち、ヨハネのこの同じエピソードにおいて、「私は復活である」と述べる者）。彼のうちには、奇跡に与った者をうかがわせるようなものが残留する。

　だがこれはまさしく奇跡ではない。それはむしろ、トマの物語が奇跡物語に付与する意味である。この意味ないしこの真理は、死を横断することではない、そうではなく、死それ自体から死それ自体へと、物象性から引き離された死として、対象として措定されるものとしての死から引き離された死として、横断すること〔貫通、通過

traversée〕としての死、転移〔超えて運ばれること、激情 transport〕としての、また変形としての死であり、結果として、死は次のような極限――「生のもっとも貴重な地点」――として開示されることになる。すなわち、その極限において、生は接近するなかで方向転換し解き放たれる、だが生が接近していくのは、生の反対物でも、生の彼岸でも、生の昇華でもないものに向けてであり、ただ、また同時に無限に、生の裏面であるもの、生の最も暗い顔による照明であるもの、そうしたものに向けてである、つまり、トマの顔、暗闇という光を受け取る顔、またそれゆえ、おそらく可能な意味作用から発せられるどのように些細な光であれ断念することを知っている顔だ。

さらにこのことを正確に言う必要があろうか？『謎の男トマ』が提示するのは、あるひとつの復活の物語に他ならない、あるいはさらに復活そのものの物語であると。というのは、トマ自身が、キリストを真似る形で、復活であるからだ。キリストについての別の言葉は、アンヌの死に関して喚起されている[5]、その一方で、アンヌは復活させられた女性、死せる女性であり、その「慰めなき身体」[6]は同時に、「彼女自身の虚無〔非存在者 néant〕の証しをかたちづくるいっさいの現実性といっさいの生存〔実存〕を、死に与えていた」[7]現前性である。このように彼女を徹夜で見守るトマの独話が続く、「影のなかで、触知できないものとなることもなく、また溶解されたものとなることもなく、彼女はさまざまな感覚にたいして〔aux sens〕自分というものをしだいに強く押しだすようになっていった」[8]。ところで、身体＝死体の強烈な感覚的現前を肯定するかのように読めるこの最後の文は、また話者の明白な指摘に則して読まねばならない、つまり、話者の明言するところでは、「まるで自分の思考が幸運にも他人に理解＝聴取されたかのように」[9]トマは話しており、また、それゆえに、この口頭での発話に則してみれば、「さまざまな感覚〔意味 aux sens……単数の感覚＝意味 au sens でも発音は同じ（オ・サンス）〕」の複数性――ここではそもそも少々場違いな表現だが――は聞き取ることはできない、そして聴取＝理解されるために、故意に単数形へと省略的に表記される、とはいえ、その概念が決定的に押し付けられるわけではないのだが。

いずれにせよ、ブランショはわれわれにこう確証しているようだ、復活は意味＝感覚〔sens〕の彼方への接近を指し示す、歩み自身の均質さの反復以外のいかなる場所にも導かない歩み〔否pas〕によってこの彼方へと歩み入ることを指し示すのだと。われわれも知っていることだが、エクリチュールとは、まさしくこの歩み＝否の痕跡ないしマークである。けれどもエクリチュールがそうであるのは、「厳密に言えば、何もいまだ意味をもたないような空間、しかしながらそこに向けて、意味をもつすべてのものが、あたかもみずからの起源に向かうかのように遡行していく空間、そうした空間へと」[10]エクリチュールが開かれる限りにおいてである。ここでは、一九五〇年のこのテクストが後にブランショが語ることになる言語とは少々異なる言語を話しているといった状況には目を塞いでおこう。このズレは確かにどうでもよいものではない、またブランショもそのことを指摘している[11]。しかし、だからといって、ひとつの思考が、必然的な変奏を経ながらも驚くほどに繰り返され、際立った執拗さを発揮していることに変わりはない、むしろその反対だ。したがって、それでもやはり、復活の空間、復

5　第二版、一〇〇頁を参照のこと。
6　同書、同頁。
7　同書、一〇一頁。
8　同書、同頁。
9　同書、九九頁。
10　« Lire »〔「読むこと」〕, dans *L'Espace littéraire*, 前出、二五八頁。
11　たとえば、*L'Ecriture du désastre*〔『災厄のエクリチュール』〕、九七頁を参照のこと。だが同書には、「復活」についてのいわゆる思考の証拠になるものがひとつ以上見つかる。たとえば、二一四頁、『城』のK.が「余りにも疲れていて死ぬことができない、つまり、彼の死の到来が際限のない非到来になってしまうほどに疲れすぎている」と述べられる場合、この「非到来」は「復活」である。それでもやはり、一九五〇年と一九八〇年のあいだに、キリスト的な語彙とキリスト教への参照について部分的な抹消が起きている。トマに関してクリ

活を定義し可能にする空間は、意味に先行しかつ意味に後続する空間、意味の外部の空間なのである――もっとも、ここでは、お認めいただきたいが、先行性や後続性は時系列的な価値とはまったく無縁である、それは、瞬間的であるとともに際限のないものであるような時間‐の‐外部を指し示す、また控除されていることをその本質的な価値とする永遠性を指し示す。(『文学空間』の時期以降のブランショにおける用語の転位についてのこうした注記は、別の問いかけへと開かれなければならないだろう、すなわち、ある程度まで、ブランショはおそらくこのようにして、神話的な表現様式を宙吊りにしたり中断させたりする作業に着手した。しかしながら、中断の彼岸において、いったい何が、おそらく、多分そうであると言ってもいいだろうが、執拗に留まっているのか、執拗に留まるしかないのか？この執拗な残留はブランショにおいては「〈神〉」の名のそれである、これについては別のところで再論する必要があろう。)[12]

意味から引き離された生、そして、生の死ぬということ〔le mourir de la vie〕が、この生のエクリチュールをなす――このエクリチュールはただ書き手だけのものではなく、読み手のものでもある、またさらに遠くまで波及する、つまり書くことも読むこともない者のエクリチュールである、字が読めなくとも、あるいはまったく学問に触れたことがなくとも関係ない、つまるところ、エクリチュールとは「あらゆる書物のうちにおいて一冊の書物が死ぬということ」[13]によって定義される、この定義にはまた以下の定義が応答する、「書くこと、無定形なもののなかに不在の意味を「形成すること」」――、こうした生は、意味から引き退いた生であり、生として復活する生ではなく、死を復活させる生である。つまり、この生は、死を、臨在＝到来することから、出来事として到来することから、引き離す、死すべき運命に由来する死亡から、不死性の有する死ぬということを引き離す、この死ぬということによって、絶えず、私は意味のこの退引を、またそれゆえに真理そのものを知る。私はこの退引を知る、私はこの退引を共有する、いいかえれば、私は私の死を、私の最終期限を、あらゆる固有性から、あらゆる固有の現前性から、引き退かせる。他でもない、このようにして私自身から、私は解き放たれる、そして私は「死という事実を変形させる」。[14] 二重のやり方においてだ、まず、もはや死は「私」に課される切断というものとして私には起きない、死は共同＝共有にして匿名の運命となる、死はそうしたものでしかありえない、次に、その系として、復活させられた死は、私を私自身から、また意味から不在化することで、私を真理へと露呈＝遺棄するだけでなく、ついには、私を、真理である私自身として――現働態にある真なるものの闇のように暗い栄光＝輝きである私自身として――露呈＝遺棄する。

ブランショの生について言えば、その私的側面における退引のおかげで、まったく別の生が肯定され、露呈されたことになろう、また公然と不在が宣言されたことで、人物や作品のうちに対象化され同一化されるような存

ストフ・ビダンが指摘しているように、第二版を過ぎたところでは、「そのキリスト的な名は、今や、無神論的で、寛大さを示す人物たちの前で消え去っていく。これらの人物は最後の人間あるいは友と呼ばれることになる（*Maurice Blanchot partenaire invisible*, Seyssel, Champ Vallon, 1998, p.290）。吟味すべき争点が残っている、「抹消」そのものについて、抹消の様態、その可能性についての争点、また、ひとつの固有名からひとつの普通名への歩み＝否［pas］において到来する事柄に関する争点、そして一般的には、「無神論的な」こうした置き換えの内実に関する争点である。というのも、こうした置き換えはそれでもやはり、異論の余地のない連続性を、厳密には死ぬことについての思考の連続性を保証すると思われる。

12　本書所収の「ブランショにおける神の名」を参照のこと。ブランショにおける神話の問いに関しては、以下において切り開かれた議論を繰り返すことが可能だろう、Daniela Hurezanu, *Maurice Blanchot et la fin du mythe*, Nouvelle-Orléans, Presses Universitaires du Nouveau Monde, 2003.

13　*L'Ecriture du désastre*, 前出、一九一頁。その後の引用は、七一頁。

14　*L'Espace littéraire*, 前出、一八九頁。

在〔実存〕の死からは引き退いた生の現前性、これ以上ないほどの執拗さを伴った公的な現前性が開始されたことになるだろう、非常に捉え難いのだが、ブランショの生は、隠されているのではなく、反対に、最も公開＝公表されたもののひとつであるが、この生は、常に作品において作動している彼の死がまさしく公開＝公表されるということによって、彼の存命中において、復活させられたひとつの生なのである。おそらく、こうした態度のなかには幾らかの両義性があるだろう。だが彼の一貫性や確固とした姿勢は人にさまざまなことを思考させずにはおかない。少なくとも、終始、ブランショは蘇えりや奇跡のほうに導かれたことはないし、彼は自分の生を、最初から死せるものとして、またそのようにして、復活へと反転したものとして理解＝包含する術《コンプランドル》をもっていた（ここで、「理解＝包含する」という言い方ができるとして、だが少なくとも、「つかむ《プランドル》」とは言えるだろう）。

蘇えりも奇跡もないこと、それは『文学空間』のなかの「ラザロよ出で来たれ〔*Lazare, veni foras*〕」と題されたテクストで明言されていることだ。その箇所でブランショは、「隠されていて、おそらく根本的に不在であり、いずれにせよ隠蔽されており、書物の明白さによって遮られている」[15]作品へと接近する行為として読むことを記述しようとする。彼は読むことがもたらす「解放的な決断」を、福音書の「ラザロよ出で来たれ」[16]と同一視する。実際、この同一視は重大な転位へと開かれる、この転位の結果、重要なのはもはや死者を墓から抜け出させることではなく、墓所の石そのものを「不透明さ」をもった「現前性それ自体」として識別することであり、またこの「不透明さ」を待ち望まれた透明さの真理として再認し肯定すること――溶解することではなく――、真の「明るさ」としての「暗さ」（再び、トマの暗さ）を再認し肯定することである。さて、読むという作業《オペレーション》は、開示＝啓示することである限りにおいて、いわば「奇跡」とみなされるかもしれないとしても（ブランショはこの語を括弧に入れているが、それは普通の表現方法――「読書の奇跡」――と同時にラザロに対するキリストの御業＝操作《オペレーション》を強調するためである）、われわれがまた「あらゆる奇蹟術《トマテュルジー》の意味についておそらく解明を与えられる」のは、墓石の不透明さに身を委ねつつ、読書の開示＝啓示《レベラシオン》を理解する場合に限られる。ブランショは付け足すようなやり方でこの指摘を行っている、あるいは滑り込ませている。しかしながら、この指摘によって、他でもない、奇跡が意味することが明るみに出る。「奇蹟術《トマテュルジー》」、この用語は幾らかの隔たりを作り出し、福音書に述べられた奇跡を魔術的ないし超自然的な驚異の場面のほうへと追い払う（この最後の〔超自然的な驚異という〕語は数行先に登場するが、これも少々貶価的な使用法である）。そうではあるが、もしものために、それがトマという名の語尾を変化させたものでもあることに注意しておこう。トマという名は、その名を冠せられた書物において、名であるよりはむしろ語として時には扱われているのだが、おそらくは、福音書、あるいは奇跡譚〔魔法の文学〕のどの「奇跡＝驚異《メルヴェーユ》」よりも、目立たないがゆえに、さらに驚異的な「驚異《メルヴェーユ》」のほうへと合図を送り続けている。いずれにせよ、そこから帰結するのは、「あらゆる」奇跡の「意味」は読書〔読むこと〕の意味によって与えられるということだ、いいかえれば、所与の自然に立ち向かうようないかなる操作によるのでもなくて、「不可視のパートナーとのダンス」[17]によって与えられるのだ、そして、こうしたダンスが、結局は、「軽快な」、学問的ではない読書、換言すれば、正確に表現されているように、「敬神〔信仰心 dévotion〕に満ちた、なかば宗教的な」[18]読書ではない読書を特徴づける、唯一こうした読書だけが書物を「崇拝」の対象へと固定することなく、「不敬」でさえありうるのだが、そうであること

15　*L'Espace littéraire* 前出、二五七頁。以下のすべての引用はこの頁と次の頁からのもの。

16　ブランショが、ギリシア語やフランス語よりもむしろウルガタ聖書のラテン語を引用していることで分かるように、その時期また同時にそのときの彼の人格はカトリック的な習慣に感化されていた。ブランショにおける他のさまざまな書物のくだりも同じ方向性を示しているだろう、こうしたことについて、いつか正確な検証を行なうべきであろう。

17　同書、二六一頁。

18　同書、二六〇頁、それに続く引用も同じ。

で、作品の退引へと開かれる。奇跡の意味とは、共通の意味〔常識〕を超過ないし逸脱させるいかなる意味にも場を与えないこと、ただダンスの歩み＝否〔pas〕のなかでの意味の宙吊りにだけ場を与えることである。

こうしたイマージュ自体、われわれを戸惑わせるであろう。そこには何か余りにも直接的に誘惑へと駆り立てるものがある、その結果として、余りにも安易なものとなりかねない。とはいえ、このイマージュはそれでもやはり、可能な限り、軽快さと荘重さとのあいだの関係を——この関係を巡ってブランショはこのイマージュを素描するのだが——指し示している。実際、彼はこう締め括っている、「〔……〕軽快さがわれわれに与えられるところでは、荘重さもまた欠如してはいない」[19]と。欠如しているわけではないが、目立たないままに留まっているこの荘重さは、もの＝物象や存在や実体へと思考を固定させる鈍重な荘重さとは対立する。したがって、また、死を実体となすような思考への固定、死を軽減し、奇蹟術によって生への鈍重な回帰を図ることで死からの治癒を構想する思考とは対立する。ダンスをするような荘重さは墓の前でアントルシャ〔跳び上がり両脚を交叉させること〕を踊るのではない、それは墓石を軽快なものとして経験する、それは、鈍重な墓石のなかに、意味の無限な軽量化を置き入れる、あるいは感じ取る。まさにこのようにして死者の復活に対して、復活させられた死が対立する。

それゆえ、また別のテクストで言われているように、すべては「まるで、この死が、ただわれわれだけのなかで、純粋化され、内部化されうるかのようだ、そして死が死それ自身の現実性に、変身というあの潜勢的な力を、死がその源泉の深みであるあの不可視性という力を、適用しうるかのようだ」[20]。ただわれわれだけのなかで、すなわち、コンテクストから正確に言えるのは、ここでは人間としてのわれわれだけが問題なのではなく、死せるものとしてのわれわれが問題であるということだ。「ただわれわれだけ」、それはまた、われわれの孤独のなかにあるわれわれであり、死者たち、死すべきものたちへの悲嘆の思いに暮れているわれわれである、少し先の箇所では、「すべての存在中もっともはかないものであるわれわれ」[21]と言われている。このリルケを論じたテクストでは、死の復活という軽快な荘重さが託され〔打ち明けられ confiée〕ているのは、詩に対して、歌に対してである。「言葉《パロール》が死の内奥に声を与える」[22]と書かれている。それは「砕け散る瞬間に」、言葉が死ぬ瞬間に起きる。白鳥の歌はブランショのテクストの通奏低音を常に形作ったことになるだろう。それは二つのことを意味する、その結びつきこそが、復活という難解で、奇異で、執拗なまでに捉え難い思考を構成する。

一方で、この歌が歌うのは、あるいはこの歩みがダンスをするのは、ひとえに砕け散る瞬間だけであり、それが砕け散る限りにおいてである、そして、この歌がその音程を保ち、この歩みがその歩みをダンスとなそうとする配慮は、ただ歌自身の、歩み自身の死ぬということに託すしかない。したがって、エクリチュールのあいだはずっとそうでなければならない、どの地点においても、エクリチュールについて外部刻印される〔excrit〕ものが内部刻印＝記載され〔inscrive〕なければならない。つまり、話すことの停止＝中断、これ以外には、言うべきことは何もない、いかなる言い難いものもない、真理についての何か別の言葉への回帰もまったくない。しかし、この外部刻印には少しの休息もない、そしてポエジー――アルイハ哲学〔*sive philosophia*〕――は、このようにしてポエジーが死ぬ地点に至るまでは、ひとえに空しい言葉である。この地点において、ダンスあるいは歌はどのような

19　*L'Espace littéraire*, 前出、二六一頁。
20　同書、一九三頁。
21　同書、同頁。
22　同書、同頁。

アラベスクも続行しない、ある意味では、姿を現わす＝形象を演じる〔figurent〕ことをもはやしない。ダンスや歌の唯一の輪郭は、語りかけ＝送り渡し〔宛先 adresse〕のそれである、そして、この語りかけ＝送り渡し《アドレス》は、到達することが問題外であるようなソレ、彼女あるいは彼へと、差し出され託された〔打ち明けられた〕ものである。ブランショの別のテクストについてフィリップ・ラクー＝ラバルトが書いているように、「〔……〕一種の内密の打ち明け話〔共に信じること confidence〕、あるいは——それは同じものだ——告白〔信仰告白、共に話すこと confession〕。このテクストはごく端的に託され＝打ち明けられている、それはあるひとつの信〔信仰 foi〕および忠実さへと呼びかけを行う」。[23] 別の箇所で、またこの「信」を論じ直す必要があるだろう、というのも、「復活」が、あるいはその名がどうであれポエジーが、あるいはあらゆる名の高低をなくす作業が始動させるものすべてが、明らかに、この「信」を想定しているからだ。さしあたり、簡単にこう言っておこう、つまり、事実、〔不定詞の〕死ぬということは、実際には死なるものが決定的に〔呼びかけ＝控訴を認めずに sans appel〕隠してしまうもの、埋葬してしまうものを託し＝打ち明けるのだと。死ぬということ、それは呼びかけ＝控訴《アペル》である。

他方で、復活は、奇跡《ミラクル》に関する語彙から、便利なイメージないし挑発的なイメージとして借用されているだけではない。復活はまた、〈聖書＝神聖なエクリチュール〉の再エクリチュール化〔書き直し、書き換え〕として提示されている。つまり、宗教的な驚異《メルヴェーユ》＝奇跡を免れた神聖さである、そして、もはや「〔単数定冠詞付きの〕死そのもの」——非現実的なものの現実性——と呼ぶことが相応しくないもの、「同意＝共感〔共に感受すること consentement〕」——死ぬということが現実そのものへと照応することである現実性——と呼ぶのが相応しいものへの接近を、宗教的な驚異＝奇跡から掠め取る神聖さ＝聖潔、信じ易さも敬虔な信仰心も伴わない接近を掠め取る神聖さ＝聖潔である。[24] この〔同意＝共感という〕語は、今言及したブランショのテクストや別のテクストにおいて幾度も立ち現われる。それは後になると、おそらく、「受動性の耐忍〔patience de la passivité〕」[25]と呼ばれるものだろう。

この耐忍によって、「不可能なものに応答すること、および不可能なものに責任をもつこと」[26]が許されるが、まさしくこの耐忍である同意＝共感は何かに従属することではないし、みずからを諦めることもない。同意＝共感は、ある意味＝感覚〔sens〕を、ないし、ある感じること＝感受すること〔sentir〕を調え与える〔調律する accorde〕。同意＝共感はまさしく意味〔感覚〕と調和する、また、感じ取りえないものおよび不在である意味を感受するということと調和する〔同意はそれらとともに調え与えられる s'accorde avec〕。それは本質を欠いてあること、またそのようにして死ぬということ、こうしたことの経験＝試練に他ならない、無限に単純な経験であり、またそのことにより無際限に更新される経験、無際限にわれわれのうちに刻印＝記載され直される経験である。復活、あるいはギリシア語で言うなら、アナスタシス〔立ち上がらせること〕は、死ぬということを、墓の厚くて重い石のように、石碑《ステール》＝墓石――そこには、時効によって消滅することのない、内部刻印しえない、常に外部刻印されたある同一性の名が、終にはそこで消え去るようなやり方で、内部刻印される――のように、立ち上がらせる。空虚を迎えるように建てられた石碑＝墓石、彼岸も慰めも伴わないこの石碑＝墓石は、その量塊のすべてをもって、悲嘆〔単独化 désolation〕を強化する、そして悲嘆は既に悲嘆それ自身から、哀悼から遥か遠くに連れ去られる。ごく僅かの、控え目な、だが執拗に留まる軽快さ、これが、感じ取りえないものへのこの同意＝共感のもつ同意＝共感することを形作る。この軽快さが同意＝共感することを形作る、あるいは同意＝共感することを書く、という

23　« Agonie terminée, agonie interminable »〔「完了した死期の苦しみ、際限なき死期の苦しみ」〕, dans Christophe Bident et Pierre Vilar (dir.), *Maurice Blanchot – Récits critiques*, Paris, Farrago Léo Scheer, 2003, p. 448.

24　同書を参照のこと。

25　*L'Ecriture du désastre*, 前出、三五頁参照のこと。

26　同書、三七頁。

のも、書くことは、世界とは異質な何らかの一貫性への信仰〔信頼 croyance〕をいっさい拒絶することの名であるからだ、他の名のように――「ポエジー」や「神聖さ＝聖潔」と同程度に――一貫性をもたない名、だが避けることのできない名。復活への同意＝共感は、何よりまず、信仰の拒絶への同意＝共感である、信〔foi〕がこの同じ信仰を拒絶し排除するのとまったく同じように。けれども、現実には、けっして信仰は信じうるものではない、そして、常にわれわれのうちにあって、暗く謎めいたある何かが、ないしある誰かが、われわれに代わって、そのことを知ってしまっている。常に、絶対的に信じえないものについてのこの予感は、あらゆる信じ易さに決定的に立ち向かい、また、絶対的なやり方で、自己を託し預け＝打ち明けながら、われわれに対して同意＝共感という道、出口のない道を準備したのだ。

もしも同意＝共感ないし復活――いわば生ける死のようなものとして死を死のなかに立ち上がらせる隆起――が、エクリチュールのなか、あるいは文学のなかで起きるとすれば、それは文学が意味の停止＝中断ないし消失を課されて耐え忍ぶ〔supporte〕ということである。ここでの「文学」とは、「文学的ジャンル」のことではなく、あらゆる種類の言うこと、叫び、祈り、笑い、あるいは嗚咽のことであって、それが――音程を維持する、あるいは調律された状態を維持するのと同じように――意味〔感覚〕のこの無限の中断を維持する。ご了解いただけるように、この維持された姿勢は、美学というよりもむしろ倫理に属する――とはいえ、結局、それはこうしたカテゴリーを機能不全に陥れ、解体する。さらに別の言い方もできよう、つまり、これらのカテゴリーが哲学に属している限り、こうしたカテゴリーがわれわれにはっきりと示していることは、哲学的な存在‐神論は、死体の防腐処理ないし霊魂の転生、あるいは霊魂の小旅行を実践しているということだ――けっして復活を実践しているのではない。形而上学的な実践が指し示すのは常に、前方にあるもの、再生という未来であり、可能なもの、および潜勢態についてのある様式である、それに対して、文学が書くものは、われわれに常に既に起こってしまった事柄の現在に他ならない、いいかえれば、それは、不可能なるもののことであって、そのなかでわれわれの存在は消滅することをその本質とするのだ。

慰め、悲嘆*

亡くなった友らに向けてジャック・デリダが読み上げた語りかけの言葉を収めた、『そのたびごとにただ一つ、世界の終焉〔*Chaque fois unique, la fin du monde*〕』[1]と題された書物の前書きにおいて、デリダは以下のことをとりわけ強調する、すなわち、「アデュー〔永遠の別れ、神のもとで〕」が〔別れの〕挨拶を送る〔賞賛する、迎え入れる saluer〕のは、他でもない「起こりうるかもしれない非‐回帰が必然的なものであること、そしてあらゆる復活の終焉としての世界の終焉」に対してであるのだと。「アデュー」とは、別の言葉で言えば、神のもとで再会する約束を意味するのではけっしてないはずだ、それはまったく逆に、決定的な訣別であり、死せるものである他者が、その消滅に容赦なく委ね渡されることであるとともに、生き残った者が、何らかの残余の生〔生き延びること、死後の生、生の彼方 survie〕への期待を厳格なまでに完全に剥奪されている状態へと委ね渡されることでもある。survie が他者の死後の生〔来世〕なのであれ、また究極的には、生き残りの者自身――他者に挨拶を送る＝別れを言う私、また別の回には、ある他者から別れの挨拶を送られることになる私――の残余の生〔生き延びること〕なのであれ、そうなのだ。

この必然性は次の必然性と結びつく、それによれば、それぞれの死者のうちに、世界そのものの終焉を認めなければならないのであって、単にあるひとつの世界の終焉ではないのだ。つまり、可能なる諸世界の連鎖のなかの一時的な中断ではなく、「唯一にして比類のない世界」——これが「それぞれの生ける者を唯一にして比類のない生ける者にする」——が、留保なくまた代償もなく、無化されるということを認めなければならない。他者は振り向かない、けっして回帰しないという冷酷なまでの確実性のなかで、決定的に＝回帰なく〔sans retour〕「アデュー」を言わなければならない。

「その名に値する」挨拶《サリュ》〔出会いと別れの挨拶、救い salut〕はあらゆる救済作業を忌避する。挨拶は、救い《サリュ》＝挨拶が絶対的に不在であることを賞讃する＝そのことに挨拶を送る、あるいは、デリダが『触覚、ジャン＝リュック・ナンシーに触れる〔*Le Toucher, Jean-Luc Nancy*〕』[2]のなかで既に書いていたように、挨拶は「あらかじめ救い＝挨拶を断念する」。救いと訣別するこの挨拶をその時、彼が私に差し向け＝送り渡したのと同じように、彼はこの「アデューの書物」という警告を私に向けて改めて差し向ける。実際、彼はこう明言する、「復活」は拒絶すべきである、ただ単に「生に復帰した身体を立ち上がらせ、歩かせるという普通の意味」だけではなく、「ジャン＝リュック・ナンシーが語っているアナスタシス〔立ち上がらせること、蘇生、復活、再建〕という意味においてでさえも」[3]そうなのだ。実際、後者のアナスタシスは、「たとえ何らかの残酷性が見せる厳格さを伴ってであれ、慰めをもたらし続けている。アナスタシスは公準として、何らかの神の存在を要請し、またあるひとつの世界の終焉は世界そのものの終焉ではない、ということを要請する」。

＊ *Le Magazine littéraire, n° 430*, spécial « Jacques Derrida », Paris, avril 2004. に掲載〔『現代思想』二〇〇四年一二月号に吉田晴海による邦訳が収録されている〕。

1 Paris, Galilée, 2003.〔デリダ、『そのたびごとにただ一つ、世界の終焉』I・II、岩波書店、二〇〇六年〕

2 Paris, Galilée, 2000.〔デリダ、『触覚、ジャン＝リュック・ナンシーに触れる』、青土社、二〇〇六年〕。

3 J.-L. Nancy, *Noli me tangere*, Paris, Bayard, 2003.〔ナンシー、『私に触れるな』、未来社、二〇〇六年〕が参照されている。

1

今度はここで私から彼のこの挨拶に挨拶を送ってみたい、だがそれは彼の挨拶が携える拒絶を拒絶するためではない、この拒絶を別のやり方で解明したいからだ。というのも、この問題に関して、どのようなものであれ何らかの光をもたらすことが可能である限り、また反対に、明日も目覚めも来ない眠りや夜に属さないすべてのものに対して、永久かつ頑なに目をつぶり閉ざしたまま、この拒絶に固執する必要性もないと思われる限りはそうしてみたい。したがって、目は、夜へと、夜のなかで、しかも目それ自体が夜のようなものとして、開かれている。目は世界の終焉を見る、だがそれは目の前に表象されるものとして見るのではなく、目のうちにおいて視覚＝視像《ビジョン》の崩壊を引き起こすものとして見る、そして夜そのものが／に触れるということ〔le toucher de la nuit〕を見るのだ。目に敵対＝接触している夜、あたかも他の目が、その目のうちに、あらゆる視覚の可能性、志向性や方向、方向定位の可能性、また決定的なアデューの外へと助けを求める可能性をすべて停止＝決定し、溺れさせてしまうかのように。

私の挨拶《サリュ》が挨拶という名に値するものであるためには、救済作業なしに挨拶を送る必要がある、私の挨拶はまさしく挨拶する《サリュエ》〔賞賛する、別れを言う、迎え入れる〕ことでなければならない。「サリュ」という語は、無傷で＝健やかで－あること〔l'être-sauf〕を願っての、語りかけ、誘いあるいは厳命である。Sauf（*salvus*〔無傷の、無事の、健康な〕）とは、完全で、無傷で、手つかずのままであることだ。したがって、無傷なものとは、それを損なった傷ないし汚れから免れて、救われているものではない。そうではなく、無傷であるものとは、いかなる手も届かなかった、手つかずのままであるもの（あるいは男性である者、あるいは女性である者）である。けっして手が届かなかったものなのだ。たとえば死者は、よく言われるように、死者がそうであった唯一にして比類のない世界を、みずからとともに、持ち去ってしまう。そのようにして、死者は世界全体をもち去る、というのも、あるひとつの世界が世界であるのは、ひとえにそれが比類のない、単独のものであり、完全に手つかずであるからだ。*solus*〔単独の、唯一の、孤独な〕、*salvus*。単独なるものについてのみ救いが存在する、それともあるいは、単独なるものこそ卓越して悲嘆に暮れたもの〔単独＝孤独へと打ち捨てられたもの *désolé*〕である。荒廃に委ねられ、見捨てられ、完全な孤独化へと取り残された（*désolari*）ものである。

「慰め〔consolation〕」という語と「悲嘆〔désolation〕」という語とは、語末の母音の一致以外に何も関係はない（*solor*、「力づける」は *solus* とは無関係である）。慰めることが苦痛を和らげ、可能なものを復興し、死んだ者たちの現前性と存在を再び見出すことを意味するなら、悲嘆については慰めもまた存在しえない。反対にすべては、悲嘆を強化するという意味で、悲嘆の苛酷さを御しがたいもの、毀損しえないものとするという意味で、「慰める」のでなければならない。手つかずのものに触れること、それこそ死がわれわれに贈り与えるものだ。それが意味するのは、死者が、触れえない自身の死という絶対的な孤独化のなかで消え去るということ、またその一方で、死者に別れの挨拶を送る生き残った者はこちらの縁に佇んだままであり、この縁に向かい合うような縁はひとつとしてなく、また接岸すべき岸もひとつもなく、手つかずのものとの可能な（感覚的な、叡智的な、想像的な）接触もいっさいない、ということである。それこそまさに挨拶が挨拶するものである。挨拶は、語りかけ《アドレス》という形式のもとに、触れえないものに触れる、だがその語りかけは、触れえないものに対しその消滅を確証するものであり、また触れえないものに対して、排去されたその不在を改めて与える、そしてその不在において終焉し有限と化した世界をいわば改めて与える。デリダがレヴィナスへの『アデュー』（二五二頁）で言っているように、アデューと言うことは、「その人をその名で呼ぶ《アプレ》〔呼び求める〕こと、その人の名を呼ぶ〔呼び求める〕こと」である。他者の名が今や意味の生成をなさない状態に沈み込んでいる——固有名がそうであり、またその固有名によって、固有名のうちにあって、そのつど、全体としての世界がそうした状態にある——がゆえに、そうした他者の非意味作用的な固有性がもつ触れえない手つかずのものにおいて、まさに挨拶は他者に挨拶を送る。名に対して、また名《ノン》〔nom〕に付着したノン〔否 *non*〕に対して挨拶することで、挨拶は名を単独化し悲嘆に陥らせるとともに、みずからも単独化し悲嘆に陥る。他者のこの孤独化、孤絶化を前にして、私は孤独である、そのつど絶対的に孤独である。他者のこの孤独化、孤絶化を「前にして」、私は、いってみれば、もはや身を保つことはできないし、また同様に私は無能力に陥ることなしにはそれに触れることはできない、というのも、私はこのような意味そのものを奪われており、またその意味のうちにあって、あらゆる意味を奪われているからだ。

いずれにせよ挨拶は挨拶する＝別れを言う、そしてそうしながら——とはいえ、何もなすのではなく、何も生み出すのでもなく、ただ単独化し悲嘆に暮れさせながら——挨拶は、さらにもう一度、ある何かを、より正確にはある誰かを、送り出し＝差し向け、助けとして求め、呼び求め、告げる、あるいは初めて、召喚し、宣言し、公言し出現させる。その点で、挨拶が望むもの、なすと主張するものが何であれ、必ずしも挨拶が慰めをもたらさない、あるいは挨拶はみずからを慰めることはない、ということにはならないだろう。挨拶は悲嘆＝単独化《デソラシオン》を強化する、そしてこの強化は、挨拶を圧し潰し、声も発せられないままにしておくが、それでもやはり、またそうであるがゆえに余計に、挨拶のうちに、ある声——挨拶されることを許さないようなものに向けての、無能力さが発する挨拶の声——の通り道を切り開くような無能力さである。十六人の死者に向けて十六回にわたって転調された、デリダの〈別れの〉挨拶〈他の箇所には、他のさまざまな挨拶がある、「アデュー」と言葉をかけるべき誰かが存在するそのつど——またわれわれは知っている、誰も存在しない時には、どのような恐るべき悲しみが支配しているかを、そして、あらゆる挨拶とともに、挨拶の石碑である墓そのものが拒絶されてしまう時に、どのような恐怖が広がるのかを知っている、恐怖にひきつった知で知っている）――この〔別れの〕挨拶は、その意に反して、依然として救済する。それは深淵から何かを救済などしない、そうではなく、深淵を無傷に保ったまま／無傷な深淵に向けて挨拶する。ところで、このように保たれた深淵、悲嘆のなかに単独化され宣言された深淵、測深することも再び閉じることもできない深淵こそが、挨拶に、崩壊する世界の尊厳――奇異で、耐え難く、涙にくれた尊厳――を与える。同時に、挨拶は傷んだ深淵化した世界に、その世界としての尊厳を与える。意味を欠いた固有名に、挨拶はすべての意味を与える、「世界そのもの」が、そのつど、言わんとする＝意味しようとする検証不可能〔真とはなしえない invérifiable〕でありながらも明白な真理〔vérité〕を与える。

2

私は、「復活」という意味で理解されたアナスタシスを脱構築ないし方向転換させようとしたが[4]、この試みにおいてアナスタシスが指し示そうとしているのは、傷んだ深淵化した意味を真理へと立て直すこと（アナスタシス）、立ち上がらせること〔「〔弁証法的な〕止揚」ではない〕に他ならない。つまり、人々が思い切って始動させ、呼び＝呼び求め、予告するような真理、人々が〔別れの〕挨拶を送る真理、そうした真理へと立て直し立ち上がらせることだ。そのつど、真理はただひたすら〔別れの〕挨拶を送られる、そしてけっして救済されはしない、なぜなら、救うべきものは何もないから、冥界の奥底から引き戻すべきものは何もないからだ。そのつど、追悼演説で、挨拶として人々に賞賛され迎え入れられる〔*se salue*〕のは、まさしくこのことなのだ。追悼演説は飾り物で

4　*Noli me tangere*〔『私に触れるな』〕、前出。

はなく、「死ぬこと」と名づけられた構造ないし出来事に不可欠の要素である。この演説によって、この儀礼的挨拶によって、「死そのもの」――物であれ主体であれ、この実体と想定されるもの、「もしわれわれがこの非存在者的な性格＝虚無性〔néantité〕をこのように名づけたいならば」という条件のもとでのみ、ヘーゲルがその名を認めるもの――は、このここの男性、このあそこの女性、かつてここないしあそこに存在した（ここないしあそこの世界であった）が、もはやどこにも、いかなる時にも存在しない、存在しないであろう男性や女性の「死ぬこと」として（別れの）挨拶を送られることになる。それぞれの死者は、その死ぬということにおいて、自分自身に向けて（別れの）挨拶を送られている。というのも、この「自分自身」は、手つかずのまま、単独化され＝悲嘆に暮れる、そしてみずからにおいて自己なるものには回帰しないし、またわれわれにも回帰せず、回帰することにもならないだろう。回帰しないがゆえに、横臥したままであるがゆえに、それぞれの死者は、人々が（別れの）挨拶を送りつつ迎え入れ賞賛する真理へとみずからを立ち直らせる。

この挨拶《サリュ》では、秘密裏の回帰はいっさい生じない。単独化《デゾラシオン》＝悲嘆が慰めをもたらすとしても――だがそのやり方は、完全に議論の余地のないやり方であると同じくらい、ほとんど人に安堵をもたらさないやり方でもある――、それは喪失を利益へと転換するような弁証法的陰謀によるのではない。またそれは、すぐにでも魂の救済を鵜呑みにしかねない信じ易さにつけこもうとして、宗教が画策する空想的操作によるのでもない。宗教それ自体において、救い《サリュ》の表象が、最終的に、慰めをもたらす役割を演じているのかどうかは定かではない。おそらく人々は少々性急に、慰めという役割を一種の幻影的効果として宗教に帰しうると思っているのかもしれない。確かに次のように考えたとしても錯乱しているとは言えまい。つまり死者はこの世界とまったく同じようなもうひとつの世界へと、ただし苦しみのない世界へと移行するのだという稚拙な想像のなかに閉じこもるならば、本当の信者はけっして死なないか、他の信者が死ぬのを見たこともない、といった考えだ。実際、諸宗教は、形而上学と同じく、救済を巡る瞞着や人を安堵させる慰めを絶えず強調する。しかしながら、「〈神〉」あるいは「他なる世界」が、ある密かな移行＝通路を通じてのこの世界との連続性や、ましてや継続性をけっして名指さないことは、一目瞭然である。墓は移行＝通路ではない、墓はある不在を秘め隠している非‐場である。信〔foi〕——しかも、おそらく、あらゆる宗教的形態における信——の本質は、明日はいい事があるはずだと自分に信じ込ませるような具合に、ある何かを自分に信じ込ませることにあるのではけっしてない。信の本質は、定義上、あらゆる信仰〔何らかの対象をもつ信仰、信条 croyance〕、あらゆる見積もり、あらゆる自足的経済《エコノミー》、あらゆる救済といったものを超えるもの、無化するものへとひたすら語りかけるということでしかない。そこにいかなる高揚感も交えずに神秘家たちがわきまえていたように、信の本質は、世界そのものの他なるものへとみずからを差し送る＝語りかけること、あるいはそれへと差し送られることである。世界そのものの他なるものとは、〔単数定冠詞付きの〕世界そのもの——これはそのつど、容赦なく決定的に終焉、完結する世界である——とは他なるという意味でのみ、「他なる世界」のことである。

「〈神〉」が指し示すのは唯一、この他性であって、他性のうちで、世界の、世界全体＝すべてのものの他化＝変質が、決定的に〔呼びかけ＝控訴を認めずに sans appel〕、また呼び戻し＝復帰命令もなく、絶対的となる。そして、死者への語りかけ＝呼びかけ《アドレス》が、そのつど、呼び求めるもの、繰り返し呼び求めるもの、それこそ、この呼びかけ‐なしに〔決定的に〕ということである。この語りかけは、〔別れの〕挨拶＝救いである。もしも、まるでわれわれの同胞の大多数が（またおそらく、用語に変化を加えて、さまざまな動物へと一般化する必要があるだろう）、多少とも意識して、あるいは多少とも無意識的に、死ぬという苛酷な現実を無視しながら人類が人生——あるいは死、お好きなように——を送ってきたかのように思い描くなら、それは余りに侮蔑的なことであろう。各人に降りかかる非‐知に関するある何かを、人々は、より精妙かつ遥かに相応しい仕方で知っている。この非‐知は、極限的な厳格さでもって、「死せるもの」と名づけられた対象について、どのようなものであれ我有化しようとする権利を禁じる。なぜなら、こうした対象には一貫性が欠けたままであるからだ（実際、こうした対象こそ法外なものである）、だがその一方で、死につつある主体と、いかなる語りかけも届かないにもかかわらず、死につつある人に（別れの）挨拶を送り、語りかける主体とは、互いに救われ合うこともないまま、互いに（別れの）挨拶を送る。二つの主体はアナスタシスを分かち合う、そしてアナスタシスの上昇性あるいは直線的誠実さによって、再び起こすこともできないままに〔止揚不可能なままに〕塵のなかに横臥している身体＝死体が垂直に切断される。いかなる死後の生〔彼方の生〕もない、いかなる再出現もない、いかなる蘇生もない。あるのは（別れの）挨拶、アデューの立ち上がりという意味での「復活＝再び立ち上がること」である。出発＝別離はそれ自身を告知するのであり、何も開示しない、それはいかなる秘密にも導かないし、魔術も変容もいっさい生み出さない。ある意味では、この〔（別れの）挨拶という〕最後の＝究極の言うことについて、この追悼演説〔oraison〕について何も言うべきことはない。そのなかでは、唯一、（別れの）挨拶だけが、啜り泣きと暗いきらめきに埋もれた数語の時のあいだだけ輝いている。*Oratio* とは演説〔言説〕あるいは祈りである、それは祈りとしての演説である。祈りは、権勢を追い求めることでもなく影響力を濫用することでもない、祈りは賞賛と同じくらい哀願でもある。それは哀願しつつある賞賛である。祈りは、そのつど、同時に、褒め称えかつ嘆き悲しむ、祈りは容赦を求め、かつ容赦なき状態を宣言する。終止符を打たれた世界がもはやいかなる意味作用の連鎖も認めない時、演説はまさしくそのようになる。その瞬間、そのつど、期待も効果も欠いたままの祈りは、演説のアナスタシスを形成する、そして、（別れの）挨拶は立ち上がり、何も言うべきことがないまさにその地点に向けて語りかける。

これは耐え難いことだ。だが生ける者たちが、そのことを耐え続け、そのことに挨拶を送り続けていること、さらに、最終的には、そのことを自分たちの生きる理由＝根拠としていること、しかも絶対に拒絶しえない唯一の理性ノ事実〔*factum rationis*〕となすとともに、それを欠いては誰も死ぬことがない、すなわち生きることがないような思考不可能な事実となしていることを前にして、どうして圧倒されずに、敬意を表せずにいられようか？

次の引用で私が指し示している事柄を――たとえ知らないとしても――実践せずに、いったい誰が生きられようか？　その引用は文脈を度外視して、強引に私が抜き出したものである。生の他なるもの、とはいえ生自体のなかに現前する他なるものに向けられた「讃歌、賞賛、祈り」、そして「立ち上がること〔surrection〕、再び立ち上がること＝復活〔résurrection〕を哀願すること」[5]、哀願することそれ自体が再び立ち上がることであるような哀願。

そもそも、いったい、誰がある音楽のことを（音楽そのものではないにせよ）喚起したというのか？　デリダでないとすれば、いったい、誰が？　同一のデリダ、それとももう一人他なるデリダでなければ？　そうした音楽のおかげで、「私自身なるものは、死んでいながらも、この音楽によって持ち上げられ、まさにこの音楽の唯一無二の到来によって、今ここで、同じ動きのなかで、持ち上げられる、そうした私自身なるものは、死に対し然《ウィ》りと言いながら死ぬであろうし、またそうであるがゆえに復活するのかもしれない、みずからにこう言いつつ、すなわち、私は再び生まれる＝復活する、とはいえ、死なないということではなく、死後という仕方で再び生まれるのだと、そして私自身なるもののうちに法悦《エクスターズ》＝脱自は、回帰なき＝決定的な死と復活を、死と誕生を結び合わせる、回帰なき、救済なき、贖いなきアデューという絶望的な挨拶、そうではあるが、過剰に溢れ出す生が発

5　J. Derrida, *Mémoires d'aveugle*, Paris, Réunion des musées nationaux, 1990, p. 123.
6　同上 « Cette nuit dans la nuit de la nuit... »〔「夜の夜のなかのこの夜……」〕、マリ＝ルイーズ・マレの著作 *Musique en respect* (Paris, Galilée, 2002) についての発表で、*Rue Descartes*, Paris, PUF, novembre 2003, p. 124-125 に掲載された。
7　*Le Toucher, Jean-Luc Nancy*, 前出、一七頁。

する密かな合図＝表徴《シーニュ》と横溢する沈黙のなかで生きる他者の生への挨拶」。[6] そして溢れ出すばかりの生とは何であろうか、端的な生でなければ——然り《ウィ》、その簡潔さそのもののうちにある生でなければ——、われわれが再認したり、挨拶したりすることのできるすべてのものを超え出るものとしての端的な生、それ自身を超え出るもの、そしてみずから死ぬものとしての端的な生、そのようにして生みずからを、またわれわれを溢出や横溢へと委ね渡すような端的な生でなければ、いったい何であろうか？

横溢とは生の正確さ＝厳密さ《エグザクティチュード》に他ならない、実存＝脱自《エグジスタンス》がそれに身を委ねる限りにおける生の正確さ＝厳密さに他ならない。この正確さ＝厳密さという語は、私がそれへと「新たな生を与えた」[7] とデリダが認めてくれている語だ。語彙に対して単に一定の方向づけをしただけで、魔法のような力が生まれるわけではまったくない。だが単純にこう言っておこう、われわれは、神も救済も想定しないが、かといって、永遠な形で、不滅な形で、われわれが互いに挨拶を送るような言語を、死せる者であれ生ける者であれ、けっして欠いているわけではないと。このような（別れの）挨拶は、われわれを救いはしないが、少なくともわれわれに触れる〔触発し傷つける touche〕、そして、われわれに触れつつ、生をいかなることのためでもなく——だが完全に純然たる喪失のうちにではない——横断するというこの奇妙な困惑＝興奮を生み出す＝立ち上がらせるのだ〔*suscite*〕。

神的なウインクについて＊

1

哲学的な目配せ〔ウインク clin d'œil〕を送りながらデリダが『信と知』とタイトルを付けたテクストの第四四節で――このタイトル自体、さらに、別の目配せにより副題を付けられているが（「単なる理性の諸限界における「宗教」の二つの源泉」）、この別の目配せを二重ないし三重の目配せと計算することも可能だろう（「限界における」が「限界内の」を、非常に強い意味で、それゆえ歪曲をもたらすような形で、意地悪く示唆していると考える必要があるなら）――、つまりこの第四四節で、デリダはある目配せへと示唆を送っている、あるいは、ある目配せへ向けて、漠然としたものだがある正確な身振り《ジェスト》＝合図（およそ目配せがもつ撞着語法が必ずそうであるように）を素描している。それはある神学的な、あるいはむしろ神の顕現するような瞬きである、なぜなら、正確には、目配せにおい

＊　二〇〇三年の秋に、フェルナンダ・ベルナルド主催のもと、ジャック・デリダを巡るコロックがコインブラで開催された際の発表。二〇〇五年刊行予定の会議記録 *Derrida à Coïmbra*, Viseu (Portugal), Palimage に収録。

ては、語らないことが重要なのである、そのことにより、おそらく直ちにわれわれは、ひとつの目配せのうちに、「単なる」何々論――この何々論の接頭辞や口実となるものがどのようなものであれ――「の諸限界に」運ばれるのだ。実際デリダは、「最後の神」に関してハイデガーを引用している。「みずからの本質現成を、最後の神は合図〔signe〕のうちに（*im Wink*）もち、既在の神々の到来および出奔の、そしてこれらの神々に覆蔵された変容の、突発的出現〔接近〕と欠在〔不在〕（*dem Anfall und Ausbleib der Ankunft*）のうちにもつ」[1]〔大橋良介、秋富克哉訳、『哲学への寄与論考』（ハイデッガー全集六五巻）、創文社、二〇〇五年、四四四頁〕。

私が少なくとも暫定的に「目配せ」[2]として指し示しているのは、ウインク *Wink* という語である。この語は、この〔フランス語の〕翻訳ではドイツ語のまま、保持され引用されている。この語だけではない、というのもその一連の表現を伴っているからだ。とはいえ、われわれが注意すべきなのはこの語であり、われわれは、もう一度、まさにこの語を保持し注視すべきである、それには二つの理由がある。第一の理由は次の事実にある、すなわち、この文章全体と、ハイデガーにおけるこの文章の置かれたコンテクストをより周到に分析してみると、ウインクと同置された用語――すなわち、「到来の突発的出現と欠在」（最後の神のそれと理解しておこう）と「既在の神々の出奔と変容」――は実際には同置というよりも、ウインクを解き明かすものであることが示されていると思われるのだ。この分析は後回しにする必要があるが、その結論を先取りしておく。第二の理由は、*Wink* という語を引用しておくことが、どのような翻訳者であれ、翻訳者には必要不可欠である（「至高である」とあえて言えようか？）という点にある。それは他の用語より遥かに緊急性の高い形でそうなのである。実際 *Wink* は、厳密に言えば翻訳不可能である。概念的なコンテクストでは、またフランス語のシーニュ signe〔合図、表徴、記号〕という語の使用が不可避であることが明白極まりないとしても、翻訳者としては、この置き換えのきかない語にはっきり合図を送り報せておくことが義務なのである。「目配せ」――後述するが――は、*Zeichen* つまり意味作用する記号、何かを言わんとする記号という意味で理解された「シーニュ」――まさしくここでは、こうしたことは問題ではない――に伴う表記法と同じくらい疑わしい別の表記法、さらに混乱した、あるいはぞんざいな次元にある表記法をもちこみかねない。

一般的には、原語における問題の語を引用することは（たとえば、同じドイツ語で言えば、*Witz*〔ウイット、機知〕あるいは*Wesen*〔本質、存在、現成〕など）、等価のものとして選ばれた語が、翻訳される側の言語における語をうまく翻訳していない、不適切な仕方で翻訳している、ということをはっきり合図している。そうすることで、人はある不適切さを合図している、そのことに警告を発しているのだが、そのことに関する固有言語的な〔idiomatique〕動機や含意も、また共鳴物も解き明してはいない。このように翻訳されないままに留まる翻訳不可能なものについての説明的ないし解釈的な注（よくあることだが、要するに文献学的で哲学的なもの、さらには今の場合、神学的なものへと転じてしまう危険があるような注）を、翻訳者が省略しなければならない、あるいは省略したい場合には、

1　指摘しておかなければならないが、このテクストの初版（前出Jacques Derrida et Gianni Vattimo, *La Religion*〔本書八九頁、原注4〕）には、ハイデガーの引用箇所に誤植が含まれている（「突発的出現〔接近〕」の代わりに「離脱」）――この誤植は後で訂正されている。さらに、デリダがそこで引用しているクルティーヌの論文（« Les traces et le passage du Dieu dans les *Beiträge zur Philosophie* de Martin Heidegger », *Archivio di filosofia*, n° 1-3, 1994）は、クルティーヌの他の諸論文や彼が援用している参考文献の総体と併せて、非常に綿密な情報を提供しており、ハイデガーの「最後の神」の検証に当たって必須のものである。私の採用する方向はかなりそれとは異なり、さらには対立するように見えるが、それは解釈の上で争いがあるというよりは、クルティーヌが携わっているような解釈と、私が大胆なやり方で行っているような自由な使用ないし外挿的一般化とのあいだの性格の違いの問題である。

2　この決定は確かに少々唐突であり、よりいっそうの配慮を必要とするであろう。コインブラでの講演の後、ウルズラ・ザラツィンが、繊細かつ学識に溢れた幾つかの指摘を提示してくれた。そのことに関し彼女に感謝する。その指摘を要約するとこうなるだろう。ウインクはまず、目配せよりは、（手や頭による）身振りという価値をもつ。（手や頭による）身振りのほうは、表示的、高圧的なものであり、

翻訳者は次のような、意味がないわけではない身振り＝合図〔geste〕で十分としなければならない、すなわち、この身振りは、翻訳する側の言語においては意味をなさないようなある意味、他なる意味が近くにあること、固有言語から固有言語へと移行するなかで、冒頭《ダカーポ》から「その接近と不在のあいだで」、みずからを意味作用するに至らないようなある意味――その到来が宙吊りになっているある意味――が近くにあることを指し示す。

ところで、完全無欠な意味作用の可能性と、残滓のような意味作用不可能性というダブルバインドの形をとった二重の要請に従うことこそ、翻訳の一般的状況である。後者の意味作用の不可能性こそが原理をなすことが判明するが、これが法をなす例外というべきものである、というのも、この例外は固有言語の還元不可能性を、その特異性を露呈し、押しつけるのであり、この特異性なしには翻訳する必要性も生じないであろう――また複数の言語も存在しないであろう。

ウインクへの言及を考察するには――考察の目的は了解されるとおり、以下のことである、すなわち、この語のもとに「本質現成する〔déploie essentiellement〕」事象あるいは役割、それはデリダがここで示唆しているものであるが、この事象ないし役割に向かう道を切り開くことにある――二つの備考を付け足しておいた方がいいだろう。

1．適切に翻訳されていない語を指示する翻訳者の身振りは、それ自体、あるウインクを構成する、すなわち、「シグナル」や「予告〔方向を転換すること avertissement〕」という意味や、最近までよく使われた「アンテルシーニュ〔遠く離れたものの合図・予兆 intersigne〕」という意味での「シーニュ」（翻訳の代わりとして用いられる用語）を構成する。それは遠くからの、また同時に付随的なものとして与えられる指示であり、説明もなく、真の意味作用も伴わない指示、意味に関してあいまいなままの指示である、とはいえ、方向については、この方向に注意を払わねばならないという正確な指示である。本当なら別の仕方で翻訳しなければならないであろうが、またそれは後で、別の箇所でということであり、当面は、単に処理を待つ状態に――それ自身の意味を待つ状態に――この語を保っておくというわけだ。

この件は後で論じることにする。ウインクは待機の合図である、あるいは、待機を、合図というポジションに保っておく。ウインクは希望と失望のあいだに宙吊りになる。それは解釈を待機させる、だがこの待機は、それ自身によって、既に、ひとつの流動化であり、その可動性ないし発動的性格は、その最終的な解釈よりも重要なのだ。ウインクの最もありふれたモデル（範例あるいは様態変化という意味でのモデル）は目配せにおいて与えられる。目配せは常に翻訳されるべきものである、だが、目配せは既に、同時に、その身振りによって解釈を超えている。目配せは、それが待機させている意味を超えて、一挙に、ひとつの目配せ＝瞬きのうちに跳躍してしまっている。目配せは依然として翻訳されるべきものであり、また未来においても常にそうであろう。それは完了した、規定済みの、飽和した固有の意味をもつことはないだろう。ウインクなるものは――フランス語に翻訳する

さようならを示すこともある（《*Winke, Winke*》はドイツの子どもたちが「さようなら」を言う時に用いる）。目配せのほうは、より示し合わせた共犯的な性格である。しかしながら、両者の比較もまったく可能であり、英語の方面から語源的に証明することもできる。「ウインク」と題されたゲーテの詩篇では、目配せとの明らかな関係が見られる。特に注目すべきなのは、グリム兄弟の辞書に挙げられた最古の用例が宗教の領域から取られていることだ。以上のようなやり方で、ウルズラ・ザラツィンは私に次のような引用を示してくれた（「宗教改革に関する小冊子」からのもの）、すなわち、《*gott hat uns yetzt gewuncken / im folgt manch frommer Knecht*》（「神は今やわれわれにウインクした／たくさんの敬虔なしもべがそれに付き従う」）。いずれにせよ、この語は、どのような強調のされ方をするのであれ、言語的ではない指示のうちに重心をもつ。フェランダ・ベルナルドから受けた指摘によると、ポルトガル語の *aceno* は *Wink* に極めて近い意味論をもっている。それは、目での合図ないし瞬きである *cinnus* に由来するのだが、それが指し示すのは、言葉に頼らないで何かを示唆ないし伝達するための、手、頭ないし目による動きである。それは、相手を受け容れられる状態にあること、あるいは欲望や約束を示すシグナルないし手がかり＝指標である。（「ひとつの *aceno* だけで、彼女は彼の腕のなかに飛び込むのに十分であった。」）

者にとって、また最終的にはドイツ語の読者にとっても*Wink*という語は……——、欠如的ないし過剰な、不安定であいまいな、示唆的ないし差延された〔différé〕意味作用を構成する非適切性＝非固有性を自己に固有なものとする。（「差延された」という語を書いているからには、私は、もうひとつの語、語ではないがゆえにそれだけ翻訳しえない語、「差延〔différance〕」という語をここに付け加えておく。）

2．翻訳不可能なものという例外〔把捉を逃れ去ること exception〕が翻訳の法をなす。翻訳の論理とは意味の移送である。この移送が可能となるのは、意味なるものは複数の言語《ラング》で言うことが可能であるという言語活動《ランガージュ》の一般的合法則性によるのだが、意味そのものではないにせよ、幾らかの意味がこうした可能性を拒絶する、あるいは逃れ去るという事実がこうした移送を必然的なものとしている。こうした留め置きあるいは逃れ去りは、例外という形で、*Wink*や*Witz*、*Wesen*といったこれこれの語のもとに出現する、しかしながら、これらの例外こそが言語なるものの真理を開示する、いいかえれば、意味の法則の手前ないし彼方へと、固有言語が引き退くということを開示する。例外が存在する場合には、至高性〔主権 souveraineté〕が存在する。みずからが翻訳不可能であることを明言する固有言語は至高的である。（また、もちろん周知のとおり、固有言語は最終的にそのあらゆる語、あらゆる言い回しにおいて、みずからが翻訳不可能であることを明言する。あるひとつの言語のどの能記〔意味するもの〕も、意味作用すると同時にウインクする〔*winkt*〕。常に意味には超過、欠如ないし湾曲が存在する。*winken*〔ウインクする、合図する〕とは、実際、第一に、湾曲させること、あるいはみずからを湾曲させること、斜行＝迂回する、揺らめく〔言い間違う vaciller〕、よろめく、傾斜する、ということである。われわれがここで問題にしているのは意味のクリナメン〔微小偏倚〕であって、それがなければ諸言語は存在することはなく、ただ単に記号体系しかないであろう。われわれが問題にしているのはこのクリナメンであって、それが意味のひとつの世界をなす、またクリナメンは、この意味の世界が意味にそぐわない真理をなすことを合図する。)

原語の語を指示することにより翻訳の中断を決断する翻訳者は至高的〔主権的 souverain〕である。さらには、先へと翻訳を続行し、よく言われるように、「等価性＝同値」や、あるいは婉曲語法、類比的表現ないし何か他の手法による解決を決断する翻訳者もまた至高的である。だがその決断はまた、意味作用の固有の次元(そういうものがあるとして)を立ち去って、意味の別の次元へと向かうことにある。それぞれの言語が意味のひとつの世界であり、翻訳はさまざまな目配せによって、しかも移行の道具も道も伴わないままに、世界から世界へと跳躍する、こうした意味における意味の別の次元へと向かう。ある言語の精髄＝特性〔守護霊 génie〕から別の言語の精髄＝特性への移行には、さまざまな目配せだけが存在しうる、意味の宇宙のなかの瞬き＝点滅と煌《きらめ》きだけが存在しうる、しかしながら、意味の宇宙の真理はブラックホールなのであり、このなかでこれらの僅かな微光は嚥み込まれてしまう。したがって、ここでは、国家における場合と同じく、固有性の不在や、自分に固有のものとされる根拠が不在であること、使用可能なコードも、保証済みの帰属も、確実な現前性も不在であることを、自己に固有なものとする者は至高的〔主権的〕である。

それゆえ、われわれは確実にこう言える、一方で、ウインクは至高的であり、また他方で、それと相関して、至高なるもの〔主権者 souverain〕はウインクする〔winkt〕と(ドイツ語ではこう言える、だが逆にドイツ語では、〔フランス語の〕《souverain》を適切に＝文字通りに翻訳することはできないだろう)。(*Herrschaftsbereich des Winkes*〔合図の主宰領域〕という表現は、同じテクストで三行後にハイデガーが使用している。)実際、ウインク、目配せは、コミュニケーションや意味作用の既定の秩序＝次元から逃れ去る、そして、示唆や暗示の領域を切り開く、束の間の誘いや呼びかけ、誘惑や逸脱を切り開く。とはいえ、この逃れ去りは、要するに、究極的な意味に向けて、幾らかの意味ないし意味の真理に向けて合図する。ここでは、至高的に、意味は意味からみずからを除外する、これこそ予告＝方向転換〔avertissement〕である。

さらには実際、また対称的に、至高者〔主権者〕はウインクする。眉をしかめること、目配せ、「感知し難い」身振りといったものほど、至高者の威厳に相応しいものはない。そうした身振りに対応するのは、「秘密の＝暗黙の合図〔signe d'intelligence〕」と呼ばれるものである。これは次のような意味においてである、つまり、この理解〔intelligence〕にあって、共謀性が理解に先行し、理解を超え出ているという意味においてであり、また、まさしく理解すべきものとして、文字通り与えられていないもの、ただ期待すべきものとして与えられているものを、あらかじめ共犯性によって理解してしまっているような状況にある、という意味においてである。ウインクはある期待と同時に焦燥感に駆られた状態をも切り開く。この焦燥感には、待機なしに直ちに理解しようとする決断が、一瞬の目配せのうちに、対応する。[3]

2

あと少し補足するなら、*Wink* という語に言及し指示しておくことは、翻訳者の至高の身振りであるのと同様に、この身振りはドイツ語の用語にひとつの至高性を付与する。この至高性がもつ両義性は直ちに明らかとなる、すなわち、実際そこには、意味の控除＝除去と、固有性の（あるいは固有性への）接近とが混じり合っている。哲学者たちが提唱する、抗し難い力をもったクラチュロス主義と固有言語主義（またヘーゲルの *Aufheben*〔拾い上げる／除去する、止揚する〕がその最も際立った＝止揚された〔relevée〕比喩＝形象を与える）においては、きまって以上の特権が主張されるのだが、この両義性はこれに則している。まさに翻訳不可能であることで、*Wink* はその（非‐、ないし過剰な－）意味作用的な負荷を引き受ける。また翻訳者－哲学者が、この語は翻訳されてはいないと指摘することにより、*Wink* は概念あるいは思考の力を獲得する。さらにこの注解を超えて、ここで以下のように付け加えることもできる、すなわち、文学の翻訳者は、通常、原語の用語を引用したり言及したりすることを拒むが、この単純な事実を起点にして、哲学と文学のあいだの差延／差異―― *a* 付きであれ〔différance〕、*a* なしであれ〔différence〕――に関する問いをすべて、改めて活性化し展開することが可能であると。文学は、その本質上、意味を失う＝逸する、哲学は、過剰なまでに、計算不可能な剰余に至るほどに、意味を上回る〔意味以上のことを言う〕、その結果、文学的な蕩尽＝消耗に触れることになる。

　ところで今の場合、ハイデガーのこのテクストでは――われわれはこのテクストの翻訳から元のテクストへと連れ戻されるのだが――、*Wink*〔ウインク、合図〕へと委ね渡されるのは、哲学的な至高性である。[4] いいかえれば、意味の過剰な状態、あるいは意味に対する超過状態である（またそれゆえ「真理」の過剰な状態、あるいは「真

3　ヴェルナー・ハマハーは、皇帝然とした、高圧的な視線のもつ昂然とした権能（理想にもやはり備わる権能と暴力）の分析を行っており、その例として、もはや見ていない視線が挙げられているが、もはや見ていないとされる「理由は、この視線がみずからの視覚のなかに埋没し自己を失っているからではなく、その視覚を露わに示すからだ」、「「凝視すること」（*Starren*）の誇示〔曝し示すこと〕の暴力」とはこのようなものだ（« *Heteraunomien* », dans Von Burkhard Liebsch et Dagmar Mensink (dir.), *Gewalt Verstehen*〔『（暴）力を理解すること』〕, Berlin, Akademie Verlag, 2003）。凝固した、石化させるような視線は目配せの究極的な、もしくは中心的な可能性を形成する、またそれゆえに、この目配せに常に両義性が現前しているようにする。この点については結論の部分で再論しよう。

4　いうまでもなく、ハイデガーの著作の総体における《*Wink*》という語の使用は個別に研究してみる価値はあるだろう。とはいえ、フランス国外では幾つかの研究論文において既にその素描は与えられている、それらを厳密に検討することが個別研究には欠かせないだろう。パルメニデスの注解あるいはヘルダーリンの注解においてであれ、リルケから借用される場合、あるいは他の機会に借用される場合であれ、ハイデガーはこの用語への呼びかけ〔訴求〕を繰り返し行っている。

理」に対する超過状態とも言えよう）。『哲学への寄与論稿』のコンテクストを通覧すると、はっきり分かるように、ドイツ語においてこの語はありふれた価値をもっているが、この通例の価値の意味作用よりも明確に規定された意味作用を、この語はまったく受け取ってはいない。この「合図」が指し示すことになるかもしれない意味および意味作用の体制について、概念的作業は皆無である。言いうる最大限のことは、クルティーヌとデリダがここで言及、引用している表現の幾つかの変奏へと、*Wink* が規則的に結びつくということだ。《*Anfall und Ausbleib der Ankunft*》〔到来（および出奔）の突発的出現＝接近と欠在＝不在〕、この表現自体、重々しく翻訳し難いのだが、そこでは、最後の神の到来の、あるいは到来のなかにおける、不意の接近と維持される不在という二重の特徴が（またこのテクストに先行する節の一文をほぼ逐語的に繰り返している文章の後続部分で言われているように、最後の神と同じく、既在の「神々の出奔」の同一の二重の特徴が）指し示される。これ以上深く、このコンテクスト全体の争点に踏み込むことは控えるが、とはいえ同時に、その争点を論じるための標識は提示しておくとするなら、こう言っておくだけでいいだろう、つまり、ハイデガーがこれらの頁において《*Vorbeigang*〔傍過〕》（「通りがかりに＝束の間に」という意味での「通過＝束の間」）と名づけるもの、あるいは、同書の前の箇所で《*Blickbahn*〔眼差し方向、視線の道〕》[5] ——稀な用語で、文字通りには「視線の切り開き」を意味し、「展望」や「一瞥」という価値と結びつく——と名づけるものとの結びつきによって、その結びつきのなかで、ウインクはその概念、あるいは疑似概念、意味の概観をもつ。ここでは、ウインクは神的な合図ないしシグナル——神‐シグナル、と早口で口ごもる必要があるかもしれない——という機能のうちにあるのだが、束の間的なものとして、瞬間の拍動として同定される、そして、この拍動に則して、到来するものは出発＝分離し、また出発＝分離しつつ／それゆえに〔*partant*〕（この語はフランス語では二つの意味で用いられる）、不在のまま留まる、それ自身の到来の外部に留まる、しかしその一方で、この拍動の直中で、あるいは拍動を通して、素早い一瞥が投げ出される、それはシグナルを与える、あるいは（そして／あるいは？・）受け取る一瞥である。ウインクの特権は要するに以下の事実にある。すなわち、姿を消す意味、姿を消すことがその真理であるような意味が、束の間通過すること（しかも直ちに消え去るような仕方での通過）、および、すぐに消滅するような仕方で素描されること、こうしたことのなかで、ウインクの意味作用が枯渇することにある。だからこそ、「ウインクの本質」（二五五節で用いられた表現）は、拍動や瞬き〔点滅〕によって最もはっきりと分析され規定される。つまり、拍動や瞬きのうちには、「極限的な遠ざかりにおける最も親密な近づきの統一という秘密」〔『哲学への寄与論考』、邦訳、四四二頁〕として同じテクストのなかで明言されている事柄が隠されている（これらの語を書きながら、ハイデガーはおそらく、彼のうちで、アウグスティヌスの私ノ内奥ヨリモサラニ内ナル神、私ノ最モ至高ノ場所〔『告白』第三巻、第六章〕に対する何らかの示唆が点滅するのを感じていないだろうか？　この問いを私は開かれたままに、また議論すべきものとして残しておく）。

両価性、両義性、撞着語法、あるいは対立するもの同士の親和性としての *Witz*、あるいは *Aufhebung*（ただし *Witz* と *Aufhebung* との、目配せと思弁的なものとの遭遇でさえあるかもしれないが――なぜそうではないだろうか？・）、これこそ、ウインクの、意味作用を超える特徴である。この特徴こそ、ウインクにあの至高的な特権を与える。オリジナルのテクストにおいても、また翻訳者がこの語に言及しつつ維持する翻訳文においてもそうである。そしてこの特権が、ハイデガーに、同じ箇所でこう書かせる、すなわち、重要なのは「神々の到来と出奔〔逃走〕、神々の主宰の場（*Herrschaftstätte*）、そういったものの突発的出現〔接近〕と欠在〔不在〕」〔『哲学への寄与論考』、邦訳、四四二頁〕であると。

5　『哲学への寄与論考』、第四二節。あまり使用されない《*Blickbahn*》という語は、ハイデガーからある程度、特別扱いされているように見える。これについてはさらに検証してみる価値はあるだろう。

両価性は至高性〔主権性〕を構成するものである。絶対的な権能〔権力 puissance〕、および合法性に対する超過、この両者は必然的に共属しあうが、両価性は二つを接合する。カール・シュミットの定式に則して言えば、法＝権利〔droit〕は至高的＝主権的な行為において自己自身を中断する。全‐能性〔toute-puissance〕は、全であるためには、いかなる権能も先行しない、根拠づけていない、支配していないような地点にまで、みずからを運び行く必要がある。絶対的〔分離的 *absolu*〕であるためには、権能は、みずからを絶対化する〔s'absolutiser〕必要がある、換言すれば、自己に責任をもって応答すること、自己自身を権威づけること以外の、いかなる絆、いかなる応答責任からも自己を解き放つ〔自由になる、赦される *s'absoudre*〕必要がある。したがって、この全‐能性は、潜在的なものという意味での「潜勢的力〔puissance〕」の次元には絶対に存在しない。それはデュナミス〔潜勢態〕ではなくエネルゲイア〔現勢態〕である、それはあらゆる可能性に先行する実効的な行為であり、権能の現実態であって、法＝掟を知らない野蛮性へと単に差し戻せないものである、なぜなら、その反対に、まさしく法＝掟、法的構築〔物〕それ自体こそが、みずからの根拠が根拠づけられていないという奥義＝秘密を知らないにちがいないからである。[6]

固有性〔所有〕が常に権利上ノモノ〔*de jure*〕であり、けっして単に事実上ノモノ〔*de facto*〕ではないならば、そして、固有なるものが（意味あるいは領地、富、意識あるいは身体であれ）、まさに固有であるのは、唯一、根拠づけられた排他的帰属を意味作用し保証するある法＝権利という媒介を介してであるならば、その場合、至高者〔主権者〕のほうは、あらゆる自己固有化が欠如したまま、あるいは自己固有化を超過したまま、ある固有性の無媒介性を現働態《アク》＝行為《テ》へと置き入れる——現働化する、また、この〔acte という〕語の法的意味で、証書《アクト》を作成する。だからこそ至高者は *winkt* ウインクする。彼は、ある意味作用のなかで何かを確立する代わりに、確立する手前で、あるシグナルによって起動させる。至高者は、何らかの可能な意味を切り開く、また同程度に、既に使用可能な意味を閉じる、あるいは中断する。そうした理由から、*Wink* ウインクには、また *winken* ウインクするということとには、記号〔signe〕が独自にはもたない現勢力《エネルギー》が存在する、そして以上の理由から、最終的には、ウインクすることは、あらゆる *bedeuten*〔意味作用する〕、あらゆる何かを言わんとすること〔vouloir-dire〕、記号＝合図をなすこと〔faire-signe〕に随伴する。ウインクすることなくしては、これらは、そのシーニュ〔記号＝合図〕を送り渡す＝差し宛てる力をもたないであろう、またそれゆえ、自分自身の「意志すること〔vouloir〕」や「なすこと〔faire〕」についても力をもたないであろう。意味のうちには、ある現働的な力が存在し、これが意味作用的な送付に不意に襲いかかる、そして、意味の観点から言えば、意味を超過すると同時に意味に譲歩する。

　ウインクは、密かなやり方で、ないし意味に併行する形で、諸力の戯れを起動させる、行為させる、作動させる。われわれもよく知っているように、ひとつの目配せが法外な不意打ちを引き起こし、無作法な欲望を解き放つことがある、礼節を打ち破ることがある、ちょうど、ひとつの目配せが、君主の気紛れな寵愛ないし不興をもたらすことがあるように。君主の「恵み深い威厳」が威厳に満ちているのは、まさしくそれが、恵み＝恩寵〔grâce〕と恩寵の剥奪〔不興 disgrâce〕を与える君主の至高的＝主権的権能と釣り合っているからだ——この権能の力は他と区別されるが、それはこの全－能性が単に目配せによって実行されるだけではなく、目配せのうちに実行されるからだ。瞬きのすばやさは、現前性の実効性を、瞬きが過ぎ去る瞬間の拍動そのもののなかに投げ入れる。

3

この瞬間に、われわれはデリダの別の一節と交差する、それはかなり以前のテクストの一節で、フッサールの

6　カントが弁えており、言明しているような、法＝権利を正式に保持するこの天才〔génie〕。

一節に接続する形で書かれている。「原印象と過去把持とに共通の根源地帯における、今と非-今の、知覚と非-知覚のそうした連続性を認める以上、*Augenblick*〔瞬間〕の自己同一性のなかに他者《オートル》〔他なるもの〕を、つまり瞬間の瞬き〔目配せ〕のなかに非-現前性と非明証性を迎え入れることになる。瞬きの一瞬の持続がある。そして、それによって目が閉じられるのである。この他性《アルテリテ》は〔……〕現前性の条件ですらある」[7]。

お分かりのように、この一節はどうでもいい一節ではない。ここで問題なのは、運動の構造、あの差延の構造としての運動の構造——clin なるもの〔clin d'œil 目配せは語源的には目 œil を閉じること clin〕——である。この差延のモチーフないし原動力は、デリダを常に駆り立てていたことになるであろうものへとデリダを移行させつつあるものだ。すなわち、現前性の現在および現前性の現前化の心臓部における現前性の不在化へと、また、それと相関的に、自己との関係の心臓部における記号＝合図の引き裂きへと、ついで、記号＝合図の心臓部ないし接合部における非意味作用的な束の間の通過へと。目配せは差延の構造を与える、また構造以上に、差延の意味作用の過剰性ないし欠如性を与える〔差延とは、「ひとつの語でも概念でもない」と後にデリダは言う〕、そして目配せは差延の蝕の煌めきを輝かせる。それは一瞬、現在の瞬間を中断する、存在-時間論〔onto-chronologie〕が中断されるような束の間の持続のあいだだけ。

差延〔différance〕においては *a* が瞬きして、煌めく、あるいはウインクするのだが、こうした差延が辿る運命と目配せの運命がどのように交差するのか、デリダにおいてそれを跡づけることもできるだろう。たとえば、一九八六年では、『パラージュ〔海域〕』において、目配せはもうひとつの決定的な境位《エレメント》である「代補的牽引線〔特徴線 trait〕」を形容する言葉である、「代補的牽引線」のほうは芸術作品やテクストというジャンルを形容するものであるが、この牽引線自体はいかなるジャンルにも属さない、それは「属することなしに属する」のであって、その結果、「なしに〔sans〕」はここでは「目配せ＝瞬きという時間なき〔sans〕時間のあいだだけ属する」。[8] 目配せは、代補的ないし超過的な真理の贈与の様態を常に与えるという仮説に、おそらく、導かれるままに任せてよいのかもしれない。

また同様に、ハイデガーにおいてウインクの辿るさまざまな道を跡づけることもできるだろう。[9] だが私の話の主旨は別のところにある。理解されたとおり、私の関心事であり、またわれわれの関心事である——必然的な形で、さらには緊急の（至高的な）形で——にちがいないと私の考える事柄は、差延の *a* と最後の神のウインクのあいだの関係、識別しておかなければならない関係である。これは言っておく必要があるだろうか。私は差延を神学化するつもりはないが（それは困難なことであろう、なぜなら、他でもない存在‐神論の神については、現前性が抜き取られる、あるいは刳り抜かれるのであるから）、それだけではなく、「最後の神」を神学化するつもりもやはりない、反対に、「最後の神」の本性ないし本質、*Wesung*〔本質現成〕ないし *Götterung*〔神現……『哲学への寄与論考』第二五七節では、拒絶としての存在＝有の裂け開きにおいて、神々の到来と出奔の闘争がかけられ、この闘争において初めて神々は神現するとされる〕は、ハイデガーが書いているように、神学的ではないと私は考える。「最後の神」の本質はいずれにせよ（有）神論的〔théistes〕ではない、また第二五六節では、「形而上学」や「ユダヤ教‐キリスト教の護教論」と

7　*La voix et le phénomène*, Paris, PUF, 1967, p. 73.〔デリダ、林好雄訳、『声と現象』、ちくま学芸文庫、二〇〇五年、一四四頁〕（この章は「記号〔合図 signe〕と瞬き〔目配せ〕」と題されている。）

8　目配せ＝瞬きは、それが一瞬隠すもの——日＝光そのもの——を見ることを可能にするという事実についての注解が後に続く（*Parages*, Paris, Galilée, 1986, p. 264.）。さらに先の二九六頁では、目配せ＝瞬きは、「法〔……〕秩序、理性、意味、日＝光の狂気」の自明さであるような自明さの時間を指し示すことになる。

9　本書二一五頁、原注4を参照のこと。

連帯関係にある限りでの「すべての種類の神論」はきっぱりと遠ざけられている。〔意識的かどうかは分からないが、ハイデガーがユダヤ教‐キリスト教的な信〔信仰 foi〕の別の次元――「護教論」の次元ではない――を無視していること、そして、故意かどうかは分からないが、ハイデガーが、この別の次元の信に含まれていて、神学の *Destruktion*〔破壊〕を開始させるものについて正当に評価していないこと、これはまた別の問題であるが、他の箇所で改めて論じる必要があろう。〕

したがって、重要なのは、ウインクの神的性格〔神的なるもの le divin〕を神学化することではなく、識別することである。テオス〔神〕とは異なる、根本的に異なるものとしてのウインクであり、また同時に、テオスにおける対象化された神という存在を容赦なく差延するものとしてのウインクである。別の言い方をすれば、また以上の論理的帰結として、差延のなかに、ある神的な牽引線を――たとえ目を瞬かせながらであれ――識別することである――だがしかし、それはまた、この点に関して、昨今「現象学の神学的転回」[10]として断罪されたものとは完全に逆行する形で振舞うということである。

しかもそれは第一に現象学が問題ではないからである。徐々に示していくことになるが、ウインクと例の *a* とともに、ウインクする *a* とともに、現象学はそれ自身の逆転という極限にまで至る、つまり、出現〔すること〕が出現しないものの出現となるだけではなく――これは既に完了したことだ――、〔非〕出現の全問題系が、束の間の通過〔passage〕、*Vorbeigang*〔傍過、傍を一瞬通り過ぎること〕、*Augenblick*〔瞬間〕の力学に道を譲る。問題はもはや存在すること、ないし現れることではない、それはもはや問題ではない。束の間の通過、すなわち束の間通過するもの〔passant〕の肯定が不意に襲いかかるのだ。存在と存在者ではなく、存在者と束の間通過するもの。

もう一度繰り返しておこう。

目配せの隔たり、その瞬間の流れ＝経過〔滑り落ち laps〕、同時に開かれかつ閉じる間隔＝あいだ《インターバル》、現在なるものの自同性〔自性 mêmeté〕としての間隔＝あいだ、時間それ自体――絶えざる移行のなかを移行するのではない――の自同性としての間隔＝あいだ、束の間通過するものの自同性、またそれゆえに、自己への同一性〔l'identité à soi〕――この他なる「への」によって同一性がそれ自身へと関係づけられる、と理解した場合――、以上のものこそ、a にアクサン・グラーブ〔a の上の低音調の重いアクセント記号、à〕（この問題は重い、事実、これ以上深刻なことはない）を付け足すことで、差延〔différance〕の *a* が煌めかせるもの、またこの *a* を煌めかせるものである。（煌めく、瞬きする、これは英語なら *twink* と *twinkle* という形で示される意味であるが、ドイツ語では *Winker* はウインカー〔瞬き点滅するもの、方向指示器〕である。）アクセント記号付きで、またアクセント記号なしで、*ad*〔ある方向に向けて〕という方向を示す意味――まったく同じように、*sein zum Tode*、死‐への‐存在〔l'être-à-la-mort〕、すなわち束の間の通過‐への‐存在における *zum* の意味もそうであるが――を交互に提示し、また抹消しながら、*a* は、現在の現在自身への密着と待機とを同時に形成する。*a* は現在を現前化するとともに制止＝控除する。

ハイデガーの別の一節[11]に手を加えていいなら、*winkt zu*〔……に向かうようウインクする〕するとともに *winkt ab*〔……を去るように禁止的にウインクする〕する *Wink*、*winkt uns zu dem von woher er sich uns zuträgt*〔ウインクが突然にわれわれに生じてくるその根源となっているものに向かうようにわれわれにウインクする〕する *Wink* は以上のように行う（それは引き付け

10　これは、周知のとおり、人々の注目を集めた *Le tournant théologique de la phénoménologie française*〔『フランスの現象学の神学的転回』〕、Combas, L'Eclat, 1991 というドミニック・ジャニコーの書物のタイトルである。

11　« *Aus einem Gespräch von der Sprache* », dans *Unterwegs zur Sprache*, Neske, Pfullingen, 1971, p. 117.〔「言葉についての対話より」、『言葉への途上』（ハイデッガー全集第一二巻）、創文社、一九九六年、亀山健吉、H・グロス訳、一三七頁〕。

るために、遠ざけるために合図する、それは、そこからウインクがわれわれへと到来するその根源へと向けて、われわれに合図する)。重要なのは現前性への接近であるが、この現前性の敷居、流れ=経過〔滑り落ちlaps〕、点滅=開閉〔clin〕は、現在なるもののそれ自身の現前化の隔たりを切り開く。この接近はそれゆえ接近自体に対する超過ないし欠如という状態でなされる。自己固有化〔自性化 appropriation〕は、この点滅=開閉によって、この傾斜によって、現前性を自己へと自己固有化する。この傾斜は、自同なるもの〔le même〕を自同なるもののほうへと〔*zu*〕傾斜させながら、またさらには自同なるものをそのように傾斜させるために、自同なるものに自己愛《ナルシシズム》的な傾斜を与えるために、自同なるものをそれ自体から引き離し、他なるもの〔他者〕のなかで不在化させ、差延させる。

ウインクは、同一なるものの点的性格を、また真理の異論の余地のない自明性=明証性を屈曲させ、引き伸ばす。目配せ=瞬き、差延、ウインク、これらの共犯性はこのクリナメン〔微小な偏倚・傾斜〕のなかで演じられる。すなわち、自己の上へと無限に落ちかかる意味の垂直な落下の直中でのこの拍動、この力動的な傾斜のなかで演じられる。したがって、ウインクは意味を合図で示す、意味のそれ自身の意味作用を、意味の最終的な真理を合図で示す、これはカントにおいて道徳法則を自由と結びつける関係と類比的な関係に則してなされる。つまり、認識根拠〔*ratio cognoscendi*……命題や事象があらかじめ措定されている場合にそれらを後から説明するための根拠〕は存在根拠〔*ratio essendi*……現実的に存在する偶然的なものの存在のための根拠〕と交差するが、認識根拠が存在根拠を開示する能力がないままに、存在根拠は認識根拠に応答する。まさしく根拠それ自体――ソレ自体、究極的カツ充足的ナ根拠〔*ipsa ratio ultima et sufficiens*〕、至高的=主権的な根拠〔理性 raison〕――が屈曲し、歪められ、自己からずらされていることが分かる。〔正確な言い方に固執するなら、実際、このカント的な装置はここではひとつの単なる類比を与えるのではない、そうでないとすれば、それは存在ノ類比〔*analogia entis*〕なのである。ヘーゲルにおける特異=独異なものと絶対者との関係を検証してみても、そうであることが分かるように、同じ事象が問題なのである。常に問題なのは、自同なるもののなかでの他なるもの〔他者〕の点滅＝開閉なのであるが、形而上学は理性の策略に則してこれを忌避し続ける、だが理性の策略は、今度は、理性そのものの背後に回りこみ、そこから、われわれに目配せを送るのだ。）

4

したがって存在する《イリヤ》——とはいえ、最も出来事的な意味で、*es gibt*〔存在する、（ソレは）与える〕、*ça arrive*〔（ソレは）起きる、生じる〕という意味で、*ça se passe*〔（ソレは）起きる〕、*ça passe*〔（ソレは）傍を束の間通過する〕という意味で、以下のものが存在する——、固有の意味が、それ自身、自己へと回帰しないことをわれわれに合図で示すような至高的身振りが存在する。差延が概念でないのは、差延が意味作用するのではなく、合図するからであり、差延が合図であるから、あるいはむしろ合図をなすからである。[12] またそれは、存在する代わりに差延はなす＝行う〔fair〕からであり、その身振りが束の間通過するものの身振りであるからだ。[13] まさしくこのようにして、デリダは、そう望んでかどうかは分からないが、悪しき霊に誘われてかどうかは分からないが、翻訳不可能性についての指摘を挿入することで、差延からウインクのほうへと目配せを送ったことになるであろう（デリダが差延の時間として特別扱いするあの前未来に則して）。事実、それは差延を起点にしてのことである、なぜなら、ウインクが引用さ

12　《Geste〔身振り〕》と《*Wink*》、両者の比較がハイデガーの同じテクストにおいて行われている。

13　しかしながら、この「なすこと〔faire〕」の身振りは、*poiein*〔制作・創造する〕ではない。それは当然のことながら*prattein*〔通過する、実行する〕である。ウインクすること〔*winken*〕のなかには、*praxis*〔活動、成果、運命〕が存在する、すなわち、この身振りのなかにおいて神的となる神のプラクシスである。

れている一節は将来ないし将来の不在に関するものであり、レヴィナスとハイデガーが、到来する神と束の間通過する神を表す二重の形象として並置されているからだ。またさらに敷衍するなら、現前性のほうへ、および不在のほうへ――*zu*〔へ向かうように〕および*ab*〔から去るように〕、アクセント記号つきの*à*と無調の*a*――束の間通過することの二つの歩みとして二人が並置されているからだ。あたかもデリダが目で合図しながら、二人をわれわれの眼前に並置しているかのようだ、二人が相手に対して*zu*〔へ向かうように〕および*ab*〔から去るように〕であり、相互に共にあり、*apud*〔傍に〕、*ad*〔向けて〕であり、そうした近さ――この近さを支配しているのは、触れることに関する微分的な計算であり、*a*を伴うとともに*a*を欠く差延／差異の導関数である――のなかにあるように並置しているかのようだ。

ウインクと差延はみずからが合図であるのではなく、合図をなすのだが、両者は、この合図の意味を暴きながら、そして、いわゆる現在＝現前するもの〔présent〕の真理を引き退かせて、存在を超過する*prae(s)ens*〔現に前に存在するもの〕や、pré-sence〔現前性、前に‐存在すること〕――これは、pré-sence自体をその自己から引き裂くような拍動に常に捉われている――に優位を与えながら、ウインクと差延は次のもののなかに身を投じる、つまり、いわば、意味を超過し、この超過性そのものを合図で示すものを共に指し示すこと、あるいは、共に固有化することのなかにである。束の間通過するもの〔passant〕が指し示すのは、いささかも、存在の彼方に位置するものでもなく、またそれゆえ、存在者――その存在が存在でしかないような存在者――の彼方に位置するようなものでもない。それが指し示すのは、他なるものの意味でも、ある他者の意味でもない、それは意味の他なるものであり、（みずからを）自由に――もし自由の本質が、新たな一連の出来事を開始すること、意味の新たな送付と再送付を開始することにあり、それらの完了にあるのではないとして――改めて開始するある他なる意味、常に他なるものである意味なのだ。このけっして最終的ではなく、発端を切り開くような自由は、こうした意味の超過へと接近する――超過的な意味こそが自由の意味である、いいかえれば、存在の意味そのものである――、あたかも、ある頂点へと、ある最高のもの〔suprême〕へと、あるいはある崇高なものへと接近するように。とはいえ、この崇高なものについて、厳密には「最高である／最高な存在」と言うことはできない、また、この崇高なものは、どちらかといえば、最高のものないし根拠が宙吊りになるということに呼応するのであって、この宙吊りによって、至高性が宣言されるのだ。

もし至高者〔主権者〕とは、〈全‐能者〉でも、〈最高の〉存在でもないのであれば、いいかえれば、存在の極限というものがないのであれば――つまり至高者とは単に実‐存〔脱‐自、脱‐存 ex-istence〕であって、そのなかに至高者は底なしに沈み込む＝毀損される〔s'abîme〕のであれば――、そうすると、問題となっている接近は、あるプロセスの最終地点に到達するということにあるのではない――接近の本質は「存在論的証明」にあるのでもなく、また何らかの「神の証言者」、殉教者＝証言者〔martyr〕、預言者ないし神秘家の権威ある証言＝証明にあるのでもない。そうではなく、接近は不意に到来する、そして引き退く。それは束の間通りがかりつつ、退引しつつ不意に到来する。束の間の通過〔passage〕、*Vorbeigang*〔傍過〕とはこのようなものだ。だがこの束の間の通過はやはり神の束の間の通過ではない。もし神なるものがウインクしながらも、存在するのではないならば、もし神なるものが存在の非‐存在あるいは存在の退引ですらないのならば（というのも、「存在すること」にはそうしたことは全然ないからだが）、その理由は単に、神なるものがこのこと――そのようなものは何もないということ――に向けて、このことについて、このことから遠く離れて、合図をなすからである。（〈最高存在〉や〈最高存在者〉などというものはまったくない、また、絶対的に、これこれのと言えるものはまったくない、これこれのものであるということ〔*talité*〕や特定の性質ということで適切に汲み尽くせる〔意味作用できる〕ものは何もない、自己において、また自己に対して固有であるようなものは何もないのだ。）

したがって、神なるものは指し示されるものではなく、ただ単に指し示すもの、合図－をなすものである。神の束の間の通過があるのではなく、この神は束の間の通過が束の間通過するものであり、その束の間の通過が合図をなす。束の間通過するものの束の間の通過、瞬間のうちに遠ざかるその到来、こうしたものがなす身振りにおいて、遠きものそれ自体が遠くに指し示されると同時に遠ざけられる。すなわち、存在のなかにおける他なるもの＝他者の遠ざかり、そして現在のなかにおける不在なるものの遠ざかりが常に新たに始められるということ、これが遠ざかりなのである。

5

なぜ、この束の間通過するものは、〔無冠詞小文字の〕神と呼ばれなければならないのか？　なぜ、ウインクと差延は神的であると宣言される必要があるというのか？　これこそ最も重要な問いである。明らかなことだが、ウインクすることと差延することが、どのようにして神の固有性ないし神なるものの固有性であるのかを示すようなやり方では、その問いには答えられない。なぜなら、神的なるものの固有性をあらかじめ措定しておかなければならないであろうからだ。反対に、必要なことは、超越論的演繹によって、この二つの身振りのもつ神的なるものを明らかにすることである。

ハイデガーが明言するように、「最後の神」はひとつの系列の最後のものという意味で――あるいはただ単にそういうものとして――理解されてはならない（というのは、最後の神は同時に歴史の転回に呼応し、これ以降、もはや神々は存在しないとされるからだ）。最後の神は極限的という意味で最後なのであり、この極限は、神的なるものの極限である限りにおいて、神的なるものをそれ自身から自由にする＝解き放つ〔délivre〕。この〔délivre という〕

語の二重の意味において、すなわち、神的なるものを神学的なものから自由にし、神的なるものの固有の身振り《ジェスト》のなかに解き放つことである。おそらく、ここで聴取＝理解すべきことは、神なるものが身振りであるということだ、それは存在でも存在者でもない、神なるものは存在者の自己固有化不可能な存在へと向けられた身振りである。（自己固有化〔appropriation〕、これはハイデガーが*Ereignis*〔性起、自性化、固有化、出来事……存在＝有が現‐存在の自性＝固有性においてみずからの真理を現すこと、ちなみにこの語の動詞ereignenの語源の意味は「眼前に立てる」、「はっきり見せる・示す」〕と名づけるものであり、この分析も後で導入しておく必要があろう、というのも、まさしくこの自己固有化に向けて、ウインクはウインクするからであり、またこの自己固有化においてこそ、差延は差延＝差異化するから、またおそらく、差延は他でもないあるひとつ目配せ＝瞬きにうちにその本質をもつからだ。）

ある神について話す必要があるのか、それは定かではない。それが最後のものであれ、最初のものであれ、あるいは何らかの任意のものであれ、この名＝名詞の使用に対して必当然的な自明性を付与するものは何もない——もっとも、それが名であるとしてであるが、だがいかなるジャンルの名なのか？（普通名詞なのか？　またその場合、いかなるクラスにとって、あるいはいかなるジャンルの存在者にとって普通＝共通のものなのか？　それとも固有名詞なのか？　だが誰にとってあるいは誰の固有名詞なのか？）。ここで提示される唯一の可能性は、この語、「神」が目配せの非‐自己固有化に適切な〔自己固有化されたapproprié〕ものと判明するようなことが場合によって起きるのかどうか、そうしたチャンスが束の間通過する際に不意を襲うことができるように警戒を怠らないことであろう。予備的な指示として、「神」という語ないし名は、何らかのある形式での目配せないし瞬きなしには、発せられないと言えないだろうか。「神」と人が言う時——よく言うように「それを信じる」か否かに関係なく——、人は、自分が言っていること、あるいは名づけている者を、固有の＝適切な仕方《プロプルマン》で意味（作用）することも、いかなる残滓も留めずに意味（作用）することもできない、ということを宣言しているのだ。「神」が何らかの意味作用を所有するとすれば、それは最高の存在者という原理へと還元された場合だけである。だが還元されてしまうなら、「神」はもはやその名を必要とはしない、そして、それこそ、「〈神〉は死んだ」と人が言い、公言し、叫ぶ際に、人が言表していることである。ところが、〈神〉の名は、この最高の存在者とともに死ぬのではない。おそらく、まさにこのことによって、われわれは神をある固有名とみなすように決断するのだ。ひとつの固有名は死ぬことはない、またそもそも、その唯一の固有性は不死性である。この者――〈神〉――は執拗に存続する、あたかも、この存在者の空虚な場所に、至高性の、刳り抜かれた心臓部に――またこの意味で、「最後の神」として――残存する名でなければならないかのように。だがそれゆえに、この表現が言わんとするのは、「神」とは常に、最後のものであるということ、そして、あらゆる名とあらゆる意味作用の極限、最後の＝究極的な極限の名であるということであろう。またしたがって、意味の超過ないし欠如に対する＝代わる名であろう、その結果として、この名は固有の＝適切な仕方で意味作用することは許されず、反対に、名づけえないもの非‐意味作用性を名づけることを要請されるであろう。前にも言ったように、このような規定はすべての者に対して妥当する、信者であろうとなかろうと、「有神論者」であろうと「無神論者」であろうと（このことからさらに分かるのは、無神論者であることは単純で必然的なことである、だからといって「〈神〉なしに」あることは単純でも必然的でもない）。

名づけえない非‐意味作用性がどのようであれ、存在がそれ自身の差延のなかで退引することが、どのようなものであれ、名を担い持つ者はこの非‐意味作用性を合図で示す。（そしておそらく、名を担い持つすべてのものはそのことを合図で示す――おそらく、〈神〉はあらゆる名の心臓部に現前している／不在である、この点については再論する必要があろう。）名を担い持つ者は、非‐意味作用性を合図で示すことなく合図で示す。束の間通りがかりに合図で示す、なぜなら、非‐意味作用性はひとつの現前性のうちに固定することはできないからだ。束の間通りがかりに、束の間通過しつつ、合図で示す者、それは束の間通過するもの〔passant〕それ自体である。束の間通過するものは、束の間通過する、そして束の間通過するためには、そのものは誰か＝ある一者〔quelqu'un〕である。束の間通過する何らかの一者、それは束の間の通過の歩み〔否 pas〕に他ならない、それは、束の間通過することを属性としてもつようなある存在者ではない。神の束の間の通過について語るべきではないだろう──ハイデガー自身も語るべきではないだろう──、しかしながら、〈神〉は束の間の通過のなかにある、〈神〉は束の間通過するものであり、束の間通過するものの歩み＝否〔pas〕である。この歩み＝否が神の身振りであり、この身振りは、束の間通過しつつ、ウインクする、そして差延されるのだ（「歩み＝否はみずからを否定し、それ自身運び去られる」とデリダは別の箇所でブランショを解釈しながら（ということは演じながら、という意味だが）書いている）。[14]

束の間通過するある一者。その統一性と、この統一性の真理は、束の間の通過のうちにある。統一性は歩みの統一性であり、したがって、もうひとつの歩み、もうひとつの拍動、もうひとつのシンコペーション〔中間省略による衝突、切分法〕を形成する点滅＝開閉の統一性である。それは主体ではないある一者である、もしくは、一歩ずつという仕方でのみ、それぞれの一歩に則した独異な仕方でのみ、実存する〔exister〕（また実際、重要なのは脱－自する〔脱－存する ek-sister〕ことである）とみなされる場合に限り主体であるような、ある一者である。だがそれはある一者である、それは誰か？ であって、何か？ ではない。これがそれを名づける第一の理由である。「〈神〉」の名は、「何か？」という問いには答えない。だがまたそれは「誰か？」という問いにも答えない。「〈神〉」の名は、「誰か？」という問いが存在しないということに向けて合図する（「誰か？」という問いは、「何か？」ということに帰着する問いなしには存在しない、たとえば、「あなたは誰か？」と問うことで、人は本当の、実体としてのアイデンティティ、それ自体のうちでそれ自身と差延化しつつあるのではないようなアイデンティティを手に入れようとする）。

14　« Pas », *Parages*, 前出、三二頁。

「〈神〉」の名、あるいは、どのようなものであれ、神のある名、あるいはさらに、ある誰かにとっての神を言う際の言い方（アクナートン〔古代エジプトで一神教を奉じた王〕の〈神〉、アブラハム、イサク、ヤコブの〈神〉、イエス・キリストの〈神〉、ムハンマドの〈神〉、また「わが〈神〉よ」、私自身の〈神〉、そのつどひとつの私のものである〈神〉、*etwa eine Jemeingötterung*〔何らかのそのつど私のものである神現〕）。「最後の神」はまた極限を指し示すのであろう、この極限において、神の名は、この「わが〈神〉よ」のなかで息絶える、つまり、私のうちにあり、私にも、また任意の誰かにでも属しているある差延、共約化することも自己固有化することも不可能な差延を、私のものである公言として、公言するなかで息絶える。

そもそもこうした理由から、差延は「語でも概念でもない」。それは一方＝一者から他方＝他者に向けての、一方＝一者から他方＝他者への呼びかけである、ひとつの思考のその思考そのものに対する――あたかも、その思考にとって最も固有である思考不可能なものに対してであるかのような――呼びかけである。

6

したがって、重要なのは、この「言葉にすることのできない存在であり、いかなる名もそれには近づきえないだろう、例えば〈神〉のように」、つまり、差延という、もうひとつの「名づけえないもの」に、デリダがはっきりと対置しているような〈神〉が問題なのだ。[15] もし最後の神が、「神」という語と名の、最後の、究極的な分節でもあるとすれば、それはこの究極的な性格が、ある意味作用として、この語に帰属するからではなく、口に出すこと[16]〔公言、前に運ぶこと profération〕として、初めてこの語に帰属するからだ。すなわち、この公言が私へと到来するのは、束の間通過しながら、私へと合図する他なるものから、ある他者からであり、それらのウインクに対して私が「わが〈神〉よ！」によって応答する他なるものや他者からであって、まさにこの限りにおいて、「私のもの」である公言として、究極的な性格はこの語に帰属する。もっとも、私がこの「わが〈神〉よ！」という語を発する必要があるわけではない、この語の「意味」は束の間の通過そのものを名づけること、あるいはむしろマークを付け、はっきりと認め、声高に言うことにある、とはいえ、これはひとつの物＝事象《ショーズ》や状態としての束の間の通過ではない、それは、その歩み＝否〔*pas*〕と歩み＝否のシグナルを認めたがゆえに私が呼びかける、あるいは呼び止める束の間通過するものとしての束の間の通過なのである。

「呼び止める」というのは、ここでは、誰かを指し示し、その誰かが注意すること、さらには服従することを要求する、という意味ではない。それはシグナルの交換を指し示すだけである、この交換なしには、シグナルも目配せ〔瞬き〕もないだろう。人や対象を特定することはここにはない。志向性は存在しない。実際、目配せは現象学的な視線を閉ざし、もうひとつ別の視線を開く、あるいは視線〔regard〕の代わりに配慮〔敬意 *égard*〕を開く。目を細め瞬かせることは、過剰な光の直中で視覚を順応させようとする人の身振りでもある。順応させようとする限りにおいて、その人はさまざまな対象に狙いを定めているが、目を細め瞬かせている限り、その人は眩暈に捉われ、明確に見分けられないか、あるいはもはや見分けることができない。その人はせいぜい垣間見る〔あいだで見る entrevoit〕にすぎない。その目の瞬きは要するに、光の煌めきと調和し始める、そして視覚のもたらす距離を喪失する。ウインクという価値をもつ目配せにおいて、重要なのは、視線で捉えることでも見分けることでもなく、反対に、他なるもの＝他者に向けて、目の光を、光〔*lux*〕としての目を送ることである。目の点滅＝開閉が

15　*Marges – de la philosophie*〔『哲学の余白』〕, Paris, Minuit, 1972, p. 28.

16　このことと、デリダが「信と知」のなかで、言語（活動）による「〈神〉」の産出に関して提起していることを関連づける必要があるだろう。

行うこと、それは実際、目のこのような変様あるいは様態変化である。目はもはや見るものではなく、合図をなすものとなる。そうしたことから、さらに、はっきりと認めておかなければならないが、目配せは現象学的ではないあらゆる視線に属する、いいかえれば、他者の視線に面する＝臨《ルガルド》むあらゆる視線に、あるいは他者の視線のなかで他者への配慮＝敬意《エガール》を払うあらゆる視線に属する。「互いの目を覗き込むようにして」面と向かってあること、これはすべて目配せである、この目配せは終わらないこともあるし、視覚の混乱の絶頂にまで、また人を震えさせる情動の絶頂にまで触れることもあるかもしれない、したがって、目配せは、最も多くの場合、持続しない、あるいは、時間の直中で、ある永遠の長さだけ持続する。このようにして、われわれはレヴィナスの近くにいると同時にレヴィナスから遠く離れている。

　瞬間から控除されたこの瞬間、瞬間のうちにあって、時間の三重の規定から控除された瞬間、こうした瞬間が拍動を打つのは、ただこれらの次元のあいだ《アントル》の差異から発してである。こうした拍動の源をなす差異、時間とはまさに固有＝適切な仕方で〔proprement〕この差異である、また、この差異に則して、時間はけっして時間自身に到達することはなく、みずからの存在のなかで自己から差異化するのであり、また同じように、みずからの存在のなかで差延される。ところで、束の間通過するものの歩みとしてのこの差異が、さまざまな歩みの差異を形成する、そしてさまざまな力の差異の作動化としての束の間の通過を形成する。歩行する機械を作動させることなしに一歩も踏み出すことはできない。けれども、諸力の差異は力そのものをなす、いってみれば力の本質をなす、というのも、力とはけっして現前的ではなく、常にもうひとつの力に抗して／寄り掛かって〔contre〕、持ち上げられ、立ち上げられ、起動されるからだ（ちょうど重力に抗する／寄り掛かる足のように）。これこそまさにドゥルーズの教訓であって、デリダは十分に意識して差延の分析のなかにこの教訓を取り入れている[17]。最後の神の束の間の通過の際に唯一重要なこと、それは垣間見る〔あいだで見る entrevoir〕ことと呼び止める〔あいだに押し入る interpeller〕

ことであるとすれば、それは、すべてがあいだで〔entre〕生起するからだ、実際、すべてはあいだにおいて生起する（この entre《アントル》という語を a を用いて antre《アントル》〔洞窟〕と書くこともできよう、ただし音声上、その違いは聞き取れないが）。束の間通過するものの静かな力は、歩みの差異を作動させる。そして、束の間通過するものの独異性、あるいは、このように――「ひとつの／ひとりの束の間通過するもの」と――言えるとして、その個々人＝人格《ペルソネル》に関わる統一性の独異性が、諸力のあいだで実際に作動する独異な統一性を分節する（その足と大地のあいだ、前に投げ出され、均衡を失った身体とそれを引き留める機械とのあいだ、とはいえ、この機械も前方への動き自体のなかで引き留められている、つまり、それ自体の前にある機械、それ自体の縁にある機械）。

もしこの束の間通過するものが、この名－語《ノン－モ》〔nom-mot〕（非－語《ノン－モ》〔non-mot〕？）のもとに、こうした思考――この思考は、それ自体のうちにおいて、あるいは、それ自体に向けて、「神」を呼ぶ＝呼び求めるのだが――のもとに呼び止められるままであるとするならば、その理由は、最後の＝究極的な力や、全－能性――みずからが創造したすべてのものの無能力さの他にはいかなる差異ももたない全－能性――のことを言っているように見えるこの語[18]が、実際には、あるひとつの差異以上のことは何も言わないからだ、すなわち、より正確にはこの語は――事実＝効果として〔en effet〕――全－能性と被造物の微小な権能のあいだの差異を言うのだ。さらに正確には、またすべてを厳密に言うならば、つまり、問題となっている行為＝現勢態《アクト》（神的な合図＝指示）の極限に達するほど

17　*Marges – de la philosophie*, 前出、一八頁（この二人の哲学者の二つの力の遭遇する地点、さまざまな差異の差異的＝微分的な遭遇、これについてデリダはドゥルーズの逝去の際に改めて論じている、その際の彼のテクスト、『そのたびごとにただ一つ、世界の終焉』所収を参照のこと）。

18　さらにハイデガーは、一神教的な「創造」について、最も陳腐であるとともに最も誤った軽蔑的解釈を施しているが、これは別の問題であって、彼とユダヤ－キリスト教との捩れた諸関係に関する包括的な問いのなかに置き直す必要がある。

の言い方をすれば、この語が言っている差異は、全体なるものの権能が何ものでもない限りにおける差異のことなのだ。こうした差異は瞬間的な行為＝現勢態に他ならず、このなかで、世界が、存在者が、よく言われるように、「偶然存在するに至る」、いいかえれば、いかなる場所でもないところから到来し、いかなる場所でもないところへと向かう、だがそのようにして、それは束の間通過する、あるいは生起する、場を持つ――それゆえ、全体なるものの、権能－をはみ出す外部の権能と、存在者が脱－自する〔実存する、脱－存する ek-siste〕際に従う微小な力とのあいだに生起し、場を持つ。脱自する存在者はいいかえれば、自己の外に存在するが、それは、いってみれば、存在するためではなく、みずからを到来したもの、引き退いたもの、それ自身の自同性〔自性 mêmeté〕へと捧げられたものとして発見するためである（私はこういうやり方でごく大雑把に、*ereignet*〔性起した、自性化した、固有なものとされた、出来事として起きた〕、*enteignet*〔自性・固有性を剥奪された〕、*zueignet*〔自性・固有性を委ね送られた、固有化された〕を翻訳している、正確を期しておくと、*zueignet* の翻訳に選ばれた「捧げられた〔dédié〕」は「宣言する」、「開示する」という意味でもあった）。

「〈神〉」が言うのは、全体－をはみ出す外部の超過性とある一者〔誰か〕（そして／あるいは、ある何か）の脱自性＝脱存性〔eksistence〕とのあいだの開放性としての差異である。実際、「〈神〉」は日＝光――*dies*――と夜＝闇の差異、光／闇の分割を言う、この分割によって、すべては生起する。つまり、この同じ存在論的至高性〔主権性〕――この同じ頂点、あるいは存在の頂点――の二つの様態、二つのアクセント、これらの二者は、存在しないし、また存在論的でもなく、また同じく神学的でもないことが判明するのだが、こうした二つの斜面のあいだで、すべては場を持つ。この存在論的至高性は、前述したとおり、現象学的でもない、またそれゆえ、厳密に、束の間通過するものである。「神」という名が名づけるのは、何か〔何ものでもないもの〕と何か〔何ものでもないもの〕――すなわち、*res ipsa*、事象そのもの――のあいだの隔たりと開放性の歩み＝否である。

ラテン語の *divus*／*deus* の源泉は、[19] 語源的にもクラチュロス的にもいかなる幻影ももたらさない、また固有の＝適切な仕方で意味作用をするという幻影さえももたらさないはずだ。「〈神〉」という名が、根源的な意味生成の超本質〔本質・存在的性格を超えたもの suressence〕である限りでの〈名づけえないもの〉の代‐名詞と考えられるならば、そうした幻影をもたらさないし、そう考えられるならばとりわけ、幻影をもたらさないはずだ。反対に、神は光と闇のあいだ、見ることと見ないことのあいだ、日＝光と夜＝闇のあいだ、ある何かと何ものでもないもの〔無 rien〕とのあいだ、これらのあいだの引き裂きの普通名である、そうであるとはいえやはり、このこと、この引き裂き、この歩み＝否が固有の＝適切な仕方で名づけられるわけではない。「〈神〉」が名指すのは、むしろ――しかもあらゆる言語において、諸言語の異なる源泉に則して――、名がそれ自身の非‐意味生成へと開かれているということだ、だがまた同時に、この同じ開放性は、ある呼びかけの発出としての開放性である。既に理解されたように、「〈神〉（よ）！」が「意味」を帯びるのは、唯一、呼びかけながら、それを呼びながらのことである、また、こんな言い方が可能だとして、それがみずからを呼びながらのことである。

このようにして、過剰に自己固有化された〔過剰に適切化した〕過剰命名にまた新たに近づいていくという指摘も可能である、なぜなら、そういう仕方で、名づけえないものの名と、〈名〉の非命名――さらには命名と記号

19　本書所収の「全体の無なることについての信」を参照のこと。*divus* の起源はギリシア語の *dios* のなかに見つかる、*Zeus* はこの後者と結びつく。*Gott*／*god* はまったく異なる、不確実な語源核に送り返される、この語源核は呼びかけ、あるいは〔酒・油などを〕奉献する儀式と関係があるようだが、どちらの場合でも、距たりのなかでの関係と関連づけられる、「遠くから呼ぶこと」であったり、遠くのものへ、「遠くへと注ぐこと」であったりする、これはまた別の引き裂きの仕組みを構成する。

＝合図一般の、無際限で、詩的ないし音楽的な、投擲のような、あるいは根源的‐沈黙のような自己超克――とが結びつけられて同一性をなすことになるかもしれないからだ。以上のことには疑問の余地はない。けれども、それには次の指摘で十分である、つまり、意味‐を‐超えたこれらさまざまの超脱のどれかであるというよりは、「神」はただ単に、固有名の代わりにある普通名を提示する、しかもそのやり方は、固有のもののもとに普通のものを包摂するのではなく、また固有のものを普通のもののなかに吸収するのでもない。むしろこう言っておこう、「神」は――「神」にその点滅＝開閉、アクセント、言語的な微小偏倚《クリナメン》を与えるような抑揚、感嘆に満ち、加護を希求する抑揚も伴いつつ――、そのウインクを、あらゆる名の傍らに、側面に投げ送る、最も厳かな名から最も慎ましい名に至るまで。ある意味では、それは至高の＝主権的な語である、あらゆる名を超えた語である、また別の意味では、それは命名しない語であって、あらゆる名のあいだに開かれた空間において瞬きをする語である――この空間は、脱‐自するもの〔脱‐存するもの、実存するもの l'ek-sistant〕から存在にかけて穿たれる空間と同じ空間である、ただし、この存在は、脱‐自するものを存在させる〔*l'est*〕（他動詞的な動詞）存在であって、「脱‐自するものがそうである」（状態＝存立を表すとされる動詞）存在ではない。

束の間通過するもののシグナルは、したがって、その歩み＝否〔pas〕以外の何ものでもない。それは信号システムでも、俯瞰的な標識体系でもない。瞬きはネオンの標識に由来するのではなく、単に、日と夜、往と還、誕生と死の普通のリズムから由来する。「真理がないということ＝真理の歩み〔le pas de vérité〕は、歩み＝足跡の真理〔la vérité du pas〕のなかで後戻りできなくなる」とデリダは書いている。[20] ウインクの神的な真理とはこのようなものだ。この真理が依拠するのは、神の目配せは存在しない、そして神とは目配せであるということだ。神は目配せをなすのではない、神は目配せにおいてみずからを瞬かせるのである、ちょうど、神が目配せにおいて、神自身の名——固有の仕方で普通であり、普通の仕方で固有である名、要するに、ひとりひとりの男〔女〕の名——を活用変化させるのとまったく同じように。

点滅＝開閉の直中で、目は閉じられる、そして、開／閉が拍子をとるなかで、普通の＝共通の意味と固有の呼びかけ（「君！」、「君に！」、「来たれ！」、あるいは「立ち去れ！」、ウインクはこうしたことをなす）が、中間部を欠いたまま衝突しつつ総合されるなかで、束の間通過するものが束の間通過する。束の間通過するものから実存するものへと、ある共犯性が開始される、束の間の共犯性〔暗黙の、秘密裡の共有 complicité〕であり、それらの意味の差延である、この差延は、それらのあいだの差異を経由する。二つの目が共に閉じられる時——束の間通過するものと実存するものの両者の側からなされるのであれ、実存するものの単なる応答のうちになされるのであれ——、それは同意である。ラテン語ではそれは *conniveo*〔目を閉じる、瞬きする、透かし見る〕と名づけられる、これは目を瞬かせるという意味の動詞である *nictor*〔目配せする、瞬きする〕に基づいて作られている。二つの目で一緒に目配せする〔瞬かせる〕こと——また、呼びかけるものと呼びかけられるもの（この二つはもはや区別されない、あるいはほとんど区別されない、目配せしなければならないからだ）とが一緒に-あること〔être-ensemble〕、あるいは共に-あること〔être-avec〕のなかでの、瞬きすること——、それは目配せによる共謀〔示し合わせ、暗黙の了解 *connivence*〕のなかに入ることだ。人間は〈神〉との目配せによる共謀関係にある。目配せによる共謀は沈黙したままであり、ウインクだけで事は足りる、そしてウインクのうちで、この目配せによる共謀は意味を、視線を、さらには神そのものを超過する。これこそまさに神的な牽引線あるいは身振りである、〈神〉はそれ自身の束の間の通過のなかで超過されるのだ。実際、〈神〉はそれ自身の束の間の通過へと到来し、そこから出発＝離脱する、〈神〉は

20　*Parages*, 前出、六七頁。

この束の間の通過なるものの束の間通過するものなのである。超過された〈神〉は、死に処せられた最高の存在者ではない。それは、デリダによる別の引用のなかでジャベスが書いているように、〈神〉の跡を継ぐ〈神〉である。[21]だが厳密を期しておく必要があるが、神的なのは跡を継ぐ＝歩むこと〔succession〕である。それは束の間の通過なのである――証人の束の間の通過と歩み＝否の束の間の通過。歩み＝否は神的な場である、単独の場であり、この場において、束の間通過するものの力が合図で示され、超過される。それでもやはり、視線には、ものを固定化させようとする暴力があり、この暴力のなかに、目配せによる共謀が囚われる可能性はある。そうなると、神なるものはもはや束の間通過することはない、それは〈神〉となる。そうすると、差延は突然に方向転換する、超越性〔transcendance〕のほうへというわけでもない（というのも、真実のところ、差延は〈みずからを〉超越する運動のひとつの反響ではないだろうか?）、そうではなく、支配の座に据えられた超越するもの〔超越者 transcendant〕のほうへとである。

束の間通過する神は、われわれではないひとつの束の間通過するものであるが、かといって、この束の間通過するものは、もうひとつの主体ないし存在者という意味での「ある他者＝他なるもの」ではない、またそれは、あらゆる存在者および／あるいはあらゆる自同性〔同一性 mêmeté〕の「〈他者＝他なるもの〉」でもない。それは、「他者‐自同なるもの〔le même〕」とは異なる他者＝他なるもの、あるいはさらに、〈自同他者〔自同なる他者、他なる自同者 le Mêmautre〕〉（ほとんどの場合、〈神〉と呼ばれるもの）とは異なる他者＝他なるものである。みずからの歩み＝否に他ならないある他者＝他なるもの、そしてこの歩み＝否において、意味の変質＝他化の／へのウインクに他ならないある他者＝他なるもの。というのは、結局、それが合図で示すのは、正確には、ある他性よりは他化であるからだ。その歩み＝否〔pas〕は、出来事の到来ないし到達さえも他化＝変質させる、つまり、出来事は到来するのではない、それは束の間通過する〔passe〕のだ。〔差延の〕*a* のウインクと、束の間通過するある**一**者としての *a*

——また、束の間通過するこの神としてのこの束の間通過するもの。神の束の間の通過は神の退引と同一である。この歩み＝否、において、「一瞬のあいだ（*für einen Augenblick*）、突発的－到来〔出－来事 é-vénement〕は固有＝本来的に到来する、出発＝分離する、そして捧げられる（*das Er-eignis ist Ereignis*〔自性－化＝出－来事は性起である……動詞 ereignen は古高ドイツ語の ir-ougen「眼前にはっきり見せる」に由来する〕）。この目配せ、この瞬間が、存在＝有の時（*die Zeit des Seins*）である」[22]。こう翻訳することもできよう、その永遠にして瞬間的な差延〔différance〕であると。あるいはさらに、この踏み越えられ＝戦慄させられた他動性〔transitivité transie〕であると、これによって、突発的－到来〔出来事、自性化〕は、実存するものにとって何ものでもないもの〔無 rien〕として共有化＝伝達される。束の間通過するものが合図で示すのは、まさにこの絶対的な隔たりのなかでの突発的な共有化＝伝達《コミュニカシオン》である——そして束の間通過するものは束の間通過する＝伝播する〔passe〕。

「法外な束の間通過するもの」、マラルメのこの語に則して、ランボーは書いている、

あれが（再び）見つかった、
何が？　永遠。
太陽と溶けあった
海のことさ。

〔ランボー『地獄の季節』、錯乱Ⅱ〕

21　*L'Ecriture et la différence*, Paris, Le Seuil, 1967, p. 429.〔『エクリチュールと差異』上・下、法政大学出版局、一九七七年／一九八三年〕
22　『哲学への寄与論考』、第二七九節〔邦訳、五四五頁〕。

意味の免除*

ただ分割=共有《パルタジェ》されたものとしてのみ意味〔感覚 sens〕は存在する。だが分割=共有する〔partager〕ということとはどういうことなのか、いかなる意味がそこで提示されるのか？　おそらく二つの問いは重なり合う。すなわち、この分割=共有のなかで分割されるものだけが、自己から分離されるものだけが、分割=共有されるということ、これがひとつ、そして、分割=共有されうる意味とは、自己から分離された意味であり、最終的=目的的なあるいは中心的な意味作用〔signification〕のなかでの完成ということからは解き放たれた意味であるということ、これがもうひとつである。一般的には、目的ないし中心という価値〔（言語的な）意味 valeur〕は、意味という価値である——このときの意味合いでは、意味なるものは、ある絶対的な価値の集中化および結晶化であると理解されている。つまり、それ自体にとって価値があるような価値、他の何にも関係づけられないような価値が必要とされて初めて、次のような運動が落ち着きを見せ、完成、完結する。その運動とは、意味ないし価値が（これらの語を、あるいは、同一概念を表すこの二重の語を、言語や倫理学の音域で捉えようと、あるいは形而上学の音域で捉えようと）ひとつの地平ないし主体へと送り返されて、そのなかへと吸収されるような運動、また、地平ないし主体という実体のなかで、意味ないし価値が、最終的に、「実現される」ような運動である、ちょうど、金融的価値ないし資本について話す場合に見受けられることだ。いうまでもなく、われわれが貨幣価値の次元に触れ、またそれゆえ、貨幣経済の条件をなす一般的等価性〔équivalence〕の次元に触れるとしても、それは偶然ではない。貨幣経済のほうが今度は、意味や、意味の分割＝共有という地平を今日、統制しているように思われる。

価値ないし意味が絶対的でありうるのは、二つの様式の場合だけである。ひとつは、至高の、究極的な価値の次元にあるときである、この至高の価値は、他のあらゆるものの尺度をなすとともに、何ものも至高の価値自体の尺度をなすことはない、もうひとつは、一般的等価性のシステムにあるときである、この等価性のなかで、すべてが相互に同じ価値をもつ、また同時に、価値の本質は幾らかの価値を産出すること、そしてこの産出可能性を再生産することにある。第一の意味は、価値を意味する*Wert*〔価値〕という語に近いドイツ語の*Würde*〔尊厳〕のなかに託されている、またこの語によってカントは絶対的な尊厳を指し示し、それを「人間の人格」のなかに位置づけた。第二の意味は、「資本」という語に託されている、この語は換喩的用法で、交換可能な価値の産出が無際限に価値づけられるプロセスを指し示す。

より正確を期すなら、こう言うべきかもしれない、すなわち、人格という絶対的な〔分離的な absolue〕価値は、マルクスの用語に書き換えるなら、産出行為の人間的価値であり、またそれゆえに、人間が作品に対して（あるいは作品として）付け加える計算不可能な価値である、だがこの絶対的な価値はまた資本によって一般的等価性へと転換されるものでもある。

またこのようにして、われわれは、今日、われわれの眼前に、またわれわれのうちにあって、歴史、政治、文化、科学＝学問そのものを、また世界を――それゆえ意味を、あるいは意味の真理を――引き裂く緊張の直中にある。

＊　第一稿は二〇〇二年一月に、ロラン・バルトセンター（ジュリア・クリステーヴァが指導運営、パリ第七大学）で読み上げられた。

いいかえれば、人間は絶対的な価値であると想定されるが、この緊張はそのうちにおいて、そうした絶対的な価値同士の等価性を膨張／弛緩させるのだ。

ロラン・バルトは自分の作業を、彼が「記号の道徳性」[1]と呼ぶ気遣いの標識のもとに位置づけている。彼によればこの気遣いの特徴は、二重の拒絶を介して意味を調整するように配慮することにある。つまり、「固定した意味」（既得の定着した意味作用）の拒絶と、「無に等しい意味」（彼が言うには、解放を唱える神秘主義のそれ）の拒絶である。意味が充足されないように、また空虚化されないように守ること、保存すること、ここにエートス（住みか、住み方、他者との住まい方、倫理）がある。

この「記号の道徳性」について、それがハイデガーにおける「単純な言〔dire simple〕」――ハイデガーはこのなかに、ある倫理学の根源的な意味ないし価値であると彼が指摘するものについての要請を結集させようとする――に関する気遣いと類比的な関係にあると強調しておくのも無駄なことではない。こうした形で私が提案する関連づけ（レヴィナスも含まれるが）に戸惑いを覚える人がいるとすれば、それはハイデガーやバルトという名に対してあらかじめ、どのようなものであれ、ある意味ないし価値を充填し飽和させている場合に限られるだろう。私がこう提案するのは、比較作業へと踏み込むためではない、極めて当然のことながら、比較を行ったとしても、早晩、余りにもかけ離れた調子の差異という問いに遭遇することであろう、またそれゆえに、両者のあいだのパトスの差異と同じくエートスの差異という問いに遭遇するだろう。私がこう提案する理由はただ次のことを指摘するためである、すなわち、意味についての気遣いは――周知のように、これを巡って、同時代の思想を代表する名をひとつ以上挙げることも可能であろう――数ある気遣いのうちの単なるひとつではない、それはわれわれ（ニーチェが言ったように、「われわれ他なるもの」、われわれ、遅れてきた者、われわれ良きヨーロッパ人）にとって、思考への気遣いそのものであり、思考の道徳性――なおもこの語を使うとして――についての気懸かりなのである、いいかえるなら、意味なるものが、あるいは意味なるものの意味が、問題をなす、不安やアポリアをなすような時代の要請に見合ったある振舞いと姿勢についての気遣いなのである。

こうした気懸かりは、ニヒリズムの時代としてのわれわれの時代の自己意識から由来する。「ニヒリズム」が指し示すのは、意味＝感覚＝方向〔sens〕の期限切れとでも呼びうるものだ。長々と述べる必要はあるまい、歴史ないし運命、主体ないし訴訟過程《プロセ》、商品的価値ないし倫理的価値、「美学」という語と同じく「倫理学《エティック》」という語そのもの、また権利上、際限のないこのリストを中断するために言えば、感覚を示す感覚《サンス》や方向を示す方向《サンス》と同様に意味（作用）されたものである意味《サンス》、われわれの思考の条件、またそれゆえに道徳性の条件は、ありとあらゆる仕方で、意味の期限切れに遭遇する。意味の復興作業や、呪文を唱えるなどの形骸化した行為を少しでも拒絶する限りそうなのである。同じように、少しでも、意味を意味の外部で開示するさまざまな否定神学を拒絶したり、また同様にニヒリズムについての惨憺たる臆面もない変異体（崇高な英雄主義あるいは破局を装った取るに足りない行為）を拒絶したりする限りそうである。あらゆる点において、単数ないし複数の意味《サ》＝感覚《ン》＝方向《ス》は失効している、つまり、もはや価値をもたない、もはや市場において通用しない、あるいは、ただ悲惨＝貧困な仕方で、現実の貧困を隠蔽するように定められた事態の流れであるにすぎない。

個人の自己意識もそうだが、時代の自己意識というものが、すべての真理を語るわけではない。だがそれは少なくとも、次のような自己意識の場ではある、すなわち、今日われわれにとって、別の仕方で、意味を、意味の意味を聴取＝理解しなければならない状況にあるということだ。

1　Roland Barthes, *Roland Barthes*, Paris, Le Seuil, 1975, p. 101.〔バルト、『彼自身によるロラン・バルト』、みすず書房、一九九七年〕

だからこそ、ロラン・バルトセンターで話すように依頼されたこの機会に、彼が使用した表現のひとつを把握し直してみるための好機《カイロス》を見出したわけである。彼はこの表現――つまり「意味の免除〔意味の解き放ち exemption du sens〕」――を用いて、意味の他なる理解あるいは他なる聴取へとつながる道を切り開こうとしたのだ。

私にこう尋ねる人もいるだろう（既にそうした問いかけを私は受けたが）、率直に「意味」を断念したほうがいいのではないかと、それも（あたかもニヒリズムをより深刻化するために）非意味に加担するためではなく、ストイックな姿勢のうちに、あらゆる意味から免れた真理を禁欲的に守るために、あるいは、意味そのものの無限な撒種を支持するためにである。こういう形で提案されているのは、意味を干上がらせること、あるいはあらゆる方向に意味を拡張することである、だがいずれにせよ、あらゆるもののうちでも最も鈍重なものである意味という概念を断念することが提案されている。さらにそこにフロイトの警告も付け加わることだろう、すなわち、実存の意味を尋ねることは、既に神経症のなかに陥ることなのだ。今日では、意味を無視するか、遠ざけておくこと、あるいは意味から脱して癒されることしか可能ではないように思われるだろう（意味を復権したい人々のことは言わないでおく）。ある仕方では、私が考えているのは、これらすべての退引ないし拒絶を考慮に入れること、そしてそれらの数だけアプリオリな条件を作り出すことである――だがしかしながら、これらの条件は、執拗にも、意味の意味を改めて切り開くためである。したがって、私は、どのようなやり方であれ意味の期限切れを確証するというよりは、意味の免除＝解放を考察してみたいのだ。この表現はバルトからわれわれに与えられるのだが、彼自身、この表現について真の分析を与えてくれていないだけ余計に、われわれの注意を引きつける、彼はその意味作用を幾つかの箇所で中断したままであり、その箇所でも正面からの議論はどう見ても行われていない。

「意味の免除」は『表徴の帝国』[2]のひとつの章のタイトルである。このように選ばれた用語について検証もないままに、この章では、禅や俳句における意味との関係、いわば離脱という関係の特徴が明らかにされる。これは、次のような意味、すなわちその否定性ないし昇華によって、究極的な所記〔意味されるもの signifié〕――たとえ沈黙した、口を大きく空けた、血の気の失せた所記であれ、死と神とが結合したものに似ている所記であれ〔これはあらゆる西洋的思考の深部にある運動を表象するものであろう〕――の保証が絶えず作り直されるような意味を掘り下げることでも入れ子構造にすることでもない。そうではなく、意味それ自体の離脱および放棄が問題なのだ。この章にある「免除〔解き放ち〕」は明らかに「意味の侵犯＝家宅侵入」の対極にある。後者のほうは前章における、意味作用の高圧的で、無遠慮で、貪欲な独占的支配を表している、つまり意味作用は、俳句の簡潔な語について解釈を施そうと望むわけだ。「意味の免除」とともに重要なのは、この意味作用しようとする意志の退引であり、〈言わんと‐すること〉〔言おうと意志すること、意味作用しようとすること vouloir-dire〕――これは言〔言うこと dire〕の前で消え失せる術を心得ているべきだと思われる――の退引である。バルトはこう書いている、「俳句は何も言おうとはしない」。

〈言わんと‐すること〉、これはデリダが同時期に――その数字と意味を与えるのが一九六八年である――フッサールの *Bedeutung*〔意味……フッサールにおいて言語表現の意味は指示対象への関係を媒介するものであり、対象との直観的関わりによって充実されねばならない〕の翻訳として導入したものだが、意味のなかでは、言うことよりも意志するこ

2　ロラン・バルトのこの表現の登場箇所とコンテクストについては、ジャン＝ピエール・サラザックの非常に貴重な指摘に負っている。さらに、これが登場箇所についての網羅的な抜粋であるという保証もまったくない。この発表の後、時間が経つほど、数多くの登場箇所があることが判明した。とはいえ、バルトは――私の間違いでなければ――彼がこれについてどのような観念を抱いているのか、その解明や説明のための労をとったことは一度もない。

とが優位にあることを示している。意志すること、それはみずからを自分自身の作品＝営為となす主体性である。それは、外部性の現実＝実在性《レアリテ》として想定される内部性を投射することである（カントは意志を、「みずからの表象によって、この同じ表象の現実＝実在性の原因である」ような能力と定義する）。意志としての意味――換言すれば、われわれが、「われわれ他なるもの」がまず最初に理解するような、絶対的＝分離的な仕方での、意味そのもの――は、常に、意志の自己‐設立的な投射へと帰着する。最近、期限切れを迎えた意味のうち、最も有名で最も露わとなった意味の例を挙げるなら、歴史の意味〔方向〕とは、結局、既に与えられたある意志を、歴史によって完成することにある。つまり、このようにして、歴史の意味は、歴史性そのものを厳密に取消＝解約＝無効化《アニュラシオン》する作業（この〔annulationという〕語のあらゆる意味で）にとりかかる。同じように、生の意味は、生を完結させようとする意志のもとに、生を縛り付ける。この意味で、フロイトが示唆していたように、あらゆる意味は死に至らしめる、あるいはよりいっそう病的である。

*

したがって、この地点で話を止めておき、意味と訣別することもできよう。だがバルトはそうしない。「意味の免除」という表現は、その固有の価値に関して論じ直されてはいない。この表現は、その章において、「意味の期限切れ」という表現と、束の間のあいだ、類似のものとされている。「意味の期限切れ」のほうは、禅における、意味作用の中断、停止ないし剥奪といった操作の結果を指示するために用いられている。[3] 一般的には、この〔免除という〕語は「宙吊り」という語に後を譲る、また後の箇所で、この語が再び使われても（「こんな〔Tel〕」という章）、同じく「宙吊り」という語によって置き換えられ、他に何か検証がなされるわけではない。五年後、『言語のざわめき』と題されたテクストにおいて、「免除」という語が再び姿を現すが、それはバルトが、「意味の免除を聞き取ら」せるような言語の使用について語るときである。さまざまな登場箇所のあいだで、形式と内容の移動が見られる。形式の移動、というのも、「意味そのものの免除それ自体」という表現から、「意味の、あるひとつの免除」への移行が見られるからだ。内容の移動、というのも、一九七五年に、明確に言われているように、意味を「締め出す」ことが問題なのではない、また、意味は「地平」に留まっている、いいかえれば、バルトが「言語のざわめき」からなる「ユートピア」であると指摘する事柄の地平に留まっているからだ。この「ユートピア」は言語の快楽がいわば純粋に音響的に発露することからなるユートピアであって、意味はそこから排除されるのではなく、反対に、「享受の〔遠近法の〕消失点」をなすとされる。

　それゆえ、今度は、期限切れを伴わない免除が問題なのであろう、しかも、もはや東洋と西洋の対照を前面に押し出さないコンテクストにおいてである。つまり、いってみれば、意味作用を行う西洋的存在から方向設定を奪い去る〔脱／奪方向化、脱東洋化 désorientation〕ような措置が、このコンテクストでは試みられる。それと並行して、もはや「意味そのものの免除それ自体」という一般的かつ定言的な表現が問題ではなく、「意味の、あるひとつの免除」といった、限定的で状況に則した操作を表す表現が問題となる。つまり、言語にはその〈言わんと-すること〉〔意味作用への意志〕が欠けているなかで、言語において捉えるべきチャンス、いわば言〔言うこと dire〕の声の肌理に直に接した言のつぶやきのようなものについての表現である。

　この脱方向化をどう理解すべきなのか？〔ニヒリズムの類の〕純然たる彷徨にも、また〔別のニヒリズム的なスローガンである、「禅による救済」といった類の〕再方向化〔再東洋化〕にも帰着しないような脱方向化をどのように理解

3　「免除する」と「期限切れで失効させる」の同義語は少なくとも、前出 Roland Barthes, *Roland Barthes* の一六八頁に見つかる。

すべきなのか？　この免除は、それが免除させてくれるものに、ある仕方でなおも依拠したままであると思われるが、こうした免除をどう理解すべきなのか？　既に指摘したように、私はバルト自身について注解するつもりはない。私は自分の責任において、彼が、故意かどうかは分からないが、宙吊りにしておいた指摘――その解明作業を彼は自分には免除したわけだが――を論じ直すことにする。

「免除」の意味作用とはどのようなものか？　われわれはそれを十分に知っている。免除すること、それはある責務から免じること、ある義務や負債から自由にすること、負担を除去することである。意味の免除を思考するためには、まず、意味は、何らかの責務、厳命といった領域に措定されていなければならない。幾らかの意味をなすこと、意味の審級および形象を産出ないし再認すること、それはしたがって、まずわれわれにとって、ひとつの命法である。（それはカント的な命法の本質である、という論証も可能だ。）事実、ひとつの理性＝根拠、あるいは志向、起源ないし目的地、参照基準ないし価値へと送り返されることは、われわれにとって、ある存在を、さらには存在そのものを構成するのに不可欠であると思われる。存在は、たとえ自身から発してであれ、ある何かを目指しているということ、これこそわれわれ――「われわれ別種の＝他なる人間、理性を渇望するもの」[4]――の思考の最も強力な動機のひとつである。これこそ、ある仕方で、遅れてきたわれわれの思考の端的な図式である。まさにこのようにして、存在はそこにおいて常に、存在し‐なければならないこと、存在し‐うること、あるいは、存在し‐ようとすることへと解消される――ここには、また常に、産出、実効化、価値の実現という次元が含まれている。意味をなすこと、そして幾らかの意味を産出することがわれわれには必要である、あるいは、われわれ自身を意味として産出することが必要である。こういうやり方で、意味は、常に不可避的に、最終的な意味へと構成され、そして最終的な意味それ自身は、少なくとも近似的に、唯一の意味としてみずからを産出し、振舞うようになる。

意味の免除は、したがって、この命法を解除することにあるだろう。それは命法を原理的に否定するのではなく、単に独異で例外的な免責〔負担軽減 décharge〕であると思われる。それを、暫定的なもの、痙攣的なもの、あるいは律動的なものと想像しようと、あるいは、万人のうちの幾人かだけが備給＝投資を行うものと表象しようと（これはまた別の問題だ）、重要なのは、必然的に、特権〔特別の法〕ということになろう。だがこの特権は取るに足りないものではない。というのは、一般法則が例外を認める限り、法則は法則を超え出た、法則に吸収されないものへと露呈するとともに、みずからが露呈されるのだ。ところで、意味に関する法則は、二つの仕方で、例外を認めるであろう。一方で、この法則は、最終的な意味を言語の外部へと、言い難いもののなかへと送り返す＝追い払う。言いえないもの、ないし名づけえないものが、意味の頂点を実現する。他方で、それと対称的に、なおも話し続けることが可能であるためには、この意味の頂点を断念する必要がある。口にし難いものが有する言いえないものと、究極＝最後の語の有する過剰に言われたもの（もちろん、ブランショを参照している）のあいだで、言〔言うこと dire〕それ自体は、このように、意味の免除を要請する。

　このように、「人格」の有する、明らかに崇高な尊厳と、匿名である通貨の流通は、言いえない意味というもののシステムがもつ両面を呈示している。言いえないもの、あるいは過剰に言いうるものは、意味を押し付けようと、まさに病魔のように、猛威を振るう。言語を守る／監視する〔garder〕ためには――《garder》という語の二重の意味で――、言語の最終的＝目的的な体制からみずからを免除＝除外しなければならない。意味の厳命から免れるものが、話す可能性を改めて切り開くのだ。

　こうした事情から、免除を授ける特権は、目的＝結末という義務から解き放つ特権である。だがこの特権は、

4　『悦ばしき知識』、第三二九節。

また同時に、逆説的だが、話すことを免除するのではなく、反対に、一新され、磨きをかけられた言葉、イメージにおいても概念においても――作家、恋人あるいは哲学者の言葉、ポエジー、祈りあるいは会話――、常に厳密さによって尖鋭さを増した言葉へと人を駆り立てる、だが、そういう形で、常にその帰結＝到達よりも誕生に近い言葉、その言表内容よりも言表作用に常に依拠した言葉、その究極的な＝最後の語よりはその抑制＝慎み深さに依拠した言葉、その意味よりもその真理に依拠した言葉へと駆り立てる。

意味の統括のもとにある〈言わんと‐すること〉〔意味作用への意志〕の本質は、最終的には、〈言い‐終えんと‐する意志〉（「私は言った」、これは主人＝支配者の言葉である）にある。意味の免除が指し示す〈言わんと‐すること〉は、反対に、その意志が言〔言うこと dire〕のなかに溶解し、意志することを断念するような〈言わんと‐すること〉である、その結果として、意味は不在化し、意味の彼方で意味をなす。彼方は、もはや言い難いものではない、それは余剰としての言葉のなかにある、またそれゆえに、それはもはや彼方にあるのではない。〈歴史〉の終焉＝目的――《fin》の両方の意味で――を言表する代わりに、話す主体である「われわれ他なるもの」は、別の歴史を、未聞の物語《レシ》を、さらには暗唱《レシタオン》＝独唱を切り開く。話す主体は、ある意味作用を仕上げる代わりに、自分自身の意味生成を暗唱＝独唱する、そしてまさにこの意味生成のうちに、話す主体はみずからの享受〔jouissance〕をもつ、とはいえ、この享受の意味は「〔遠近法の〕消失点」と化すようなものである。

消失点は、最後の＝究極的な語の逆転した形象である。そして享受が何に起因するかといえば、それは、享受が最後の＝究極的な語をもたないという点、また、享受のさまざまな語あるいは沈黙は、帰結ではなく、開放性ないし呼びかけであるという点にある。「私は言った」ではなく、「私に言ってごらん」あるいは「私に自由に言わせてください」である。人はある意味を言表するために、（サドにおけるように）「私は享受する」、あるいは「君は享受する」と言うのではない、そうではなく、言〔言うこと〕が享受することで響き渡るさまを感受するために、人はそう言うのだ。

　享受とは、最終的でも予備的でもない快楽〔plaisir〕であり、始まる必要も終わる必要も免除された快楽であるのと同様に、享受する意味＝感覚は、意味作用においても意味作用の不可能性においても末端に達することはない。ラカンの言うような「意味＝感覚を享受せよ《ジュイ－サンス》〔jouis-sens〕」、とはいっても、享受は常にあらゆる意味＝感覚〔方向 sens〕における意味＝感覚〔方向〕という事実であることを、はっきり理解しておく必要がある。享受すること、それは常に感受することである、また、感受することは常に、みずからが感受している／されていることを感受することでもあるから、享受することは、他者化＝変質や他（者）性を前提にする、享受すること、それはみずからを幾らかの他者であると感受すること／他者から発してみずからを感受すること、そしてみずからを他者のなかに感受することである。

　意味＝感覚なるもの、重要なのはこれが束の間通り過ぎることを感受することである、またおそらく、こう肯定する必要さえあるだろう、つまり、意味＝感覚とは紛れもなく以下のことである、それが束の間通り過ぎることを人が感受するということ、そして、自分自身が一方から他方へと〔ひとつの意味＝感覚から別の意味＝感覚へ、またひとつの人格＝人間から他の人格＝人間へと〕束の間通り過ぎることを人が感受するということである。

　それを「同意する＝共同感受すること〔consentir〕」と名づけることもできるだろう。それはコンセンサスでも服従でもないだろう、それは他者を感受すること、また彼／彼女によって感受されることに同意することであり、他者が他者自身を感受する／されることを〔われわれが〕感受すること、また他者がわれわれを感受することを〔われわれが〕感受することへの同意である。享受がまさに逸走していくために、こうした感受は無限に逸走する、また享受がこのように流れ出し逃れ去ることで、享受することへの同意＝共同感受が同様に作り出される。この観点からすれば、性《セックス》はさまざまな意味＝感覚の意味であるという価値をもつ。それは、性《セックス》がさまざまな意味＝感覚の唯一の範列《パラダイム》をなすと思われるからではなく、さまざまな意味＝感覚の統辞法を与えるからだ。いいかえるなら、関係そのものである――関係によって、意味＝感覚はその意味を発見する。意味＝感覚とは、一方から他方への関係、送付、送遣以外の何ものでもない。意味＝感覚は、他でもない、受容性、触発＝変様されうること、被り苦しみうるということ〔痛み・苦しみ・悦びを受容＝感受しうるということ passibilité〕に根拠をもつ。存在《イリヤ》する意味＝感覚の幾らか、これこそが私に到来する、私の不意を襲い、転位させ、揺さぶり掻き乱す。真理とは、そうしたものが瞬間的に接触するタッチである――意味＝感覚は、そうしたものが到来したり立ち去ったりする運動なのである。

単独の存在者には意味〔感覚〕は存在しない、とバタイユは言う。意味をなすもの、それは、実際、貨幣のように絶えず流通し交換されるものである、ただし、いかなる等価性にも共約しえない価値をもった貨幣に似ている。意味は分割《パルタジェ》＝共有されている、さもなければ存在しない。排他的な言い難いものと一般的な等価物という対照的なカップル、あるいはこう言っていいなら、否定神学と貨幣の存在論のカップルは、分割《パルタージュ》＝共有そのものが解体したことに由来する、解体によって、分割《パルタージュ》＝共有の二つの意味のそれぞれは、別々の側へと落下したのだ。唯一の意味〔方向〕は、最終的に、常に一方向的であり、まさしくこの理由から、もはや意味をなさない。また多様な意味を並置することが重要なわけでもない。重要なのはこういうことだ、つまり、愛をなすもの、それは一方の男性（女性）が他方に愛をなすことであるのと同様に、意味をなすもの、それは他方＝他者へと話しかける一方の者＝一者である。そして、入れ替わりながら、かつ同時に、一方が他方＝他者であること、またこの往復運動には終わりがないことである。目標は――もし目標について語る必要があるなら――、意味と手を切ることではない。相互に理解しあうことでさえない、目標は未聞の仕方で話すことなのだ。
そのことは、われわれも既に分かっている、だがしかしながら、意味の空白――歴史、芸術あるいは国家、セクシュアリテ、技術ないし生物学が問題なのであれ――の前に居合わせた場合、われわれは狼狽から脱け出せない。そうではあるのだが、まさしく、われわれが剥奪された状態にあるこの場においてこそ、真理は自由に使用できるものとしてある、ただし、手の届くもの、声の届くものとしてではなく、言語が届くようなものとしてである。

教訓は、いつもそうであるように、ごく単純なものだ、けれども課題は恐るべきものである。われわれが、「われわれ他なるもの」が、なすべきことは、意味――および世界の意味――の分割＝共有をまさしく理解し、実践することである。このことが言わんとするのは、対話やコミュニケーションということではない、こうしたものは、飽和した意味作用やコンセンサスに基づく最後の語〔文句の付けようのない、受け容れるしかない語〕のように、今や、どこにでも見られる。そうではなく、このことが言わんとするのは――あるいは、もはや言おうと意志しないのは――、他なることである、この他なることにとって、孤独で不遜な言葉も、普通の対話と同程度に価値をもつ。他なることとは、すなわち、意味の真理が厳密には意味の分割＝共有に他ならないということである、いいかえるならば、われわれのあいだでの（常にわれわれ自身とは他なるわれわれのあいだでの）意味の束の間の通過であり、また同時に、意味の内的かつ至高の裂開である。意味のこの裂開によって、意味の法則は意味の例外に正しさを認める、そして、意味は意味自身から免除され、みずからがそうであるものになる、またこの意味の裂開によって、意味の享受は、意味に則した意味の成果ではなく、意味の意味＝感覚それ自体の行使、意味の感受性、官能性、感受的性格の行使なのである。またもやバルトこそが、「言語への愛」について語っている。この場で言っておかなければならないが、この愛は、まさしく隣人への愛と同等の価値がある。たとえ彼が隣人についてその価値や意味を取り上げていなくてもそうなのだ。以上が、もしなおもこうした思い切った言い方ができるとして、われわれの時代にとっての幾らかの道徳性——また道徳性を上回るもの——なのである。

「脱神話化された祈り」*

ミシェル・ドゥギーに捧ぐ

1

いったい誰が、今日、現在という時代から、またわれわれ――われわれのようなこの時代を生きている〈神‐なきもの〉であるわれわれ――から、ひとつの祈りを要求することができようか？　このことを大胆にも尋ねたり、あるいは、そのような祈りが――存在すると仮定して――どういうものでありうるのかを、思い切って尋ねたりするのが、まさしくひとりの詩人であるとしても、なんら驚くべきことではない。

＊　本稿はまずジャン＝ピエール・ムサロンの準備のもと、ミシェル・ドゥギーへのオマージュを集めた書物のために作成された、この書物は二〇〇五年に出版予定である〔実際の刊行は *Grand Cahier Michel Deguy*, Éd. Le bleu du ciel, 2007〕。

この詩人の名はミシェル・ドゥギーだ、彼はこう書いている。

アドルノを引用しよう、彼はこう書いている、音楽、すなわち「実際の効果を求める魔術から解き放たれた脱神話化された祈りは、さまざまな意味作用を伝達する代わりに、〈名〉そのものを言表しようとする人間的試み——いかに空虚なものであれ——を表している」。
脱神話化された祈り？　ここには強烈な撞着語法がある、この押し寄せる波のなかで、信仰の運動（祈りのクレド〔我信ズル、信仰宣言〕）と非-、脱-ないし不-信仰の運動とが対向しあう。もし、脱神話化が信じること〔créance〕から引き退くならば、何かに対する信用＝信頼あるいは信じ易さという跳躍から引き退くのならば。[1]

ミシェル・ドゥギーは詩人である、彼はまたその素養と実践から言うと哲学者である。アドルノは哲学者であるが、彼もまた、哲学することに飽き足らない哲学者が必然的にポエジーに接するようになるその地点までは、少なくとも、詩人である。彼は、哲学することに見られる思弁的な潜勢力がどのようなものであれ、またおそらくは、この思弁的潜勢力に正確に尺度を求める限り、哲学することには満足できない。

哲学とポエジーはともに、「祈り」というこの語で名指されるある何かを指し示すのだと仮定してみよう。また、このようにして、「祈り」は、この名のもとに、言語《ランガージュ》（活動）のあるひとつの様相であり、哲学とポエジーが指し示すところによれば、「祈り」というこの言語（活動）の様相の固有性は、哲学と同じくポエジーのさまざまな資源、可能性、地平を超えるものと想定される、と仮定してみよう。アドルノは音楽のほうへ合図を送る——言語（活動）から執拗に引き離されていながらも、その最も近くにあると常にみなされる芸術のほうへ。だがドゥギーは、この引用においては、音楽の優位性への指示には注意を払わない。彼は単刀直入に「祈り」が指し示す境位へと向かおうとする。「祈り」という語は必ずと言っていいほど霊的あるいは神秘主義的な熱狂を掻き立てるのだが——この熱狂に対して侮蔑的であれ魅惑されるのであれ——、こうした熱狂を事実ソレ自体ニヨリ《イプソ・ファクト》和らげるような芸術的な場ないし場所設定をあらかじめ「祈り」という語に対して与えようという気遣いはもはや彼には見当たらない。

ドゥギーはアドルノの隠喩を跳び越える、そして「祈り」をそれ自体として、この固有の価値において吟味することを人に求める。こうした跳躍がなければ、「強烈な撞着語法」は生まれないだろう、けれども、「脱神話化された祈り」が逆説であるのは、ただ、「祈り」から、まさしく祈りの性格を奪い取らない場合に限られるだろう。ドゥギーのやや強引なやり口は、結局ただ単に、比喩的というよりは文字通りにアドルノを捉えることにある、そして、アドルノが自分自身の表現の背後に用意していたつもりの防御陣地のなかへ突き落とすことにある。今や、率直にこう問われる、どのようにして脱神話化された祈りは祈りであることが可能なのか？　そして、さらにより厳格な形で問われる、つまり、どのようにして脱神話化された祈りは祈ることができるのか？

このようにアドルノの隠喩を文字通りに受け取り、比喩＝象徴《イメージ》の論理を本来性＝固有性《プロプル》の論理へと強引に転換し、また、おそらくアドルノ自身がその存在を認めることができなかったような思考の配置や姿勢をアドルノの

1　*Sans retours*, Paris, Galilée, 2004, p. 109. この一節において、新たな代償を払いつつ、再び問いに付されているのは、ただ単にこの書物の他の箇所に散在するいくつかのテーマだけではなく、*Un homme de peu de foi*〔『ほとんど信をもたない人間』〕という書物に登場する他のテーマ、あるいは同一のテーマでもある。私にとっては、これら諸テーマの、程度はさまざまだが、緊密に絡み合った体系性を再構成することが問題なのではない。祈りについてのこれらの文章は執拗に反復される問いの本質部分を集約している、こう言えば十分であろう。執拗な問い、すなわち、やっとのことで蘇生しているだけの何がしかの宗教に対してではなく、消滅した宗教がわれわれに残したこれらの「遺物」（ドゥギーはこういう言い方を好む、とはいえ彼は直ちに宗教用語の意味を賭けに投じ、動揺させるのであるが）に対して、どのようにして意味を与えるのか、あるいはより単純には——意味を与えないように抑制しつつ——どのように流れを与えるのか。ここでの「遺物」とはすなわち、祈り、信、「神」の名それ自体、そして言語《ランガージュ》（活動）の還元不可能性を証言する他の幾つかのものである。

うちに駆り出しながら——いかなる隠喩性の背後にも身を隠さないだけ余計に、ドゥギーはこの思考の配置や姿勢をそういうものとして認め、引き受け、権利として要求しさえする——、この文章は何を産み出しているのか？　この文章はおそらく、われわれのような（ドゥギーも含めて）無神論者に、ある戸惑いを引き起こす、と同時に不安をも産み出す。というのも、隠喩であることを引き合いに出して、すぐに厄介な状況から脱出できるわけではないことは分かっているからだ、というのも、たった今この隠喩は退けられたのであるから、あるいは冷静に遠ざけられ、考慮に値しないとされたのであるから。

「撞着語法」という用語は、これもまた、文字通りの意味をもつ。まさしく対立物同士の、またさらには矛盾しあうもの同士の結合、共謀ないし衝突が存在する。実際、祈りと脱神話化は互いに斥けあうだけでなく——なぜなら、祈るためには、祈りの向けられる宛先人の存在が措定されていなければならない——、それらは相互に排除しあう。神話の外部にある者は、祈ることはできない。祈る者は、あらゆる神話（論）《ミトロジー》への備給を断ち切っていることはありえない。

ところが、まさしくここでの提案とはこの矛盾を維持することなのだ、この「対向性」を維持したまま、両者を突き合わせることが求められている。しかしながら、明らかに了解済みのことだが、矛盾に対して、解決＝解消をもたらす弁証法を無理やり処方することが問題ではない、たとえそうした要請が暗黙のうちに想定されていようとも。この種の仮説を斥けるのに手間取っていてはならない。間違いなく明らかなことだが、撞着語法が「強力な」のは、その力の発生源である緊張が、解消すべき緊張ではなく、耐え忍ばなければならない緊張であるからだ。

おそらく、矛盾の思考の歴史、矛盾の解消および／あるいは非解消の歴史、いいかえれば、そのあらゆる形態——そのつど、ひとつの同じ対話的〔二つのロゴスの *dialogique*〕緊張の変様である——における「弁証法〔対話、問答法 dialectique〕」の歴史は、思考の歴史一般を集約している。対話的なものとともに、緊張が問題となる。それは、ロゴス〔言葉、論理、結集的・根源的原理〕が、言う努力――まさしく思考の全歴史において望まれているとおりに、この動詞を理解するとして――以外の何も担わない限りにおいて、ロゴス自体がそうである緊張である。というのは、ロゴスが言うもの、ロゴスが言わんとするものは、いつも結局こういうことである、すなわち、事象そのものを言うこと、事象を、それ自体において、それ自体に対して、それ自体によって、言うこと、またさらには、あるいはそれと不可分なことであるが、事象の自同性〔それがそれ自体であること mêmeté〕、それによって事象が現にそうであるところの事象であるようにするもの、を言うということである。これは、さまざまな名指し方が可能であろうが、あるときには「真理」、またあるときには「名」、またあるときには「顕現」と呼ばれる。あらゆる弁証法はこの意味で対話的なものである。言うことに伴うさまざまな緊張、言うことは、努力を強いられ、引き延ばされ、遂には断裂するに至る、それはそのこと（事象そのもの）が到来するためなのだが、そのこと（事象そのもの）は言われないままに留まるであろうと、最初から言われている、なぜなら、言われなければならないことは、（このもの、あのもの、存在あるいは存在者、世界、事象が）存在するということ、まさにこのことであるからだ。

撞着語法のもつ力――またそれとともに、キルケゴールにおけるような逆説の力、同じように、ロマン主義者の *Witz*〔ウイット〕の力、グノーシス的、錬金術的、クザーヌス的な *coincidentia oppositorum*〔対立物の一致〕、あらゆる種類の *sic et non*〔そうであり、かつそうでない〕、純粋理性、ヘーゲル的止揚、デリダ的アポリアの二律背反のもつ力、そして始めから言えば、プラトンの対話、また同時に、それに劣らずプラトン的なエロス論のもつ力――、この力は、言語（活動）の力とは別のものではない、いいかえれば、われわれを事象のほうへと差し出しながら、事象をわれわれのほうへと差し出す力、現前化＝現示化する〔*présenter*〕力である。

お分かりのように、アドルノの文章ではまさにそのことが問題なのだ。重要なのは現前化することである、この場合は「〈名〉そのもの」という形で現前化すること、いいかえれば、少なくとも、直接のコンテクストだけからも明らかなように、「意味作用」という体制から免れるような形で、現前化することである。意味作用は事象をその属格に従属させる。つまり、意味作用は事象の意味を与える。命名は事象を現前化させる。「事象の名」における〔〝の〟という〕属格は、さきほどの属格と同じ次元にはない。というのは、「何々の意味」は事象を、事象がまさしく事象である圏域とは別の圏域へと送り返すのに対して、「何々の名」は、その差異〔名／事象〕を、存在の圏域の内部に記載する。

　われわれはまず以下の点を確実なこととみなす必要がある、つまり、「脱神話化された祈り」は、意味作用や伝達の何らかの特種な目的へと用立てられた、言語《ランガージュ》〔活動〕のひとつのカテゴリーや特殊な操作をなすのではない、それは反対に、言語〔活動〕がその限界へと差し出されるある身振り、姿勢、要請の設定を指し示す。この身振りに則して、言語〔活動〕はその限界上に差し出される、そしてある不安的な均衡のなかに差し出されながら、この限界上に身を保ちつつも限界を超出するのだ。

　ここでは音楽について問い質す必要があるのかもしれない、というのも、アドルノは音楽の話をしているからだ。そうではあるが、以下の点を指摘しておけば十分であろう、つまり、彼は歌を伴った音楽、特にシェーンベルクの『モーセとアロン』の音楽のことを考えているのであり、そのことにはいかなる偶然性もない、ということだ。そうであるから、もしドゥギーがその話を割愛し、またわれわれも彼に従って、音楽の話をしないとしても、それは音楽の問いが、また音楽とともに、芸術一般の問い〔それゆえポエジー〔制作、創造〕それ自体の問い〕が、それほど緊急には、分析の場所を占めることにはならないはずであるからだ。つまり、問い質しや期待に対して、「芸術」が地平を、それゆえ閉域を形成してはならないのだ。問い質しや期待というものは、反対に、何らかの頼みの綱や救済手段のなかに場所を特定されたり、回答の可能性や、物事を調整する可能性のなかに場をあてがわれたりするべきではなく、最初からそうしたものから解き放たれ、脱閉域化される必要がある。回答や調整の可能性がどのようなものであれ、そうであり、また、たとえば、音楽であれ、ポエジーであれ、その他任意のものであれ、「芸術」という形をとった場合であれ、そうなのだ。というのも、格別に慎重さも前提条件も示さないままに、こうした特定化をすることは、単に新たに、何らかの宗教の閉域を形成するにすぎないように思われるからだ。ところで、これこそ拒絶すべきである、あるいは、より厳密には、それこそ、今や、みずからを拒絶するもの、みずからを消し去るもの、あるいは、われわれにとって消滅したものである。（芸術に対するアドルノ自身の関係について、そしてときには彼のうちに芸術の宗教性といったものが見受けられることに関して、アドルノ自身も、嫌疑ではないにせよ、問い質しを受けるべきなのかもしれないが、それはまったく別の問題であって、ここでは扱えないし、また扱わないでおきたい。）

2

ドゥギーは次のような論理展開に沿って、アドルノの文章の注釈を続ける。まずドゥギーの仮定するところでは、「あるひとつの真理がみずからを言おうとする」、そして、この真理は「空虚化」ないし「脱‐命名〔dé-nomination〕」の真理である、なぜなら、この二つの用語は当然のことながら、廃位すべき神話の内容、換言すれば、宗教的内容に対して適用されるからだ。また彼の仮説によれば、この空虚化ないし「廃位〔脱措定、キリストの十字架からの降下 déposition〕」（明らかにピエタ〔哀れみ……死せるキリストを嘆き悲しむ聖母像で表象されることが多い〕に関係づけられている）は、「讃歌への訣別」として理解されなければならない、後者の表現は、ラクー＝ラバルト（この場合、バイイ〔ジャン＝クリストフ・バイイ……『讃歌の終焉』の著者〕にも関連づける必要があろう〕からの借用である。神話が廃位されたときにも残り続けているもの、そうしたものの真理であるような真理を言おうと努めつつ、讃歌に訣別を告げること――そして、このように残り続けているものは、「何ものでもない」わけではない、まったく無というわけではない、それは「定型表現、文章《フレーズ》〔区切られた言い回し、空言〕、その土地に固有の無ならざるもの〔pas-rien〕」、言語《ランガージュ》（活動）」である。

この空虚化され、剥き出しにされた言語《ランガージュ》、この神話《ミュトス》なきロゴス――そしてこれは、対話相手なき「対話〔二重ロゴス dialogue〕」、自身の開放性の上に宙吊りになった対話であろう――、この言語は同様に、この〔神話《ミュトス》という〕語の最初の価値＝意味――発せられた言葉《パロール》〔ギリシア語でミュトスは言うこと、言葉、話、神話、虚構〕――を忘れないなら、みずからを「神話《ミュトス》なき神話《ミュトス》」と言わなければならないだろう、また、この言語はそのようにして、どのようにして撞着語法がきつく締め直されるのかを、われわれに示してくれるものと思われる。つまり、この締め直しが起きるのは、他でもない、ある矛盾においてであって、窒息しかねないほどに締め付けが厳しくなり、さらにはそこから逃れる術はないように思われる、またそうであるにちがいない。

それでもドゥギーは続行する、つまり、このようにして言語は、ほとんど窒息させられ、いずれにしても響きを失う、また、この言語は、意味作用に満たされた音響性から退くとともに、命名の可能性からも引き退くのだが（なぜなら、「〈名〉そのもの」へと向かう試みの「空虚さ」を強調する必要があるのだから）、ドゥギーはこうした言語を、沈黙や、何らかの無音の法悦といった形態へと少しも結びつけはしない、彼は言語を、まさしく、ポエジー〔制作、創造的詩作〕に関するある何かへと結びつける。彼は間接的に斜めからそのことを指し示しているだけだ――確かに彼は、芸術家風の再美学化や宗教性といったものへと回収されないように警戒する、また同様に、ヘルダーリンに魅惑されたある種のハイデガー的調性に対しても警戒を怠らない――、とはいっても、やはり彼はそのことを指し示してはいる、その際に彼が辿る道筋においては、*Dichten*〔(根源的・創造的)詩作〕に対して、ある「超越性」の「崇高」が結びつけられている、この「崇高」はマラルメ的な形をとって、「沈滞化〔再落下〕」の将来を跳躍のなかへと」配置＝投資する。ここでドゥギーのテクストに、その最も厳密な正義を与え返さなくてはならない、すなわち、問題なのは、弁証法化する〔少なくともその通常の意味で、否定性に打ち勝って得られた利益という意味で〕ことではない、また、「何らかの超越者の直立状態」を回復したり再備給したりすることも問題ではない。重要なのは、「改めて‐横断する」ことである――何を？　他でもない「福音書」、「ピエタ」を、しかも「〈精神〉」に至るまでである。このことは軽く触れられているにすぎない、冷静かつ軽快な仕方で、つまるところ「何らかの彼岸への妄信」をいっさい拒絶することで揺るぎなく抑制の効いた仕方で、だがそうでありながらも、「……「精神としての人間性」が何を言おうとするのか？」という問いに完全に磁力化された仕方でそうなっている。

別の言い方をすれば、ミシェル・ドゥギーは、われわれの文化の歴史のなかの宗教的祈りの最も明白な源に、この撞着語法――「脱神話化された祈り」――を可能にするものを探ろうとする。しかしながら、彼がこの「祈り」という語をもはや書かないこともありえただろう、次のように撞着語法を簡単に説明した後で、この語を放棄することもありえただろう。

「祈りと対立するもの、祈りと背反するもの、祈りを狼狽させる〔内容物を吐き出させるdé-contenance〕もの、またそのようにして、祈りを空虚なまま、「最後という形で」、維持しておくものが、祈りのなかに、訪れることによって、祈りが内包していたものが完全に空虚化された着想《コンセプション》〔聖母の懐胎〕（概念《コンセプト》とは言わないとしても）、脱神話化された祈りとは、これである……」

このように、この語は密かに、その後のいっさいの展開の基礎となっている。つまり、空虚化、訣別の運動すべての基礎であり、ある「超越性」の身振りないし動きの——彼が書いているように——控え目ながらも執拗な再開、維持し難いものの倦むことのない再開の運動すべての基礎となっている。したがって、この「超越性」ということで問題となるのは、ひとたび「祈りのクレド」の重荷を取り除かれた今、祈ること、これ以外の何ものでもない、このこと以下の何ものでもない。祈りを欠いたままに祈ること、あるいは、祈ることにはならないような祈りの文章を見出すこと、また作り出すこと、これこそ争点＝賭金なのである。

このように、問題となるのは、人が神殿で暗誦する〔réciterait〕ような祈りではなく、それでもなお人が再‐引用する／再‐召喚する〔ré-citerait〕ような祈りである。しかもこの〔ré-citerait という〕語の複数の意味でそうである。その複数の意味については、今は詳述できないが、しかし、そこからポエジーの問いが再び開始されるだろう、さらには「讃歌」の問いも開始されるだろう。そして讃歌に訣別を告げるにせよ、その代わりとして、また別の文章を、別の歌を受け容れなければならないであろう。「ポエジー」は抵抗する、そして「祈り」とは、ポエジーの廃位の一形態であると同程度に、少なくともポエジーの抵抗の一形態なのかもしれない。

けれどもこれらの問いはまた別の機会に譲るとして、以下の話だけに留めておく。つまり、こうした「脱神話化された祈り」の撞着語法的ないし逆説的な弁証法のなかに、まちがいなく見てとれるのは、少なくとも私の意見では、「キリスト教の脱構築」が作動させるものについての最も尖鋭な定式化のひとつである。ドゥギーが好んで言うように、宗教的な構築物から解き放たれ、脱閉域化された「残滓」ないし「遺物」、元の場所に置き直すことのできない「残滓」や「遺物」、とはいえ、訣別を言い渡されるままにはならないある要請を孕んでいたり作動させたりするような「残滓」や「遺物」へのアプローチ、これが「キリスト教の脱構築」である。そうした要請は「讃歌」や「ポエジー」あるいは芸術全体と同じように簡単には訣別を言い渡されるままにはならない、それについて私は、直接的な形で、あるいは教育的見地から、またあるいは慎重を期すために、軽く示唆しておいたこともある。

3

　それゆえ、われわれには、明らかに、以下のことが残されている――このほとんど無と言えるようなものが残されている、すなわち、どのようにして、祈りなしに祈るのか？　祈りから、その信仰が奪い取られ、そのようにしてあらゆる内容を空虚化されて、祈りがいわば空虚な容器のようなもの、形態化すべき材料を剥奪された形態のようなものとみなされねばならないのなら、この祈りはどのようなものとなりうるのだろうか？　そして、より正確には、この祈りは何を言うことができるようになるのか？

　ひとつの答えはこうかもしれない、祈りが言いさえするならば、とはいえ、少なくとも、言わねばならないという要請もしくは言いたいという欲望――事象そのものを言おうとする欲望――に従って祈りが言うのでさえあれば、祈りはどんなことでも言うことになろう、というものだ。まさしくこの点において最悪の混同が生じうる。というのも、言うということの本質が、事象《ショーズ》〔もの chose……cause（原因）と同語源〕そのものへと定位されるのと同様に、「言うために言う」ということに転じる可能性があるからだ。この混同はけっして簡単に消し去されないし、きれいに消し去ることもできないだろう。まただからこそ、美（学）的な蜃気楼が脅威となる、また特にバタイユが「ポエジーの粘りつくような誘惑」と呼んだものの形をとって脅威となる。

　しかしながら、混同を遠ざける必要がある。だがこの必要性は、紛れもなく、言うことを事象へと方向づけなければならないという必要性なのである——いいかえれば、言うことそれ自体へと方向づける、言うことに固有に帰属するものへと、言うことを基礎づけるものへと方向づける、あるいはまた、言うことを開くもの、言うことが語り出すようにさせるもの（われわれを語る者とするもの）へと方向づける必要性である。

ところで、祈りとはいったい何であるのか、もし一瞬でも祈りをそれ自体として考察するつもりがあるとするなら？　なぜなら、つまるところ、祈りはそれ自体にとってひとつの一貫性をもち、必ずしも宗教的な使用には従属しないからだ。このことを逆方向から言い表してみることもできる、つまり、通常の祈り＝願い《プリエール》、こう言ってよければ、世俗的＝非宗教的《プロファーヌ》な〔瀆聖的な〕祈り＝願いである、すなわち、われわれが「あなたにお願いします〔あなたに祈ります〕」あるいは「回答のお願い〔回答するように祈ること〕」と言う際の言葉遣いに見られるような祈り＝願いである。これこそまさに、残遺するものであろう、崇拝＝礼拝の対象とならなくなった「遺物」の残滓、落下し、打ち棄てられた残滓、とはいえ、完全に‐無‐では‐ないものであろう。そしてこうしたものは、それにもかかわらず、実際には、幾らかの残滓が存在することを証言する……

だがこのようにして、何が残るというのであろうか——あるいは、反対に、いったい何が、このいわば残滓の反転した形象として、言語《ランガージュ》〔活動〕の萌芽あるいはむしろ言語《ランガージュ》〔活動〕の誕生の機会であるのだろうか、声のあるかないかの煌きであるのだろうか？　言葉《パロール》の分節というものは、根源的に、原理＝始元において、こうした声のあるかないかの煌きにしがみついている、いやしくも、言葉が、今や、叫びでもシグナルでもなく、まさに言うことである限りはそうなのである。

「言うこと」の役目とは、事象を言うこと、事象そのものの存在を言うこと、あるいはむしろ事象の有する「事象そのものは存在させる／するということ〔*qu'elle est*〕」（存在の存在者性を存在させる他動詞的な存在（させること）、こう理解するようハイデガーは求めている——祈り＝願っている？）を言うことであるならば、そのとき、われわれはこう理解することも必要である、つまり、この役目の本質は、言われたこと（たとえば、「それは何々である」、「何々が存在する」、「ここに何々がある」）を措定することにあると同時に、この措定そのものを抹消すること、言うことの運動そのもののなかでこの措定を脱措定＝廃位することにあるのだと。（言われたことと言うことのあいだ、言表の内容と言表作用の主体のあいだ、コミュニケーションと言語（活動）のあいだ、あるいは意味作用とエクリチュールのあいだ、真理と意味のあいだ、意味と意味自身のあいだ、こうしたあいだの隠れた裂開、内密な引き離し、おそらくこうした主題ほど、われわれのモデルニテにおいて、多様に検討され、反省や省察の対象となり、繰り返され、さまざまな仕方で名づけられたものはなかったことになるであろう……）

抹消されるものが形成されるのと同時に産み出される抹消というのが争点であるならば、つまり、二つの身振りが互いを範として作られ、相互にたわめあい、無際限に交差しあうならば、それはまた、この二重の運動こそ事象が（自己を）現前化すること／されることを可能にするという意味である（この点を精細に論じるには、どのようにして、事象の「（自己を）現前化すること」がその「現前化されること」と切り離せないのかを正確にする必要があるだろう、すなわち、前者によって、言うことは抹消され、後者によって、言うことは肯定される）。本質的に、言うことは、努めて、現実なるもの《ル・レエル》——*res*、事象＝もの——が現実化するままにしておく、いいかえれば、現実なるものが、現にそれであるものであるようにしておく、またとりわけ、現実なるものが、この現実なるものが存在するということであるようにしておく。この「存在するままにしておくこと」、これが言うことの役目なのだ。

もうひとりの詩人かつ思想家であるヴァレリーはこう書いている、「おそらく、祈りは、宗教のなかに存在する唯一現実的なものである」[2]。この現実性は、祈りのなかにあって、祈りとして、差し向けられ＝語り渡される《アドレッセ》ものの実効性に起因する、さらには、「立ち上げられ《ドレッセ》」、前に押し出され、浮き彫りにされ、執拗に繰り返されるとも言いうるようなもの――宗教の神話的で想像的な内容のすべてと対極にあるもの――の実効性に起因する。祈りとは、まず、何らかの外部へと方向づけられている、そして外部が自由に到来するままにしておく。また、これこそ、そもそも原初的に言葉《パロール》がなすことである。この外部、この現実なるもの、言葉はそれを意味作用するのではない、カテゴリー化するのでも概念把握するのでもない――名づけるのでさえない、あるいは、名という観念＝理念そのものが究極的な縁を画定する、そしてその縁において「自由に存在させておくこと」が、真に＝真理において、作動する。いったい言葉は何をなすのか？　言葉はこの「自由に存在させておくこと」へと呼びかける、そうであるように助けを求める、ないし喚起する、こう言いうるものなら、いわばこれらの用語を根底から揺るがし懇願しながらそうするのだ。だがより直接的な、より荒っぽい言い方をすることもできよう、すなわち、言葉はそのことを熱愛＝崇拝する〔adore……動詞 adorer は ad（〜に向けて）+ orare（語る、祈る）〕と。

熱愛＝崇拝〔外へと‐語る＝祈る ad-oration〕とは、文字通り、言葉を差し向けること《アドレス》である。だが本質的には、この差し向けは、言葉の他者＝他なるものに向けられたもの、つまり、*res*〔事象、モノ〕に向けられたものである。偶像の熱愛＝崇拝（これを介して『モーセとアロン』の主題におそらく再び結びつくにちがいない、そのことはある意味では驚くべきことでもないだろう）は、われわれの歴史全体を通じて、またいわゆる宗教をまさしく超えたところで、試金石をなす、あるいは、「真の」宗教（どの宗教もみずからがそうである主張するが）を他の宗教から分離する役目を負った *schibboleth*〔シボレットと発音するかスィボレットと発音するかによって帰属を識別するための決め手となる語〕をなすのだが、その理由はまさしく、「偶像」が、およそありえない事象そのもの、つまり「現実的な」現前性をもたない事象そのものを表象＝再現前化するからだ、また事象のほうは、偶像崇拝から事象へ向けて投げ送られる言葉を、真に＝真理において、聴取＝理解することはない。それと対称的に、熱愛＝崇拝の「真の」名宛人は、現実なるものであって、その現前性は、与えられた‐現前者とは混同されない、この現実なるものの現前性は贈与される、あるいは、この現実的なるものは、正確には、「送付＝献呈され《アドレッセ》」ているときに、それ自体、現前する。だからこそ、熱愛＝崇拝《アドラシオン》つまり、その本質のうちにある祈りは、第一に、ある回答や報酬ないし補償を目的とした要求ではない。祈りは、その原初において、現実なるものについての〈生／死、世界／無、地／天などについての〉さまざまな虚偽を操る宗教的な不正取引に巻き込まれているのではない、また、それと密接に関連する、贖宥〈符〉の不正取引によって、救済を信用販売する形で蓄財に励むことに巻き込まれているのではない。祈りとは、まず、熱愛＝崇拝である。つまり、祈りの言〔言うこと dire〕が、当の言が言うもの〈だがけっして言が言うことにはならないもの〉へと向かいつつ、みずから消え去るということ、このことを差し送ること、このことに敬意を表すること、このことを感謝＝再認することである。敬意、崇敬を表すこと、いいかえれば、ドゥギーが明確に特徴づけているように――どの「段階も確保され」ないままに、終息することのない超えて‐運び去ること〈熱狂 trans-port〉」、あるいは超越物なき超越性〈われわれの内在性に内在的な超越性、われわれの内在性の次元に相同的で内属的な超越性とも言えよう〉――「超越性」の運動、これが言うことの役目をなすのだ。

次のように書いているのは、またしても詩人――今度はヴェルレーヌ――である、「〈天の諸力＝天使たち〉に比べて人類が神秘的な言語を必要としていることについては、むしろシャトーブリアンを読むがいい。哀れな人類よ！　彼らが賛辞《オマージュ》を捧げたり、その付属物にすぎない懇願を捧げたりするなかで、彼ら自身にも未知の欲求が、その言語のうちには含まれているのだ」。[3] このテクストは当然ながら宗教的な雰囲気のなかに囚われているが、

2　Paul Valéry, *Cahiers*, vol. II, Paris, Gallimard, 1974, p. 605.

3　Paul Verlaine, « Confessions », dans *Œuvres en prose*, Paris, Gallimard, 1972, p. 467.

もしそれがなければ（だがいったい誰が、そのコンテクストの総体について完全に異なった分析を求めるだろうか）、決定的なポイントは指摘されている、すなわち、ややもすれば祈りは「懇願」へと引き戻される、また事実、宗教的な敬虔は「懇願」へと引き戻されることが非常に多いのだが、「懇願」とは「賛辞」の「付属物」にすぎない、というのも、われわれがみずからを超越する／超越されるこの超過、あるいはわれわれが自分たちの内在性のなかにあって超越されるこの超過、こうした超過を再認＝感謝することだけが、「未知の欲求」へと開くからだ。われわれが懇願し、哀願するのは、この「未知の欲求」の名においてである。だがそれは、こうした欲求の充足を手に入れるためではない、なぜなら、今の場合明らかになるのは、まさしく、充足など問題ではないということなのだ――あるいは、さらに複雑なことになるが、こうした欲求は欲求自体にとって、しかも欲求自身が認識不可能であるということにおいて、それ自身の充足であるからだ。

祈りは何かを獲得するために懇願するのではない――またそのようにして、「脱神話化された祈り」は、アドルノの用語では、「実際の効果を求める魔術から解き放たれて」いる。つまり、祈りは叶えられることを求めはしない、またそうした結果を産み出しもしない。願いが叶えられる《エグゾセ》〔exaucé〕ということこそ、宗教が抱かせる欲得ずくで空手形に類した期待である、そうした期待は想像上の充足で満足する運命にある（私が癒されないのは、より程度の高い利益＝善〔bien〕がまたもや私に許されるからだ……）。けれども、高められる〔*exhaussé*《エグゾセ》〕ということ――というのも、まさしくその語が示すとおりであり、高めることが叶えることの意味であるから――、これこそ、みずからを高めていく言葉の真の実効力である、いいかえるなら、この言葉は、単に措定された存在者、与えられた存在者から方向を転じて、現実的なるもの《レエル》〔事象的なるもの〕のほうへと向かうのだ、贈与される限りでの現実的なるもの、また贈与され現前化＝現示化《プレザンテ》される限りでの現実的なるもののほうへと。

おそらく、次の二つを混同してはならない（ここではすべてが、絶対的にすべてが混同に晒されている、美学的なもの、政治的なもの、宗教的なもの、言語（学）的なものさえも……）――とりわけ祈り自体の高まり《エグゾスマン》――言葉がその抹消そのもののなかで持ち上げられること、いわば蒸発すること――と、祈る人自身の高揚であろうとするような高揚とを混同してはならない。祈る人は、みずからの状況を越えて引き上げられたり、彼が崇拝する〔祈りを差し向ける adore〕ものの尊厳に参入したりすることもあろう。このような上昇に含まれていることだが、式典の挙行にあって人々は一体感によって熱狂に駆り立てられ、心を奪い去られることになる――実際、讃歌のもつ強烈な調子というものがある、また少なくとも、そうした讃歌を利用して、教会ないし軍隊、国家ないしパルチザン、また特にファシズムが作り上げたもののもつ強烈な調子というものがある。というのも、ファシズムは、そのあらゆる形態において、祈りと礼賛を高揚と勝利のうちへと、決定的なやり方で巧妙に取り込むからだ。高揚と勝利のうちでは、文字通り、崇拝対象〔祈りを差し向けられる事象 la chose adorée〕の隔たりを跳び越え、また崇拝対象の実体のなかへと、集団的身体が熱狂させられ、運び去られる、そして集団的身体の全体性が高められ、称揚されるとみなされる。狂信とは、現実的なるもののもつ妥協の余地のない隔たりを廃棄することに他ならない、またそれゆえに、祈りとあらゆる言葉をかき消してしまい、心情の発露、粗野な表現、怒号を前面に押し立てることに他ならない。

（したがって、われわれは、さまざまなファシズムと狂信が、一方で、いわゆる宗教と、また他方で、民主主義と取り結ぶ関係を、慎重に検証し秤量する作業を終えてはいない。宗教に対しては、それでもやはり、問われている隔たりのもつ意味を否認することはできない、また民主主義のほうは、礼拝と市民的《シヴィル》＝世俗的宗教を欠いており、言葉の真の空間をしつらえることに苦労している――民主主義は言葉をむしろ「コミュニケーション」のもとに覆い隠してしまう。）

祈りの高まりのなかでは、確かに、いかに付随的な仕方であれ、ある懇願が不意に訪れないではいない。というのも、祈りの高まりのうちで「貧しさ《ポーヴルテ》」が露わになるからだ。そうした「貧しさ」について、ヴェルレーヌは彼が言表している内容と同じくらい、貧しくて擦り切れた類型表現を用いて語っている。けれども「貧しく哀れな人類」には実際、みずからの貧しさ＝悲惨《ミゼール》以外におそらく言うべきことはない――祈るべきことは他にはない。このように理解された祈りは、この「貧しく哀れな人類」を豊かにしてはくれない、報いてはくれない。そして今日のわれわれは少なくとも、一八九五年のヴェルレーヌと同じくらい、この「貧しく哀れな人類」について悲嘆の声を挙げる理由はある。祈りは貧しさを、言うこと〔言 le dire〕へともたらす――そして、この祈りのなかで消え去るのは、貧しさではない、言うことが消え去るのだ。愛を言うことについて、喪を言うことについて、また言葉そのものを言うことについても事情は同じではないのだろうか――あるいは、同じ事象＝事柄ではないのだろうか。

高まり《エグゾスマン》は超越性そのものをなす。祈りは、ある高みにも、ある高度にも、またある頂点〔至高の頂点、*ens summum*〔至高の存在者〕〕にも向かわない、祈り、それは超越性である、あるいは、十分に注意が払われていないが、超越することである。祈りは、外部－への－移行、また他なるもの－への－移行である。私はあなたに祈る、私は君に祈る。あらゆる語りかけは、おそらく、少なくとも沈黙のうちに、「私に耳を傾けてくれるように私はあなたに祈る」という語を含んでいる。そして、祈る者がこのように自分の言葉を――その人自身を――外部に導くのと同じように、耳を傾ける者もまたそうする。おそらく、人が耳を傾けているとき、聴取に身を委ねているとき、それは常に、ある祈りについてなのかもしれない――また、それゆえに、ここで私は、一瞬だけであるが、ある楽器、たとえば声のことに、改めて、触れないわけにはいかないだろう。

ところで、このようであるならば、それは祈りが――まさにこの点で、演説とも、また同様に詩篇とも異なっている、たとえ詩篇が祈りへと接近するとしても――、何よりもまず、行為に随伴する言葉として特徴づけられるからだ。祈りには、崇拝のさまざまな行動が伴う、祈りには祈りの儀式が伴う――組み合せた手、ひざまずくこと――、また祈りには、たとえ辛うじて素描されただけのものであれ、祈りの身振りが常に伴う、手の位置を変えること、上半身を微かに傾けること、目を動かすこと、さらには、既に全身体を動員する言葉の抑揚。祈りに接し合って幾らかのダンスが存在する――またそもそも、どれくらいの儀式に対して祈りが捧げられると同時にダンスが踊られなかっただろうか！　祈りは行動を証明するものである、そしてこの行動は外部に向かって配置されてあること、そうした配置を整えることである、外部へと――それに照らして見れば、われわれは貧しいものでしかない共約不可能なものへと――開かれる受動性ないし激情《パッション》＝情念の行動である。

さらに先に進む必要はない。たった一歩でさえも不要だ。祈りそのものである、この僅かに残った祈りで我慢する必要がある、祈る存在としての話す存在だ――けっして願いが叶えられるとは信じないこと、それゆえ、けっして十分に祈ったとは信じないこと、絶対的に、けっして信じないこと、そしてこの比類のない、唯一無二の信のなかに身を保つこと、これらの、自分自身のものである唯一の可能性を（可能性のために）祈る存在。つまるところ、疑いえないひとつのことがある。つまり、祈りという、この中身を剝り抜かれた残滓で我慢する必要がある、そしてこの義務に対して忠実さを保つ必要がある。祈りは、われわれにとって、定言命法という力をもつ、というのも、今日、次のこと以上に重要なことはないからだ。すなわち、われわれのさまざまな人間中心主義《ユマニスム》は褪色し、さまざまな宗教性は硬直化して、これらが狭隘な閉域を形作るなかで、現実的なるものに関して何らかの意味を、何らかの解決策を、何らかの起源への送還のようなものを交渉して得ようとするあらゆる祈りを空虚化すること、それらの祈りが空虚化されるがままにしておくことである。その目的は、ただひたすら、言葉を、それに最も固有な、呼びかけという可能性へと改めて開くためである、こうした呼びかけの可能性はまた、言葉のすべての意味を、そしてすべての真理をなすのである。

キリスト教の脱構築*

発言全体の題辞として、ニーチェの『反キリスト者』の言葉を掲げておきます、「神学者と、神学者の血を体内にもっているすべてのもの——私たちの全哲学」。また同じく、その両義性のままに、ヘルダーリンの言葉を掲げておきます、「キリストよ、私はあまりにもあなたに結びつけられている！」

私の問いはごく単純なものでしょう、現象学的な手法を開始するにあたって、適当と思えるくらいに素朴でさえあるでしょう。すなわち、いかなる点において、またいかなる点に至るまで、われわれはキリスト教に由来し関係しているのか、正確にどのようにして〔なぜ〕、われわれは、われわれの全伝統のなかにあって、キリスト教によって繋ぎ留められ支配されているのでしょうか。私も十分に承知していますが、この問いには自明な答えが存在していて、余計なものに思われかねない問いです。つまり、われわれは、自分たちの伝統がキリスト教的であり、自分たちの由来がキリスト教的であることを知っているというわけです。しかしながら、究極的にはそれは一度も正面から取り上げられなかったので、私には不分明なままに留まっているように思われる問いなのです。そうはいっても、ミシェル・アンリもまた、この時機に、同じ問いに立ち向かっていることを、最近私は知りました。[1] したがって、おそらくそこには、時代の何らかの特徴ないしは必然性があるのでしょう。

私としては、指摘しておきたいのは、「いかなる点において、またどのようにして、正確に言って、われわれはキリスト教徒なのか」という問い――この問いにニーチェは彼なりの仕方で答えたのですが――は、もはや人々が提起しない問いの部類に入るということです。確かにかつては、「キリスト教的哲学は存在するのか、あるいは存在しないのか」というテーマについての議論があったのですが、そうした議論は議論の言い表わし方自体から予測がつくように、無意味と化してしまいました。とはいえ反対に、こうした法外なほどの、圧倒的なキリスト教への準拠のうちのある何かが、明示的な準拠としては、哲学のなかにおいて、また哲学によって、体系的に隠蔽されてきたということを、明確に確認しておかなければなりません（その何かとは、単にわれわれの伝統を構成するだけでなく、それに関しては実際こう言いうるものです、つまり、キリスト教が存在して以降、われわれの伝統が基軸をもったものとして構成されたのだと）。ところで、問いはここにあります、つまり、キリスト教が存在して以降、このキリスト教以前の伝統も含めて、われわれの伝統は、どのようにして、手直しされ再開されたのでしょうか。

＊　この発表はエマニュエル・ソレール、ヴァンサン・シェキブ、ピエール・ロドリゴが録音し、文字に起こし、清書してくれた。この報われない、困難な課題を大急ぎで仕上げてくれた彼らに感謝する。ここには一定の即興の発言の痕跡や、作業の極めて暫定的な状態の痕跡が完全に留められている。最後の二段落だけは後からの追加である。この論文の初出は雑誌 *Etudes philosophiques, n° 4*, Paris,〔PUF〕1998〔一〇―一二月号〕である。この問いを提起した最初の局面を証言するものとして、本書ではこのテクストをその最初の状態のままに（幾つかの些細な修正はあるが）残しておく。

1　ミシェル・アンリが当時準備していた次の書物を参照されたい、Michel Henry, *C'est moi la vérité. Pour une philosophie du christianisme*『私こそ真理である　キリスト教の哲学のために』, Paris, Le Seuil, 1996（M・アンリはこの講演に出席していたが、私の発言にはまったく同意できないと伝えてくれた）。

問いはここにあります。しかしながら、現象学の伝統のなかでは（範例として、この伝統のなかでは、ということであって、このなかだけではない）、フッサールとハイデガー以降早くも、自明とされ基調をなすのは、ギリシアへの準拠であって、キリスト教へのそれでは確かにありません。ハイデガーの場合には、ギリシアへの準拠のもとに、ユダヤへの準拠が潜在的に、隠蔽、抑圧されて現前していることが明らかにされました。[2] この二つの準拠のあいだには、あるいは二者の連結《ネクサス》として、おそらく紛れもなく、キリスト教への準拠――このように呼ぶ必要があるとしてですが――が存在するかもしれないと私には思われます。別の言い方をすれば、デリダが「暴力と形而上学」の末尾で述べている「ユダヤ‐ギリシア人」（デリダはこれがわれわれの歴史であると言います）は、キリスト教徒ではないのかと問うことができるかもしれません。また、なぜわれわれが体系的にキリスト教徒から視線を逸らすのか、なぜあたかもキリスト教徒を正視することを望まないかのように、「ユダヤ‐ギリシア人」の方をいつも物欲しげに見るのか、についても問うことができるかもしれません。ですから、こう言いましょう（一粒ノ塩ヲ利カセテ〔*cum grano salis*〕、これが多分私なりの現象学者としてのあり方でしょう）、キリスト教徒あるいはキリスト教、これこそ思考されるべき事象そのものであると。二つの準則を立てて、この問いにまっすぐ赴くことにしましょう。

最初の準則はこう言表できるでしょう、つまり、「現在、キリスト教それ自体が否定される可能性を省察するようなキリスト教のみが唯一今日的でありうる」と。これは、ウンベルト・エーコの師であったイタリアの哲学者、ルイジ・パレイソンの言葉です。[3] この言葉は、エミール・プーラ〔Emile Poulat〕の『ポスト・キリスト教的時代〔*L'Ere postchrétienne*〕』という書物のなかに引用されています。この書物は、カトリックのキリスト教徒の書物であって、本当の意味では哲学書ではありませんが、私は証言として極めて貴重であると考えます、またその核心をなす部分は、今の引用に集約されています。

第二の準則は第一のものと相関的です。最初の定式をもじって、こう言表してみましょう、「みずからのキリスト教的由来の現実を省察するような無神論のみが唯一今日的でありうる」と。この二つの準則のもとには、次のような問いが待ち構えています、すなわち、そうすると、われわれの伝統の根底には、いいかえれば、われわれの根底には何が存在するのか。あるいは、あまりにも自明すぎて、より詳細にわれわれが注視することもないような、キリスト教に関するさまざまな自明の理《エヴィダンス》〔盲目とさせるほど明らかなこと〕からなるこの資本の根底から、われわれ自身の伝統＝継承を介して、われわれに何が伝達されているのか。

ここで私が提起することは、完全に出来上がった構成済みの体系的発表という性格はもたないでしょう。あえて私は意図的に、まだ作業段階にあって、その道を探りつつある省察を呈示しますが、これは実用的で暫定的な結論にしか到達できないでしょう。第一段階として、私はこの問いを取り巻く事柄を明らかにし、ついで簡略にキリスト教の三つの——単に三つの——局面、三つの審級、信〔信仰 foi〕、罪、生ける‐神について考察していきます。ある結論に到達したいのであれば長大なプログラムの一覧表を遍く検討すべきでしょう、そして以上の三点は、いわば丹念な方法論的アプローチを経た後からすれば、そうした一覧表から抜き出された三つの要素に他ならないことになるでしょう。

2　Cf. Marlène Zarader, *La Dette impensée. Heidegger et l'héritage hébraïque*, Paris, Le Seuil, 1990.〔ザラデル、『ハイデガーとヘブライの遺産』、法政大学出版、一九九五年〕

3　Paris, Flammarion, 1994.

「キリスト教の脱構築」という表題から改めて出発しましょう。これは挑発的ないし誘惑的に（つまり、言うまでもありませんが、挑発的であるがゆえに誘惑的なのですが）見えかねないタイトルです。けれども、私はどのような挑発も企図しているわけではなく、またそれゆえに、挑発に由来するいかなる誘惑も望んではいません。そもそも、このタイトルが挑発的に見えるにちがいないとしても、この挑発は少々時代遅れとなった想像力の夢想にすぎないと言えるでしょう。というのも、本当のことを言えば、今日、キリスト教に関しては、すべて自明なのです。誰一人、今日、自分の前にヴォルテール的なスタイルの哲学者が登場し、辛辣な口調でキリスト教を攻撃するなどとは想像できません――またおそらくは最良のニーチェ的なスタイルにおいてもです……　したがって、「キリスト教の脱構築」というタイトルを目にした人はむしろ、この表題は挑発的ではないと、またこうしたタイトルから漂う漠然としたきな臭い雰囲気は、たとえ聖性〔聖潔〕の香りのうちではないにせよ、少なくとも良質な発言のうちへと解消するはずだと思われたことでしょう。それは、結局のところ、キリスト教はあらゆる操作《オペレーション》=作品化を経由しうるからです。つまり、われわれが現在立ち至っている情勢とは、ただ単にアジョルナメント〔カトリック教会の近代化=改革、時代への適応〕の情勢ではなく、ポストアジョルナメントの情勢なのです。そうしたなかで、キリスト教はあらゆるものを受け容れて適合しうるように見えます。ただし、純粋に反動的である原理主義〔十全主義 intégrisme〕的な部分はそこから除外します、というのも、キリスト教自身そうしたもののうちにみずからの姿を認めはしないからです。

　したがって、私は適応やアジョルナメントにおいて一歩先に踏み出すようなことからと同じく、批判的挑発めいたことからも距離を置いておきたいと思います。私がそうしようと思うのはごく単純な理由からです。つまり、今日、重要なのはキリスト教を攻撃することでも防衛することでもないと、つまり、キリスト教を破滅させることでも救済することでもないと、私には思えるからです。そのような企図は端的に言って、時宜に適っていないのであり、まさしく、この時宜に適っていないという事態をもたらす、深遠で歴運的な〔歴史的なhistoriales〕理由こそ、われわれが分析しなければならないものなのです。粗っぽい言い方をすれば、時宜に適っていないのは、キリスト教自体が、そのものとしてのキリスト教が、乗り超えられているからであり、キリスト教がそれ自身、まさにそれ自身によって、超克の状態にあるからなのです。この自己超克という状態は、おそらく極めて深遠な形で、キリスト教に固有のものなのです、おそらくそれは、キリスト教の最も深遠な伝統なのでしょう、とはいえ、明白なことですが、そこには両義性がないわけではありません。したがって、本質的に問われなければならないのは、この超克、この自己超克についてなのです。

超克や自己超克といっても、キリスト教がもはや生けるものではないという意味ではありません。それはおそらく依然として生けるものであり、しかもずっと長期にわたりそうであるでしょう、けれども、究極のところ、キリスト教は生けるものであるとしても、（人を）生かせておくということを止めています――少なくとも、個人的で断片的な経験（それに経験というものは、そうした場合に、なおも経験なのでしょうか）とは別のものであるようなある経験を組織し編成する構造としてはそうです。意味は単独の存在者にとってけっして存在しないということが真理ならば、キリスト教は、意味の次元＝秩序のなかに人を生かせることを止めてしまっています。意味が「共同なるもの」の次元に属するならば、そうであるならば、おそらく、キリスト教は（人を）生かせておくことを止めてしまっているでしょう、おそらくキリスト教はそれ自身からある別の身分へと、意味のもうひとつ別の体制へと、また意味の共同の分割＝共有〔partage〕のもうひとつ別の体制へと移行してしまっているでしょう。このことは、われわれがキリスト教徒であれ、非キリスト教徒であれ、われわれ全員が承知していることです。より一般的に言えば、キリスト教の運命とはおそらく意味一般の運命です、いいかえれば、ここ数年、外見上は、「イデオロギーの終焉」と名づけられているものです。「イデオロギーの終焉」とは少なくとも、約束された意味の終焉、あるいは、志向、目的および成就としての意味の約束の終焉です。実際のところ、多分、キリスト教の自己超克の終焉とはそういうことなのです。それゆえ、今や、最大限の必然性＝必要性をもってわれわれから要請されているのは、「キリスト教の脱構築」とわれわれが呼ぶべきものなのです。この概念に立ち戻る前に、三重の前提となる命題を提起することで、起点となる与件を異なった仕方で改めて定式化したいと思います。

1．キリスト教は西洋から分離不可能である。それは西洋に不意に到来した何らかの偶発事ではない（西洋にとって良いものであれ、悪いものであれ）、またそれは西洋に対し超越的でもない。それは西洋としての西洋と等しい外延をもちます、換言すれば、まさしく自己の（再）吸収や自己超克という一形式を本質とする西洋性のあるプロセスと等しい外延をもっています。この第一の前提命題、またさらには私がここで述べることの大部分のもとになっているのは、『世界の脱魔術化〔*Désenchantement du monde*〕[4]』というマルセル・ゴーシェの著作に対する私の全幅の同意、とりわけ「宗教（から）の脱却という宗教」と題された、キリスト教に関する部分に対する同意なのです。

2．西洋の脱キリスト教化、これは空疎な言葉ではありません、そうした脱キリスト教化が到来するにつれて、多くの点においてわれわれをなおも西洋に結びつけているものが、キリスト教の葉脈そのものであることが、硬直化した教会や疲弊した神学の辿る運命を通して、ますます際立ってきているのです。仏陀の影は、仏陀が亡くなった洞窟の前に千年間留まる、と言ったニーチェは正鵠を射ていたのです。われわれはこの影のなかにいるのです、そして紛れもなくこの影をわれわれは明るみへともたらさねばなりません。われわれはキリスト教の葉脈のなかにいます、それはわれわれを捉えています、でもどのようにでしょうか。この第二の前提命題ではしたがって、あらゆるわれわれの思考は隅々までキリスト教的であると仮定されます。隅々まで、しかも思考の全体がそうなのです、いいかえれば、われわれすべて、果てに至るまでわれわれのすべてがそうなのです。ただし、おそらくは、われわれが依然として敬虔であるわけではないのに、どのようにして依然としてキリスト教徒であるのか、このことを明らかにしようとする企ては、ニーチェの用語（「どのようにしてわれわれは依然として敬虔なのか」）を用いては言表できません。「どのようにしてわれわれは依然としてキリスト教徒であるのか」と自問することは、われわれを完全にキリスト教の果てへと、キリスト教の究極の極限へと導くのです。

3. 西洋それ自身、西洋性とは、意味の極めて特殊な葉脈を露わにすることで自己を成就するものです。その葉脈はいわば空虚あるいは剝き出しであり、意味の限界もしくは意味の可能性の限界にまでみずからをもたらす括り閉じられた意味としての意味の葉脈なのです。それゆえ、キリスト教を脱構築することは、この限界に至るまで、この歩み〔否 *pas*〕に至るまで、西洋に付き随うことです。この歩み〔否〕のなかにおいて、西洋は、依然として西洋であり続けるためには、あるいは、それ自身の彼方で依然としてそれ自身のある何かであるためには、自身を自己から引き剝がすことしかもはやできないのです。この歩み〔否〕を辿りつつ、西洋は自己自身からみずからを引き剝がさねばならないのです、またそれゆえ、西洋から我が身を引き離すことと、キリスト教から我が身を引き離すこととは同一の身振りなのです。しかしながら、この歩み〔否〕を辿るなかで――そしてこれこそが、固有の本来的な仕方でまた必然的に、脱構築の身振りであると考えます――、この歩み〔否〕において、重要なのは、ひとつの伝統を棄て去ったり古い皮を脱ぎ捨てたりすることではなく、まさしく、西洋とキリ

4　Paris, Gallimard, 1985.

スト教そのものよりも遠いところから西洋とキリスト教に到来するものに直面すること、われわれの伝統の根底から、キリスト教自身よりも始源的な（もちろん、アルケー〔始源〕という意味においてであって、歴史的な始まりという意味ではありません）ものとしてわれわれに到来するものに直面することです。別の言い方をすれば、われわれがみずからのキリスト教的由来について省察を行いつつ、キリスト教そのものよりも深いところにある、キリスト教の由来を、キリスト教の直中から指し示すことができるのかどうかが問題なのです。この由来はある別の資源を出現させるかもしれません――とはいえ、ヘーゲルの弁証法的 *Aufhebung*〔止揚〕の身振りと弁証法的な止揚には属さないような別の身振りとのあいだには両義性がしっかりと存在するのですが、当面のところ私はその両義性をまるごと引き受けておきます。だがこの両義性がどのようなものであれ、西洋とキリスト教を同一視することを受け容れるなら、次の結果も受け容れることになります、つまり、キリスト教的な資源に完全に取って代わる資源に頼らない限り、そこからの脱却はないのです、しかも、その際、キリスト教的な資源の衰弱した更新であっても、またその弁証法的な更新であってもいけません。付け加えて言えば、ヘーゲル的な弁証法的止揚とは真に何であるのかを、われわれはおそらく依然として知りさえしないのであり、否定性とは何であるのかをおそらくわれわれは知らないのです。それを学ぶためには、その心臓部のなかに飛びこまねばなりません、ですが、この心臓部は、あえて言うなら、キリスト教的な心臓であるという怖れが十分にあるのです。

このように前提命題を立てたので、今度は、次の点から再出発できるでしょう。すなわち、こういう話をかなり頻繁に耳にします、つまり、内的な奥深いところでキリスト教からの人心の離反が起きているのと同様に、程度に差はあれ、キリスト教が著しく低落していること、聴衆＝支持が低下していること、共通の準拠としてまた明示的な統整的〔カントの用語、特殊が与えられていて、それらが包摂されるべき普遍を探索する反省的判断力に相応するもの〕

指標としては目立って姿を消しつつあること、こうしたことは、社会が合理的になり、世俗化、物質化されて現代化する過程の結果であるというものです。人々はこのように言うのですが、なぜこの社会が現在ある社会になったのかは、この社会がキリスト教から遠ざかったからであろうという理由以外に、人々はまったく知らないのです。この理由も、定義づけの作業のなかに定義づけられる当のものが入っているので、問題を繰り返しているにすぎません。

したがって、ごく単純にですがはっきりと確実に、こう認めておきましょう、つまり、キリスト教への準拠に対して現代〔近代〕世界が方向転換し逸脱するさまを見て取っているつもりの分析はすべて、現代世界がそれ自身キリスト教の生成変化であることを忘却ないし否認しているのです。この否認は重大なものです。なぜなら、おそらく、まさにいわゆる現代世界が、キリスト教への準拠を内的に否認するということの上に築き上げられている限り――しかもこれは偶然ではないのです――、以上の否認は結局、現代世界の自己理解を阻むことになるからです。例えば、手短にですがカント的な出来事を考えてみて、それが二様に読解可能であることに気づきさえすればいいのです。つまり、キリスト教への準拠の一種の否認ないし、こう言ってよければ、抑圧としてであり、また同時に、キリスト教への準拠の十全で完全な更新としてです。実際、忘れてはなりませんが、「私は信仰に席をあたえるために知識を廃棄しなければならなかった」という、『純粋理性批判』の〔第2版〕序文の文章は、理性の限界内の信仰に開かれているのです。それこそカントの目的であり、また現代の到来とともに真に重要であるのは、方向転換ないし放棄とはまったく異なるものであるということが、あまりにも忘却されています。真理は別の次元＝秩序に属するのです――しかしながら、反対の次元＝秩序にではありません、というのも、反対の次元の場合には、キリスト教の内的な解体が西洋社会を現代の彷徨へと委ねたということになってしまうでしょう。この反対の命題のうちに認められるのは、宗教改革や英国国教会に対するカトリック側からの告発という旧来のモデルであり、自分自身を破滅させつつみずからとともに他のすべてのものをも破滅させるキリスト教の内的な自己－告発というモデルであったと思われます。一般的に言えば、これこそ、キリスト教の各宗派の内部で、またキリスト教のこれらの宗派間に見られる「原理主義的〔十全主義的〕テーゼ」です。さらに一般的に言うなら、こうした「原理主義」と、それからカトリック教会が少し前に「近代主義《モデルニスム》」と読んでいたものとのあいだの葛藤は特種なものであって、西洋はさまざまな宗教（いずれにせよみずからの宗教）をそうした葛藤へと引き渡したのであり、またこの葛藤に則して西洋はみずからの宗教を構成ないし構造化したと言うことができます。宗教の原理主義的性格から、一挙に、脱却したり自己を切り離したり、宗教の原理主義的性格を拒絶したり否認したりする世界への順応によって原理主義的性格を解消するということと当の原理主義的性格との葛藤は、分裂症的な形式あるいは自己との〔共なる d'avec〕分割という形式をとった内的な葛藤なのです。けれども、これは対立する教義ないし信仰のあいだのさまざまな葛藤とは関係ありません。キリスト教に内的なこの葛藤（また、これは異なった形をとりながら、今日ユダヤ教とイスラームに内的となりつつある）は、キリスト教とユダヤ教のあいだの葛藤――もしそこで葛藤が問題だとしてですが――とは何の関係もないし、主要な宗教のあいだに存在する葛藤とも関係ありません。キリスト教の内部で実際に生じているのは、ある特種なタイプの葛藤であり、おそらくは完全無欠性〔原理主義的性格、触れられたり毀損されていない無傷の状態 intégrité〕とその完全無欠性の解体とのあいだの葛藤であると思われます。まさしくこの特種な葛藤のなかにこそ、キリスト教の中核をなす固有性の最初の端緒〔起爆剤 amorce〕、およびキリスト教の生成変化の可能性の端緒を探す必要があるのです。つまり、もしかしてキリスト教は、それ自身においてまたそれ自身によって、分割された完全無欠性ではないのでしょうか？　キリスト教は、それ自身の絆の弛緩〔捻挫 distension〕、自身の開放性〔ouverture〕、自身の分解ではないのでしょうか？

これらの問いに対する答えが肯定の場合にのみ、脱構築の身振りは意味をもちえます、というのも、その場合、脱構築は、完全無欠性がもつ自己の絆の弛緩という運動の直中において、この開放性という運動の心臓部に到達しようとすることが可能だからです。私の探求は、開放性としてのキリスト教の本質というこのモチーフに導かれています。つまり、自己の開放性、および開放性としての自己なのです。

あらゆる形式の開放性のもとにあり、開放性と共鳴しあうあらゆるもののなかにある本質です。すなわち、絆の弛緩としての、隔たりとしての開放性であり、またハイデガーの「〈開け〉」（ハイデガーの開放性を起点に、同時代の思考風土を統括するもの）です。キリスト教の開放性は、あるいは開放性としてのキリスト教はどうなっているのでしょうか。究極的にはこれが真の問いになるのですが、絶えずあらゆる地平を後退させる、あるいは解体するような、開放性の絶対的な超越論的性格はどうなっているのでしょうか。

まさしくこれがわれわれの状況です、もはや地平はない〔より多くの地平 plus d'horizons〕ということです。あらゆる所から、人々は現代世界に地平を求めていますが、私が「地平性」と呼んでみようと思うものを、どのようにして再び掴むのでしょうか。（複数の）地平の根底〔土台、根拠〕ではまさにない根底の上に、また無際限な開放性という根底なき根底の上に、われわれは存在するというのに、どのようにして地平の特徴を再び掴むのでしょうか。これこそ、根底的に、キリスト教が私を導いていくように思われる問いなのです。

この無際限な開放性から――開放性というこの偶発的な固有性からではなく、本質的な固有性としてのこの開放性から、キリスト教の自己性〔それ自体であること ipséité〕としてのこの開放性から、それゆえに、自己のこの絆の弛緩から、自己からの無際限な脱出としてのこの自己との関係から――私は、当面、キリスト教の複雑で、差異化され、葛藤を孕んだ生成＝発生に言及しつつ、微かな兆候だけを取り上げることにします。この生成＝発生については、歴史的現実は常にあまりにも簡単に、またあまりにも素早く、「降誕《クリスマス》の投影」とでも私が呼んでおきたいようなものによって覆い尽くされるのです。いいかえれば、ある日、突然到来し、すべてを変えてしまうような、キリスト教の単純極まりない誕生に覆い尽くされます。ところで、非常に奇妙なことに、われわれの伝統はどれも、いかにそれが極力キリスト教的色彩を薄めようとしても、「降誕の投影」のある部分を常に保持しています。ある任意の瞬間に、「ソレ」は生起し、ついで人はキリスト教徒的な状態に（再び）あるのです。しかしながら、このようなことはどのようにして可能になったのでしょうか。どのようにして、またなぜ古代がキリスト教を産み出したのかは、十分には問われていません。どのようにして、クリスマス〔キリスト降誕＝誕生〕という日が、古代に到来したのかではなく、どのようにして古代がその日を可能にしたのか、ということです。錯綜する歴史的、理論的分析に立ち入ることはしないで、ただ単に以下の指摘を行い、困難さを確認するに留めます。つまり、キリスト教とは、われわれの歴史のなかの極めて奇妙な出来事であり、この出来事自身を読解するためには、二重の図式が課せられるのです。しかもこれは当の出来事自身の伝統のなかにおいて課せられます。ひとつは絶対的な不意の到来（私はそれを「降誕」と呼んだのです）であり、それとともに、同時に、弁証法的止揚です。後者は、こうした呼び方ができないのなら、先行する全遺産の統合〔*integration*〕となります。というのも、キリスト教は自己自身を、ユダヤ教、ヘレニズム、ローマ文化の反復および止揚として概念把握するからです。キリスト教の歴史を考察すると、そこには少なくとも三つの段階が見出せます。ユダヤ的キリスト教（キリスト教とは、第一に、ユダヤ教の一宗派ではないにせよ、ひとつのユダヤ的宗教です）、ギリシア的キリスト教、それにローマ的キリスト教です。この三段階の総体が、教義‐教会上の完全無欠性の構成に照応するとともに、ある同一性——これは、みずからが超克することで否定する当のものと関係づけられることで初めて把握される同一性です——の内的緊張に照応するのです。それゆえ、キリスト教的な同一性は事の始まりから、自己超克による構成なのです。新たな〈法＝掟〉のなかの古い〈法＝掟〉、〈〔神の〕言葉〉のなかのロゴス、*civitas Dei*〔神の国〕のなかの

civitas〔都市、国家〕等々です。キリスト教はおそらく、他のあらゆる宗教とともに、異端の確定や、シスマ〔教会分離、離脱〕の産出などを通して正統性〔正統教義、オルトドクシー〕を構成するという図式を共有しているでしょうが、キリスト教の固有の図式は以下の点で異なっています。すなわち、それは、潜在的に無限の運動として自己自身を把握する正統性という図式であり、この運動によって、信〔foi〕はそれに先行するもの、それが更新し解明するものと関係づけられつつ、自己を発見していくのです。この信が、まさしくみずからがそうであるものであるのは、この信に先行したもの、およびこの信がさらに前進させるものを統合するものとして、漸進的に、信自身へと開示＝啓示〔révélation〕される場合に限られます。そこには、何か唯一無二のものが存在します、つまり、キリスト教的な信はそれ自身、みずからの歴史の経験＝試練なのです、救済の実施のために神が進める計画という経験＝試練なのです。したがって、一方では、遡及して、ユダヤ教的な根源の側には、ひとつの歴史が、継続的で方向の定まった計画がありますが、他方で、キリスト教的な運動の側においては、こうした救済の実施はそれ自身、人間の歴史と切り離せなくなり、人間の歴史そのもの、〈歴史〉となるのです。カトリックの正統教義の観点から見ると、私がここで述べていることは注釈ではなく、神学上のカトリックのテーゼなのです、つまり、救済計画が人間の歴史と不可分なことは、第一バチカン公会議〔一八六九―一八七〇年〕のテーゼなのです。以上の帰結として、歴史一般の次元は、西洋的次元として、基本的にキリスト教的であり、開示＝啓示が辿る道と生は、キリスト教にとって、どのような種類の加入儀礼や改宗の場合でもそうであるように、単に特種な神秘へと接近する様態や手続であるだけでなく、ホモ・ウィアトール、「旅する人間」〔エックハルトの観念〕、旅程途中の人間の行程そのものなのです。こうした人間の旅は単にひとつの通過ではなく、それ自身において、開示＝啓示そのものの歩み振りや漸進を構成します。それ以降、〔過去把持および未来把持〔前方把持〕を伴った〕歪み捩じれ、開放性として理解された歴史、主体それ自身――これは、歴史的な主体である場合にのみ、自己自身との絆の弛緩である場合にのみ主体なのですが――の開放性としての歴史は、マトリックス的な境位であり、キリスト教はそれ自身、この境位を、みずからの真理として、漸進的に明るみにもたらします。なぜなら、実際、キリスト教はたった一撃のもとに、急ニ準備モナシニ〔*ex abrupto*〕、到来するのではないからです。このマトリックスをなす真理、キリスト教的な信そのもののなかで措定され「思考される」この本質的な歴史性、いってみれば、信の〔信という〕歴史性（ただ単に入信し信奉する行為としての信の歴史性ではなく、信の内容そのものとしての歴史性）は、最終的には、キリスト教を宗教一般の境位から厳格に、また容赦なく、引き離すものであり、しかもそうすることで実際には、マルセル・ゴーシェの言い方に倣えば、キリスト教を「宗教（から）の脱却という宗教」[5]に変えるのです。

　したがって、潜在的には無限に他のものに先行されていること――そのなかに、キリスト教はそれ自身に先き立つもののシーニュ〔合図、表徴〕を果てしなく解読し続ける――と無限な将来――そのなかに、キリスト教は、みずからの進行中の出来事〔生起〕の最終的な到来を投影する――とのあいだで緊張を強いられているために、キリスト教は構成上、移行と現前とのあいだで緊張を強いられている。人間のなかへの神の移行から、人間への神の現前＝パルウシア〔現前、到来、キリスト再臨、臨在 parousia〕まで、論理的な首尾一貫性は正しい、けれども、移行から現前への論理的一貫性こそがまさしく意味＝方向〔sens〕と呼ばれるものなのです。このように、キリスト教は、この〔sensという〕語の二重の意味、意味作用に関する意味と方向指示に関する意味の境位のなかにあります。キリスト教とは何よりもこの二つの意味の結合です。つまり、内容としての意味の到来に向けての緊張〔志向〕ないし指向性としての方向なのです。それゆえ、問われるべきは、キリスト教の意味＝方向というよりは、意味＝方向の次元としてのキリスト教そのものです。あるひとつの意味＝方向の次元、それは、同時に意味の開放性かつ開放性としての意味なのですが、この点こそ分析しなければなりません。移行から現前に至るまで、絶えず判明するのは、現前は常に移行を更新継続するということ、もしくは、移行は常に、意味の心臓部におけるより多くの開け〔開口部 ouvert〕へと導くということです。この緊張〔志向〕の極点への到達が起きるのは、パルウシアの絶対性〔分離性 absolu〕、現前の絶対性が最終的に移行の無限性と渾然一体となる時です。その時、意味自身は括り閉じられるか、あるいは、同じことですが、汲み尽くされる〔枯渇する〕、それはもはや意味が存在しないような完全な意味なのです。偶然にキリスト教に由来するわけではない言い方〔表現はルターのものです〕に則して言えば、これこそ結局、「神の死」と呼ばれるものです、というのも、それはキリスト教の命運〔目的、行先 destination〕そのものを言い表すからです。よりニーチェに近い別の言葉で言うなら、キリスト教はニヒリズムのなかで、またニヒリズムとして完成されるのですが、それが言わんとするのはまさしく、ニヒリズムは意味の末期の白熱化であり、過剰な状態にある意味だということです。

したがって、キリスト教は、意味に対する明白な、攻撃的、批判的な否定ではない、意味に対する絶望感ではまったくありません。それは意味に向けての、意味の意味〔方向〕に向けての、前方把持〔未来把持〕なのです。この意味は、その末端に至るまで鋭利であり、みずからの末期の火で光り輝き、この末期の白熱化のなかで消え失せるのです。キリスト教とは、もはや何も命令する＝秩序づけることのない意味、突き動かさない意味、あるいは、意味それ自身だけを命令し突き動かすような意味なのです。こうした意味は、絶対的に自己に対し価値を

5　私はここで行うつもりはないが、こうしたモチーフに基づいて、ヘーゲルの唱えるヴァリエーションに依拠することも可能であろう、というのも、「不幸」とは意識の弛緩を意味するというヘーゲル的な意味合いにおいて、実際、キリスト教は意識の不幸として確かに特徴づけられるからだ。また、ヘーゲルが本来的にユダヤ的なものとみなすこの「不幸」は、実際にはその緊迫した張り詰めた状態（「幸福」である以上に「不幸」であるというわけではない、けれども……張り詰めているものである）を一神教全体に付与しているであろう。しかし、意識が緊張状態を前提とするならば、文化一般は宗教を前提とするのではないだろうか……？（この注の後半部は事後の追加。）

有するもの、純粋な意味、いいかえれば、無際限にまた決定的に、自己に対し開示＝啓示された目的＝終焉〔fin〕なのです。以上が、キリスト教的な開示＝啓示の完全な観念なのです。

この観念はけっして、ある何かないしある誰かの開示＝啓示という観念ではなかった。この意味で、それは確実にユダヤ教の超克、止揚であり、ユダヤ教の外へのユダヤ的な出発＝離脱〔départ〕なのです。というのも、キリスト教的な開示の観念とは、結局のところ、何ものも開示されない、開示の終焉〔目的〕以外には何も開示されないということなのです。つまり、意味が意味として、それ自身のままに〔生身の、人格＝位格のままに en personne〕、純粋に覆いを取り除かれるということ、とはいえ、この人格＝位格《ペルソナ》〔人格、人間、人称、位格 personne……特に、神との関係、神への対向性において、人間に求められる本来的なあり方が人格的関係とされる、またナンシーは、ペルソナとはひとつの場であり、そこにおいて、実存者つまり脱自する者が、神的なるものへと／神的なるものとして露呈＝遺棄される、それゆえ、神的なるものが、おそらく露呈＝遺棄そのものとして、露呈＝遺棄される、そのような場であると別の箇所で書いている〕の意味のすべては、自己を開示する／開示されることにあるような、そうしたひとつの人格＝位格《ペルソナ》のなかで、意味が覆いを取り除かれるということ、以上のことを開示は意味しようとするのですが、開示されるものはこうした開示以外ではないのです。意味は自己を開示する／開示される、だが何も開示しない、あるいは、それ自身の無限性を開示する。しかしながら、何も開示しないことは、否定的な命題ではありません、むしろそれは、次のようなヘーゲル的な命題です、つまり、開示されることとはまさしく、神は開示されうるものであるということです、開示されることは、開示されうるもの、〈開け〔開口部 l'Ouvert〕〉そのものなのです。紛れもなくこの切っ先のような尖端の上で、キリスト教は破断するとともに、ニーチェがニヒリズムと呼んだものとして自己自身を開示するのです。

西洋の由来としての、われわれのキリスト教的由来が、われわれを、開示されうるものの開示へと、ないし絶対的で無限である純粋な意味へと運命づける由来なのです。この状況をわれわれが完全に測定、認識しない限りは、この歴史ないし運命に釣り合うように練り上げられていないある何かの虜のままでいることになります。すべてはそれゆえ、意味の無限性を思考すること、意味の無限としての真理を思考すること、というこの点にあります。あるいはさらに、意味の、また意味への、絶対的な開放性としての意味を思考することです、しかしながらそれは、いわば空虚な意味、いかなる内容も、いかなる比喩形象も、いかなる規定＝決定も欠いた意味への開放性なのです。言葉を投機的に弄ぶことなく、とはいえ、言葉に賭けながら、こう言いましょう、それは「キリスト教の十字架〔抹消印 croix〕」であると、なぜなら、まさしくこの点において、キリスト教は構成されると同時に解体されるからです。したがって、他ならぬこの点に狙いを定めつつ、キリスト教の脱構築を試みるのが適切でしょう。

「脱構築」の操作が意味するところを一言で正確に言いましょう。今や、脱構築することは、ひとつの伝統に、われわれの現代的伝統に属しています。また脱構築の操作が他のものと同じ資格で伝統の一部をなしており、その結果として、この操作自体、徹底的にキリスト教に貫かれていることは、事実として私はすぐにでも認めます。加えて、「脱構築」はその起源を、この語が登場する『存在と時間』のテクストのなかにもっていることを改めて考慮に入れるならば、「脱構築」には次のような特殊な点があります、つまり、それは伝統の最終状態なのです——伝統全体をわれわれへと、またわれわれを介して、改めて伝達することとしての最終状態なのです、そしてその目的は改めて伝統を完全に問いに付すことにあります。脱構築に則して、*Destruktion*（この用語はハイデガーが *Zerstörung* に対抗して、「破壊」に対抗してどうしても守ろうとしたものであり、彼はこれを、*Abbau*、「解体＝解明」として特徴づけています）に則して、伝統を改めて問いに付すことは、改めて根拠づけるために破壊することや永続化させることを意味しません——この二つの仮説では、それ自体として与えられた体系、それ自体として手付かずの＝毀損されない体系を前提にすることになるでしょう。脱構築することが意味するのは、解体＝解明し、脱接合化し〔désassembler〕、接合〔組み立て assemblage〕に幾らかの遊び＝緩み〔遊動 jeu〕を与えて、この接合の各部品のあいだに何らかの可能性が自由に戯れるままにしておくことです、接合はそうした遊び＝緩みから由来するのですが、接合である限りにおいて、それを隠蔽しているのです。

私の仮説はこうです、脱構築の身振りは、批判的でも永続化的でもないひとつの身振りとして、またフッサールやヘーゲル、カントにも見られない、伝統と歴史への関係を証しする身振りである限りにおいて、まさしくキリスト教の内部でのみ可能であり、たとえそれがこの内部から発して意図的に自己を定式化するのではないとしてもそうであるということです。[6] 確かに、それ自体において、ある開放性の弛緩作用によって、またそれを起点として構成されるようなものの内部から発して初めて、探求すべき、また脱結集化すべき意味が存在しうるのです。

したがって、重要なのは、否定するためであれ確証するためであれ、キリスト教的接合をひとまとめに扱わないことです。というのは、そんなことをすればその接合の外に、あるいはその傍らに自己を位置づけることになるでしょう。ところで、そうした身振りこそ、われわれが、われわれ哲学者が、あまりにも頻繁に、あまりにも早計に行っている身振りなのです。そうした場合、われわれはキリスト教徒ではないということが既に自明の理とされてしまうのです、まただからこそ、われわれはキリスト教に相対して、十分な距離を保ち、キリスト教を一個の塊として取り扱うのです。そうしたわけで、キリスト教はあたかも一個の自律した塊の様相を呈し、確かにそれに対しては、どんな類の姿勢もとりうるのですが、人々はその接合の点〔地点、句点 point〕というものを知らないままでしょう。いずれにしても、その接合の点には、あるいはハイデガーなら言うように、システム〔接合体系〕の接合＝結集化〔systase〕には、おそらく、明るみにもたらすべき、またそのようなものとして自由に遊ばせておくべきある何かが存在する、キリスト教が依然として解放していないようなある何かが存在するのです。こう言ってよければ、以上のような脱接合化によって自由に作動させられる可能性、潜勢力、もしくは要請とはどのようなものでしょうか。この可能性はキリスト教そのものではないかもしれません、もはやそうではないかもしれません。それはもはや西洋そのものではないかもしれません、でもそれは、それを起点として、西洋およびキリスト教が可能であるようなものなのです。現在に至るまで、西洋が、キリスト教の出現という両義性のなかでのみ把握してきたある何かなのです。

キリスト教の脱構築が言おうとするのは結局こういうことでしょう、すなわち、脱構築の起源ないし意味を目指しての脱接合化の操作であると――この意味は、脱構築には属さないで、脱構築を可能にするのです、構造を機能させる〔チェスなどの〕空虚な升目のように、脱構築には帰属しません（空虚な升目をどのように満たすのか、しかもその際に解体＝解明の対象であるキリスト教の完全無欠性を全体としてそのまま升目のなかに注入することなしに、

6　おそらく、ルターはある特定の教会的伝統の *destructio* について語ったかもしれない（デリダが「キリスト教の脱構築」という私自身の表現に関して想起させてくれたように）。けれども、ハイデガーにおける *Destruktion / Zerstörung / Abbau* およびフッサールにおける *Abbau* に機会があれば立ち戻ってみる前に、また同様に、ルターにおけるこの用語のさまざまな用法（また彼の時代における用法、というのも、この時代にはたとえば『カバラー駁論＝破壊』〔*Destructio cabbalae*〕や『矛盾の矛盾』〔*Destructio destructionis*〕があるからだ、後者はアヴェロエスのガザーリーに対する反論の翻訳であり、この場合「脱構造的＝破壊的」という語の意味は明らかではない）の吟味を場合によってはさらに掘り下げて行う前に、私はそれでもなお本質的な点を指摘するだけにしておきたい。すなわち、あらゆる構築に先行してしまっているはずの事柄に向けての開放性あるいは新たな開放性という身振りである。しかしながら、現在では「脱構築」というものが平板化され変形された意味で広範に流布してしまい、「批判」ないし「取り壊し」と等価のものとされている――それも大部分はデリダに対する通俗的解釈が成功を収めていることに起因する使用法であるが――、そのためむしろこの語の使用を控えるべきであろう……（事後に付加された注。）

これが問われることです)。

ある意味では、予告しておいたように、キリスト教はそれ自体において、本質的に、キリスト教自身の絆の弛緩の運動です、というのも、自己の開放性および絆の弛緩のうちでの／としての主体の構成を現わすからです。ですから当然、こうした絆の弛緩と引き換えに初めて可能である脱構築は、それ自身、キリスト教的であると言わねばなりません。脱構築はキリスト教的なのです、なぜなら、キリスト教が起源からして脱構築的であるからです、また、事の始まりから、キリスト教は、あたかも起源のなかにおける遊び＝緩み、間隔、鼓動、開放性へと関係づけられるように、キリスト教自身の起源へと関係づけられるからです。

しかしながら、われわれもよく知っているように、別の意味では、キリスト教は、脱構築の、またキリスト教自身の脱構築の、対蹠物、否認、排除〔forclusion〕なのです、その正確な理由は、その起源をなしている構造の代わりに、キリスト教は、そもそもの始まりから、別のものを据えるからです、それは目的＝終焉の予告です。キリスト教の、始まりからの構造、それは目的＝終焉の予告なのです。さきほど話した絆の弛緩がある特定の形式をまとったものがこれです。キリスト教は本質的に目的＝終焉の予告のなかにあります。より正確に言うなら、キリスト教は、予告としての、予告された目的＝終焉としての、福音としての、*euaggelion* つまり「〔宣べ伝えられるべき〕福音＝良き報せ」としての、目的＝終焉のなかにあるのです。メッセージ〔伝言、送られたもの、使命、啓示〕、それはキリスト教の心臓＝核心なのです。

したがって、キリスト教的な予告は、予言ないし予見といった通俗的な（また非ユダヤ的な）意味での預言とは完全に別のものです。目的＝終焉のキリスト教的予告は、予測＝予知ではまったくない、ある意味では、約束でさえないのです。もちろん、約束はキリスト教的なカテゴリーですが、さしあたり、明確さを期すため、事態を際立たせるために、私は予告という用語だけを用います。キリスト教は、このように、何らかの形で、目的＝終焉を予め配置することとしての予告ではない、つまり、キリスト教のうちにおいては、まさしく目的＝終焉それ自体が、予告のなかで、また予告として、価値をもつのであって、それは、予告される目的＝終焉が常に無限な〔終焉なき〕目的＝終焉〔*fin infinie*〕であるからです。ここにこそ、キリスト教を真に構成するものがあります、神学者たちが言うように、キリスト教のケリュグマ〔福音の布告、伝令、宣教〕を、換言すれば、宣言布告されるものの本質、図式を、予告の図式を構成するものがあります。キリスト教とは何でしょうか。それは福音です。福音とは何でしょうか。それは予告されるものです、そしてそれはさまざまなテクストではないのです。何が予告されるのでしょうか。何ものでもありません。ニーチェもそうでしたが、マルセル・ゴーシェも四福音書の薄さに注目しています。ほとんど何ものでもないほどなのです。このほとんど何ものでもないエクリチュールが、先行するあらゆる書物《ビブリア》〔聖書〕を止揚し＝再び立ち上がらせているという事実、キリスト教に固有のエクリチュール（三重に何ものでもない……）とは、本質的に、予告という語を迅速に書き記す〔痕跡として留める tracer〕エクリチュール、「ソレは予告する」と、また、ある誰かが生きた、そして予告したと述べるようなエクリチュールであるという事実は十分に省察されていないのです。

キリスト教が本質的にケリュグマ的ないし福音的であるならば、問題はまさに、キリスト教の福音的な生ける心臓部のなかにおいて、予告それ自体の心臓部に視線を注ぐこと、そしてニーチェが立ち止まった段階を踏み越えることにあります。実際、依然としてニーチェは、良い種と毒麦とをより分ける人々、起源の純粋な核とその後の展開とを切り離す人々に属しています。私の感覚では、むしろ問題は、他のすべてのものの可能性を真に構成するものを、純粋な核として、福音的な核として捉え直すことです。そうすると、「キリスト教に関するルソー主義」とでも呼べそうな周知の身振りに則して、初期の良きキリスト教を切り離し、その後の裏切りを慨嘆などしなくてもいいようにわれわれは導かれるはずです。

そうは言っても、もう一歩踏み出しましょう。ケリュグマ的ないし福音的なキリスト教の本質的運動のなかに、その心臓部のなかに深く立ち入り、キリスト教の予告という構造に踏み入るためには、事後に生じる福音書の教義上の展開に反対する立場をとりつつ、福音書だけに依拠するのではやはり不可能なはずです。逆に、教義上の展開のなかでこそ、意味の予告と開放性という基本構造によってこの教義に刻印された固有の水脈を捉え直す必要があります。キリスト教の教義という建築物のなかで、われわれに関係があるのは、神学的な構築であり、いいかえるなら、同様にそしてまた第一に、哲学的な構築ないし形成加工です。哲学的というのは、他のさまざまな哲学の傍らに位置してキリスト教的な哲学があるという意味ではなく、キリスト教的なケリュグマの独創的構造が、哲学の歴史全体との厳密な歴史的関係のなかで築き上げられてきたという意味においてです。したがって、キリスト教の教義もしくはキリスト教神学の哲学的構成要素の解体＝解明のなかでこそ、予告の哲学素を捉えるべきなのです。そうした場においてこそ、予告それ自体、ケリュグマそれ自体を、哲学素として把握する必要があります、すなわち、われわれの歴史とわれわれの伝統を通して、ますます哲学素と化しつつあるものとして把握する必要があります。そうした哲学素は今ではわれわれの思考の葉脈を構成しているのです。

この点に長々と拘泥することは避けて、キリスト教神学の哲学的構成要素に関わることとして、次の点に注意を喚起しておきます。周知のように、キリスト教神学の心臓部は明らかにキリスト論〔イエス・キリストの神性と人性についての神学理論〕によって構成され、キリスト論の心臓部は受肉＝託身の教義であり、また受肉の教義の心臓部は、ホモウシア〔*homoousia*……神とキリストとが、ウシアつまり実体・存在・本質を同じくすること、なお、被造物から見ればまったき他者であるような最高の個物としての神をウシアとする考え方もある〕つまり同質同体性〔実体を共にする、同じくすること consubstantialité〕、〈父〉と〈子〉のあいだの存在および実体の同一性ないし共同性〔共同体〕の教義です。これこそ、キリスト教と並んで、まったく前代未聞のことです。哲学的存在論の領域〔*ousia*〔実体〕、*homoiôsis*〔類似性、類似化〕など〕と境界画定をするために、神学者はこう言うでしょう、つまり、ホモウシアは、信〔信仰 foi〕の意図への奉仕に当たって使い勝手の良い語にすぎないのであり、この信の意図からすれば、この観念の意味は、本質ないし実体という観念へと引き戻されてはならないのだと、そしてまた、〈父〉と〈子〉の共同性は、哲学的に本質ないし性質＝本性の共同性を意味するあの特異なホモウシアとは異なる性質のものであるのだと。神学者に次のような問いを投げ返せば十分でしょう、〈父〉と〈子〉の真の共同性とは、もしそれが本質的に本質や性質に関わるものでないならば、どのような異なる性質ないし本質のものなのでしょうかと。

実際には、もし信が言おうとしている意味、いいかえれば、信によって予告され、待望され、目指されている意味が無限であるとしても、それにもかかわらず、この無限な遠ざかりが思考可能であるのは、歴史的－哲学的コンテクストのなかから採られたウシアを起点にしてなのです。キリスト教は、ウシアを起点として初めて、ウシアの無限な遠ざかりを措定し思考することができるのです〔ハイデガーによれば、ギリシアの根源的思索において、ウシアが意味するのは、存在するものであること、存在者性、現前性ないし現前化・現前態、立ち現れること、出現することであり、ウシアを実体・本質と解することはその頽落態に当たるとされる。ちなみに、神とキリストの同質性を主張するアタナシウスは神性を名づけるのに、ウシアおよびヒュポスタシスを使用している〕。別の言い方をすれば、ホモウシアのパルウシア〔現前、到来、臨在〕は、神学と哲学の性質の違いを表すどころか、現前性、つまり、それ自身のパルウシアとして思考されたウシアの意味の無限な開放性を実際には表すのです。この点から出発すれば、神学的存在論から、存在（者）的－存在論的差異および存在の意味に関するハイデガー的問いに至るまでのさまざまな理性の次元すべてを脈絡づけることができるのです。ただし、少なくとも、脱構築的身振りによって、この意味の意味が動揺させられない限りですが。つまり、こういうことです、ウシアを起点として、存在論の諸概念の哲学的連鎖の果てに至るまで行くことは可能であり、そして、神学者が対峙しようとしていた概念的な哲学的体系性を超えたところで、開放性そのものが、それら諸概念の可能性の手前への送り返しとして、作動していることがあらゆる場所で見られる、ということです。

*

それでは予告しておいたさまざまなキリスト教的カテゴリーを、ここで確立した方法論的原則をもとに改めて把握することを試みつつ、検証しましょう。

最初に信〔信仰 foi〕のカテゴリーを考察しましょう、というのも、ウシアについてさきほど言われたことに対して、神学者（あるいはより正確には、霊的〔精神的〕人間、真のキリスト教徒）は、こう答えるでしょうから、つまり、そうしたことはすべて、言説によって還元することのできない次元としての信および信の行い〔信の業 acte de foi〕の次元、特異で解消不可能な次元を無視していると。

ある一定の仕方では、信に関してキリスト教的カテゴリーとは異なるカテゴリーが存在するのかと尋ねつつ、分析を始めなければならないように私は感じます。信者ひとりひとりが自分の心のなかで発しうるものであって、私が検証するには及ばない信の行いではなく、信というカテゴリーです（なぜなら、脱構築の身振りが及びうるのはこれについてだからです）。主体の内奥で働いている行為とみなされる信の行いに対しては最大限の敬意を払いつつも、私は、信のキリスト教カテゴリーは第一に、厳密には、ある行為のカテゴリー、内奥の行う行為、また内奥におけるある行為のカテゴリーだとみなさずにはいられません。それこそ検証しなければならないのです、とはいっても、主体の内奥における行為のカテゴリーである限りでのこのカテゴリーを検証することと、この行為そのものを批判することとは別であるのは承知の上です。後者については、この行為そのものが生起するとしてのことであり、またその生起する場において、明らかに私の言説が及びえない場においてということになります。

行為《アクト》としての信の行いとは、何よりも、予告されるものではないでしょうか、すなわち、その行為〔現働態 acte〕自体や、そのエンテレケイア〔完成＝実現した状態〕が、顕示〔示し現わすこと、現わし見せること monstration〕ではなく予告であるようなそうしたものではないのでしょうか。信とは何でしょうか。信とは厳密には、神とその愛とが現にそこに現前し顕示されない限りにおいて、またそれらが顕示という様態で現前しない限りにおいて、神ないし神の名へと関係づけられることにあります。しかしながら、それは何らかの信仰〔croyance 信仰の対象が欠落態において明示されたもの〕ではありません、というのは、信とは、証〔証拠、証明 preuves〕なき信奉〔加入、同意、固着 adhésion〕ではないのです。キリスト教的な信についての最も偉大な霊的〔精神的〕、神学的分析にはっきりと示されているように、信とはむしろ、信奉という用語を使い続けるなら、他のものを伴わない志向が志向それ自身に信奉＝固着することなのです。現象学の言葉で言うなら、相関物である対象を伴わない志向、あるいは、当の志向それ自体とは別の意味の充溢を伴わないような志向がそれ自身に信奉＝固着することでしょう。おそらくこう言えるかもしれません、信とは純粋な志向性であると、もしくは、ジャン＝リュック・マリオンの言う意味での「飽和した現象」としての、自己充足的な現象としての志向性であると。もちろん私は承知していますが、マリオンは、「飽和した現象」について語る際に、信のような現象について語っているのではなく、むしろ、信のようなものとして与えられる、あるいは信を引き起こすと思われる現象について語っているのです。しかしながら、私としては、信がこうした「飽和した現象」ではないのか、さらに、おそらくは飽和そのものではないのかどうかという問いを開かれたままにしておきます。

いずれにせよ、信とは、証なき信奉や証の彼方への跳躍ではないのです。それは信者〔誠実、忠実なる者 fidèle〕の行為であり、この行為は、そういうものとして、ある内奥の意識の証言〔証明、証拠 attestation〕なのですが、この意識は、信が証言〔証明〕の不在へと、パルウシア〔現前、臨在、到来〕の不在へと露呈＝遺棄されていること、露呈＝遺棄されるがままになっていることについての意識なのです。ホモウシア〔同質同体性〕のなかで、信はホモウシアのパルウシアが不在であることへと露呈＝遺棄されているものとして自己自身を理解します、そうでなければそれは信ではないでしょう。したがって、もしキリスト教的な信が、それ自身に出会い損ね、それ自身から遁れ去る内奥性の行為のカテゴリーであるならば、そうだとするとキリスト教的な信は厳密にまた絶対的に、あらゆる信仰〔croyance〕から区別されます。それはソノ種ニ特有ノ〔*sui generis*〕カテゴリーであって、信仰のように、何々の欠落、何々の欠如ではないのです、何々を待望するものではなくて、それ自身の力によって、信が信用＝信頼している当のものの可能性に対しての誠実さ＝忠実さ、信用＝信頼、開放性であるようなカテゴリーなのです。

ここで私の言っていることは、愛における誠実さについてのわれわれの現代的定義と完全に適合するかもしれません。われわれにとって、愛における誠実さとは、まさしくそうしたものなのです。確かに、われわれはこの誠実さを、夫婦に関する法の単なる遵守や、夫婦制度の外部にある道徳的ないし倫理的掟の単なる遵守から逃れるようなものと考えます。もしも愛とはまず第一に誠実さに関係するものであり、また、愛自身の未充足な状態を凌駕するものではなくて、反対に、愛にとって未充足な状態として出現するものへとみずからを委ね預けるものであるならば、またそれゆえに、愛みずからがそうでなければならないものであるため、つまり、誠実さであるために、自己を超えた彼方へと我が身を委ねるものであるとするならば、以上のことはおそらくまさにわれわれがより深層において愛として理解しているものに当たるのです。だからこそ、キリスト教的な信の本当の相関物は、対象ではなく、言葉〔約束 parole〕なのです。信とは、神の言葉へとみずからを委ね預けることにあるのです。

またここでは、われわれの愛に関わる信は完全にキリスト教的なのです、というのも、誠実さである限りにおいて、その信は他者の言葉に身を任せるのであり、「私は君を愛する」という言葉、ないしはそう言うことさえしないような言葉に身を任せるのですから。同時に、この現働態の信〔現に働いている信、行為の状態にある信 foi en acte〕、これを神学者は *fides qua creditur* つまり「それによって信仰が生じる信」と呼ぶのですが、この信は、信者〔誠実なる者〕の信の公言〔表明〕である限りにおいて、内容としての信、*fides quae creditur*、信仰されている信、つまり神の言葉の意味を現働化するのです。別の仕方で言えば、真の行為、すなわち *fides quae creditur* のエンテレケイア〔完成態〕とは *fides qua creditur* なのです。行為こそが意味を現働化するのです。

そうすると二つの可能性が登場します。

1．一方の可能性では、行為の契機そのものが優位を占め、意味はこの契機と一体となる。そうなると、信の意味はあまりにも内密、あまりにも私的であり、主体にとって近づきえないと言う人がいるでしょう。この場合、信の主体とは、みずからの信を完全に神の恩寵に委ねる者です。それはちょうど、「あなたは恩寵のなかにいると思うのですか」という問いに対するジャンヌ・ダルクの答えとされている言葉が証言している通りです、「もし私がそのなかにいないのなら、神よ私をそのなかに置き入れて下さい、もし私がそのなかにいるのなら、神よ私をそのなかに保って下さい」。信はここでは、信の恩寵の受容にあるのです。

2．あるいは、もうひとつの可能性では、逆に、言葉の契機、および明確に構成＝分節化された共同体的な意味の契機が優位を占めます。この場合には、信が共同体的な証言〔証明〕であり、共同体によって分割《パルタジェ》＝共有され、また共同体とともに消滅する行為である限りにおいて、共同体のどのような分割＝分断も、どのような結合解体もまた、信の分割＝分断であり結合解体なのです。ところで、もしもケリュグマおよび恩寵が原理的に人類全体にとってのものであるか、あるいは、福音書および恩寵が万人にとってのものであるならば、共同体も巻き添えにした信のこの消滅はおそらく、キリスト教の歴史の「十字架〔抹消〕」を表しています。

この二重の図式のなかで理解された信は、したがって、常に意味の無限性への信奉へと引き戻されます、たとえそれが内密性の証言なき証言のなかへと溶解した意味の無限性であれ、あるいは、特定の共同体の外部で、人類の限界に至るまで、拡張される意味の無限性であってもです。キリスト教的な共同体の視点から見れば、信の行為を主体的で実存的な信奉のように解釈することは、それゆえ、完全にみずからを裏切ることになります。その反対に、確かに、信とは自己固有化〔我有化、横領〕不可能な無限の意味が現働《アクト》‐態に‐あることであり、また、誠実さとしての信が、漸進的に、何ものでもないものへの誠実さ、誰でもないものへの誠実さ、誠実さそのものへの誠実さと化していくというのも真実です。われわれは純粋な誠実さの文化と化しつつあるのです、誠実でなければならないことを確信しているだけでなく、誠実であろうと欲していることを確信した誠実な者《フィデル》〔信者〕なのです。何に対する誠実さなのでしょうか。意味に対してなのです、またしたがって、誠実さの身振りそのものとは別の何かに対する誠実さではいささかもありません。[7]

第二のカテゴリーは罪です。罪、なぜなら、罪抜きでキリスト教を構想することはできないからであり、他でもない、罪によって、キリスト教は、外面上これ以上ないほど明らかに、われわれの歴史とわれわれの文化の主要な部分の一切を支配したのです――従属させ、隷属させたと言う人もいるでしょう。しかしながら、銘記していただきたいのですが、かりにキリスト教的な信について語ることには少しの違和感もないとしても、今日、罪について語ることはかなり時代遅れであるように見えます、それは、われわれのキリスト教がもはや罪のキリスト教というよりは、愛と希望〔望徳……信、愛とともに三対神徳のひとつ〕のキリスト教であるからです。けれども、このこと自体が既にある合図＝表徴なのです。事実上罪を欠いたキリスト教とは何なのでしょうか。おそらくそれはもはやキリスト教ではありません。それでは、どのようにして、キリスト教は、内側から、罪より解放され、罪を厄介払いすることができるのでしょうか。私も十二分に承知していますが、昔から、罪の消滅に対して痛罵を浴びせるキリスト教徒の権化のような人には事欠きませんでしたし、ブロワやベルナノスは、罪の消滅、またそれとともに、悪魔の消滅に対して見事に毒づきました。だがまさしく、この消滅はひとつの完成なのです。

実際、キリスト教の罪はどう特徴づけられるのでしょうか。キリスト教の罪は過失〔過ち faute〕とは隔たっていますが、それは信〔foi〕が信仰〔croyance〕とは隔たっているのと類比的なのです。過失は侵犯、違反であり、それには罰や、時として償いが求められます。罪のほうは、まず最初に、ある一定の行為ではありません〔告白＝告解や信仰箇条の暗唱というイメージによって、完全にわれわれの罪の捉え方が歪曲されたのです〕。罪は第一に行為ではありません、それはひとつの条件〔運命、環境 *condition*〕です、起源にある条件なのです。この起源にある罪〔原罪〕によって初めて、創造、罪、贖いという神の計画の完全な図式が揃うのです。この神の計画の外にあっては、神の愛も、受肉も、ホモウシアも、人間の歴史も意味をもちません。このように罪は第一に起源にある条件であり、しかも歴史性の、また展開＝発展の条件、起源にある条件なのです。罪とは、救済の歴史および歴史としての救済を産み出す条件であり、それらを連動させるものなのですから、特定の行為ではなく、ましてや過失ではないのです。

7　例えば、アラン・バデューのような人が、倫理に関する、およそキリスト教的ではない書物のなかで（*L'éthique. Essai sur la conscience du mal*, Paris, Hatier, 1993）、空虚な誠実さというカテゴリーを自分の思考の核心に据えているということは、私はかなり特筆すべきことだと思う。アラン・バデューは、こうした誠実さのもとに、フィデス〔信〕を再び出現させることが可能だとは思い描いていないようだ。けれども、実際には彼は思い描く以上のことをしているのだと、私は信じている。

罪は条件なのですから、何よりもキリスト教において重要なのは、罪人である人間です。起源にある条件とは、人間が罪人であるということですから、罪自身より罪人のほうが重要なのです――まただからこそ、真に赦される者とは罪人なのです。罪人は、赦される者である限りにおいて、もちろん抹消されるのではなく、まただ単に罪人から罪の汚れが切り離されるのでもない。赦された罪人は再生して、救済の歴史のなかに新たに入ります。それゆえ、罪人である人間とは、〈法〉を侵犯する者であるというよりは、もともと他者ないし神のほうへと向けられていた意味を自己のほうに反転させる者のことなのです。まさにこのように、キリスト教において、「あなたは神々のようになるだろう」という〈〔誘惑する〕蛇〉の言葉が解釈されたのです。意味を自己のほうに反転させることこそが、自己なるものを、自己‐自身なるものを、出現させます、自己へと関係づけられたものとしての、他者へと開かれない、他者へと絆を解き緩めないものとしての自己なるものを出現させるのです。こうしたものは、単に罪に関する条件の指標ではなく、罪に関する条件そのものなのです。悪とはエゴ〔自我、私〕的性格ないしエゴイズムであり、自己へと関係づけられる〔自己へとみずからを関係づける〕自己であると、西洋の伝統では一貫して強調されてきたのですが、そのように述べるテクストの一切を通覧することは無理な相談です。要するに、罪とは、ある仕方においては、閉鎖性であり、聖性〔聖潔〕とは開放性なのです。聖性とは〈法〉の遵守ではなく〈そもそも、こうしたことこそキリスト教が、新しい〈法〉のなかへの旧い〈法〉の止揚〔交代〕と考えるものです〉、信へと差し送られたもの《アドレッセ》への開放性、予告への、他者の言葉への開放性なのです。

われわれの罪深さを定めた条件の真理が最終的に導くのは、過失の償い〔埋め合わせ expiation〕ではなく、解放〔釈放、贖罪、買い戻し rachat〕です。誘惑という隷属状態に屈服した者を解放することです〔奴隷は買い戻され解放されます〕。誘惑のカテゴリーについて詳細に検証するとともに、誘惑とは根本的に何であるのかと問う必要があるでしょう。誘惑とは本質的に自己の誘惑です、それは誘惑としての、誘惑者としての、自己の誘惑者としての自己なるものです。重要なのは、過失の償いなどではまったくなく、解放ないし救済です、そして救済は自己そのものからは到来しえない、それは自己の開放性から由来するのです。救済は、自己の開放性として、自己へと到来します、そしてそのようなものとして、救済は、自己の〈創造者〉の恩寵〔恩赦〕であるかのようにして、自己へと到来します。ところで、神は救済によって何をなすのでしょうか。救済によって、神は、人間が罪とともに負っていた負債を帳消しにするのです、負債とは自己それ自体の負債に他なりません。人間が我有化=横領したもの、神に対し人間が債務者として負っているもの、それはこの自己であり、人間はこの自己を自分自身へと方向転換してしまったのです。これは、自己にではなく、神へと委ねられるべきなのです。罪とは、実存=脱自性〔existence〕そのものが負債を負っていることなのです。

別の言い方をすれば、ハイデガーは、実存=脱存的な*Schuldigkeit*〔負い目〕を「過失」のカテゴリーないし「負債」のカテゴリー（この用語の存在者的《オンティック》な意味での）から切り離そうとするのですが、それに対し、むしろ私は、この*Schuldigkeit*が実存の負債状態としての罪の本質を体現しているのではないかと思うのです——実存の負債状態は一挙に以下のことを意味します、つまり、実存自身が負債を負っていることであり、また、実存が何を負債として負っているかといえばそれは紛れもなく、実存自身、自己なるもの、実存の自己性〔自己であること ipséité〕についての負債であるということです。

生ける-神とは、結局、他のあらゆる要素の接合を維持するものです。オリゲネスの言うような、「不可視の神の不可視な像《イマージュ》〔初出時は、可視的な像〕」である〈子〉とは、表象されず、表象可能でもない神、とはいえ生けるものである神の現前そのものなのです。姿を現わすような神という意味ではなく、現前の予告という意味において、〈子〉は〈不可視なもの〉の可視性なのですが、この可視性がそのものとして見えるわけではないのです。まさにこうした予告のなかで、人間へのこの送り渡し＝語りかけ《アドレス》のなかで、この呼びかけのなかで、ヴィジョン〔視、〔神を〕見ること、見られるもの〕は生まれる。ところで、このように不意に呼び止められ＝中断される〔interpellé〕ものがペルソナそのものなのです。生ける‐神の生は文字どおり自己‐触発〔自己‐毀損・変様 auto-affection〕であり、それは、ペルソナ自体がそれ自身に対し無限の広がりをもつなかで、ペルソナをペルソナ自身へと現前させる。この純粋な予告は、純粋なペルソナないし純粋な生の無限の意味としての中間判決〔中断する言葉、中断しつつ語りかけること interlocution〕なのです。したがって、生ける‐神とは、自己固有化〔我有化、横領〕‐脱固有化の生として露呈＝遺棄される生ける‐神です。またこの生は、生それ自身の彼方にまで到達します。こうして、あらゆる点からわれわれは、改めて、意味の構造そのものとしての開放性へと引き戻されます。それは、〈開け〔*l'Ouvert*〕〉そのもの、予告の、計画＝企投の、歴史の、信の〈開け〉なのであって、これが、生ける‐神によって／神を通してキリスト教の心臓部に開示＝啓示されるのです。

　もし、確かに、キリスト教的構築を接合する／脱接合する〔また、意味の地平性を解体し、無限の穿孔のように、現前的＝現在的瞬間として、ある垂直性のなかで旋回させる〕ものが、意味の地平、および地平の裂開としての開放性、〈開け〉であるとするならば、極めて暫定的ですが、いまだ進行中のこの作業を締め括るに当たり、こう言っておきましょう、こうした〔脱〕構築においては、問いとしての地平、それ自身の無限性へと向かう有限性の固有名としての地平そのものは、消滅するのだが、また出現するのでもあると。

〈開け〉〔あるいは、ヘルダーリンもまた名づけていたように、「自由なるもの〔明け開いたもの、解放されたもの le libre〕」〕は実際、両義的です〔それはすべて、キリスト教のもつ自己破壊的ないし自己脱構築的な両義性なのです〕。この〈開け〉は、その絶対的性格のなかにあって、それ自身へと開かれる、また無限に、それ自身だけへと開かれる。まさにこうして、キリスト教はニヒリズムとなる／みずからをニヒリズムと化すのであり、果てしなく、ニヒリズムを、神の死を開始する〔担保に入れる〕。だがそうなると、こういう問いが提起されます、それ自身の裂け目の深淵へと沈み込まないような開放性とは何なのであろうかと。それでもやはり何らかの意味をなすような無限な意味とは何か、それでもやはり真理の重みをもつような空虚な真理とは何なのであろうか。表徴＝前兆的な〔到来すべきものの先取り＝前表であるような figurative〕仕方で意味を詐取することではないような（神ではないような）ある形象を、（脱）限界画定された開放性を、未聞の代償を払いつつ、どのように線描する〔痕跡として描く tracer〕べきなのでしょうか。

おそらく重要なのは、限界（これがギリシア語の *horizô*〔地平の語源〕の意味です、限界づける、境界を設け区切ることです）を思考すること、特異＝独異な描線〔tracé〕を思考することでしょう。この描線は、正確にひとつの実存＝脱自性を「括り閉じる」のですが、しかし、その括り閉じは、自己へと回帰するのではないような（というのも「自己」とはこの非‐回帰そのものですから）開放性の複雑な刻印〔刻み記されたもの graphe〕に則してなされます、あるいは、いかなる宗教も、いかなる信仰も、またいかなる知もやはり――またもちろん、いかなる隷属的姿勢も、いかなる禁欲主義も――飽和させたり保証したりできないある意味の記載、いかなる〈教会〉も祝福しうるとか結集させうるとか主張できないある意味の記載に則してなされるのです。それゆえ、われわれに残されているのは崇拝でも祈りでもなく、思考と名づけられるものを厳格に、真剣に、冷静に〔静醒を保ちつつ sobre……ヘルダーリンの用語、近代人・西洋人の固有の境位を指す〕、とはいえ悦びに満ちて行使することなのです。

脱閉域*

鉄道の二本の軌道のあいだに繁茂した正方形の雑草と……〈神〉、あるいはその不在、あるいはその代替物のあいだに結びつきを作り出すことは困難だ。だがしかしながら、まさにそこからなのだ、ソレが始まるのは、子どもじみた捩じられたバネのような一種の反抗から、どういえばいいのか、ソレが有効性や意味の法廷の前に出頭することを拒絶することから、ソレは始まるのだ。〔……〕多様なもの、それは実際、分離された部分であろう、常に分離の可能性が到来しうるということであろう、そうしたものがなければ、驚きは存在しない、到来というものさえ存在しないだろう。「休眠中〔dormance〕」、種子に関係するとても美しい語であるが、この語を起点にして、「到来性〔venance〕」のようなある何かを試しに考えてみることができよう、それはとりわけ期待や期待する運動を指し示しはしない、そうではなく、反対に、一種の到来の不動性、〔……〕一種の永続的な脱閉域〔déclosion〕――まさしく、鉄道の二本の軌道のあいだに繁茂した正方形の雑草がその例であろう――を指し示すと思われる。

ジャン＝クリストフ・バイイ[1]

空間とはある物の名ではない、そうではなく、さまざまな物のあの外部の名であり、この外部のおかげで、物のあいだの区別がさまざまな物に与えられる。さまざまな物は区別された場所を占めないのならば、その本性において区別されえないだろう。もし私が一本の木の場所にあるならば（「木の代わりに」ではなく）、木も人間も存在しない、他のもの、たとえば森の神のようなものが存在することになる。さまざまな場所の区別が阻まれたり拒絶されたりすれば、圧砕、収縮、窒息が生じる。それは地質学的な褶曲＝衝突や収縮において見られるものだ、そこから溶けた岩石、礫岩、円平礫岩が誕生する、そして今度はさらにこれらが、場所の新たな配置のなか、また別の空間の布置のなかに、新たな岩石を、新たな区別された諸要素を構成する。また次のような場合も同様なことが見られる、過剰なまでに伸びた植物の新芽のために、ある新芽は窒息状態に陥り、またある新芽は絡みついて編みあわされてしまう、そうした場合だ、ちょうど双生の木の幹がときには絡まりあって、互いに首を絞めあうような限界状況にまで達するときや、双生の幹が一者でも二者でもないような抱擁しあった状態で成長するときと同じように。

　空間とは場所に位置づけることであり、またそうするために、配分することである、そしてそれゆえ、ある隔たりである前に、さまざまな場所の空間化＝間隔化《エスパスマン》である。空間化＝間隔化は微小なものでも、また巨大なのもでもありうる、だがそのことは、その本性にとって重要なことではない。空間化＝間隔化は分離の急激な推力であって、そのおかげで、ソレ〔ça〕は区別される〔みずからを区別する〕、またあれとこれとを区別する。空間化＝間隔化はこの急激な推力の時間である。この時間は、永続的なものが有する既に布置となった諸空間の上に継起的なものが流出することではない。反対に、この時間は、時間そのものがもつ布置形成的な駆動力に則して、布置を形成する運動そのものの歩み振りを形成する。

＊　当初この論文は、雑誌*Java, n° 25/26*, Paris, 2003 における空間についての関係論文に添付するために執筆された。

1　*L'Animal, n° 17*, Metz, automne 2004, p. 85 に掲載されたエマニュエル・ロジエとの対談。

ここから時間のパラドックスが生じる、すなわち、純粋な継起性でありまた同時に＝平行して純粋な永続性でもあるということ、しかも双方が互いに他方のなかで脈動する動きに則してそうであるということなのだ。だからこそ、たとえ何も新しいことが起きないとしても、依然として次のことは起きている、つまり、区別が維持されてあるということ、そしてさまざまな物が互いに相手のなかへと崩落することはないということが。諸々の物が分離され区別されているということは、事実の陳腐な与件ではない。分離かつ区別とは、反対に、諸事物を／が贈り＝恵むこと〔don〕、贈与すること〔donation〕そのものである。分離かつ区別は、世界の永続的な開裂〔開花、出現 éclosion〕である。事物と他の事物とのあいだにはまた分離が存在していなければ、ひとつとして事物は存在しえない。それゆえ、事物は二個以上で存在する。単独なる‐一者とはそれ自身の無媒介的な否定であり、空間‐時間こそがこの否定の構造なのである。

だからこそ「空間《エスパス》＝宇宙の征服」は、あらかじめ存在する場を発見するというやり方では考えられない。覆い隠されていたものを発見するのではない、あるいは少なくとも、発見するだけではない、そうではなく、切り開きもするのであり、つまりは分離し区別するのである。空間＝宇宙がその征服者をまた征服するのでなければ、人が空間＝宇宙を征服することはない。

確かに、われわれの太陽系の内部および外部にある宇宙のさまざまな延長物は、われわれのロケットや探査機、衛星が派遣されるよりも前に存在している。だが同時に〔同じ時間のうちに〕――この探査のための派遣の時間において――、「征服」は一般的な拡張のひとつの契機、ひとつの区切りをなす。かつては別世界であったもののなかに透入することで、人間は単に地球から遠くに向かうだけではない。人間はまたこの運動によって、地球を地球自体から引き裂く、そして人間は宇宙の膨張を内部から（もしそれが「内部」だとして……）再び賭ける＝遊動させることで、みずからを自分自身から引き裂く。空間は人間を通して〔横断して〕空間化＝間隔化されるが、空間のほうでは人間を空間化＝間隔化する。

ヨーロッパ人なるものは、「〈新世界〉」を発見したときに、ひとつの膨張を開始した、それによって新たな世界の布置が作り上げられ、さまざまな新たな区別が場を占めた。未聞のインド〔西インド〕は既知のインド〔東インド〕から分離された。一世紀のあいだ《エスパス》に（こういう言い方があるが）世界の相貌は変化した、さまざまな大陸、島、大洋。今日では、まさに半世紀足らずのあいだに、この世界の布置が変形をこうむってしまった、この世界の空間‐時間は衛星信号の伝達が作り出す空間‐時間と化している。ある意味で、それはさまざまな場が明瞭に区別される空間、領土や国境、領地や閉域からなる空間が溶解し消滅することである。さまざまな分離からなる空間は、それらさまざまな分離をそれら自身から分離するような空間化＝間隔化の推力のもとに屈する。こうした空間化＝間隔化の推力は、全体に及ぶ布置を捉えて、それをある連続体のなかに押し広げ、さまざまなネットワークの絡み合いのなかで捩じり痙攣させる。部分ノ外部ノ部分〔*partes extra partes*〕は、その外部性を保持しながらも、部分ノウチノ全体〔*totum in partibus*〕と同時に全体ニトッテノ部分〔*pars pro toto*〕となる。

そのとき次のことが生じる、すなわち、初めて、世界の膨張ないし開裂が、そのための単なる道具とみなされていたようなものと同一となるのだ。コロンブスのカラベル船〔小型帆船〕はそのような道具として出現した。大型船はまだその測り知れない性質を発揮してはいなかった、大型船はその性質から見れば、常に道具であるとともに膨張の行為主体《エージェント》＝代行者であり膨張の場である。実際、アメリカは既に、サンタ・アリア号の甲板、横静索〔帆船のマストを左右から支える索〕、天体観測用の望遠鏡において始まっていたのだ。宇宙船はこうした性質をさらによく現わしている。宇宙船はそれ自体が区別された一要素であって、みずからの周囲に空間を切り開くことは周知のとおりだ。宇宙船それ自体が、世界そのもののなかで開裂しつつあるひとつの世界であり、さらには、こう言っていいなら、みずからのうちに、またみずからの周りに世界そのものを開裂させつつあるひとつの世界なのである。

それはもうひとつ別の生、呼吸、重力であり、もうひとつ別の人類、区別されつつあるもうひとつ別の人類である。またそれゆえに、今日区別されているもの、空間化＝間隔化されつつあるものは、空間化＝間隔化そのものとして現前する。発見されたカリブ地域の「インド人」を前にして、われわれはこう自問した、これは別の人間なのか？人間とは別のものなのか？と。だが今日では、われわれがこうした問いを提起するのは、空間の発見についてである。宇宙船に乗ってわれわれが垣間見る空間、われわれはそれが自同《メーム》なるもの〔それ自体であるもの le même〕、われわれそのもの《メーム》というものの引き裂きであることを理解している。ある意味では、それはさきほどの問いの回帰である、つまり、それは自同なるもののもうひとつ別の例なのか、あるいは自同なるものとは別のものなのか？だがそれは、同時に、別の問いである、すなわち、自同なるものは、自同なるものから区別されながら、みずからの自同性《メームテ》を、いったいどこまで、連れて行けるのであろうか？

世界の開裂はその根源的性格において思考されなければならない。つまり、既に与えられた世界を背景にした開裂でもなく、既に与えられた創造者を背景にした開裂でさえない、それは開裂自身の開裂であり、空間それ自身の空間化＝間隔化なのだ。（したがって、ある意味では、「根源的性格」という語はここでは適切ではない、問題なのは根ではない、開口＝離開〔béance〕なのだ。）創造の新たな出発。引き裂かれる＝みずからを引き裂く何ものでもないもの〔無、もの *rien*〕、そして何らかのもの〔*quelque chose*〕に場所ないし場を与える何ものでもないもの。さまざまな場は、空間化＝間隔化によって、場所を剥奪され、追い払われる、つまり空間化＝間隔化はそれらの場に先行するのであり、ただ後になって、新たなさまざまな場に場を与える＝生み出すことになる。さまざまな場でも、空

＝天でも、神々でもなく、さしあたり、それは全体に及ぶ脱閉域〔déclosion〕、開裂というよりは遥かに脱閉域である。いいかえれば、囲われたもの、閉所、閉域を分解し、その接合を解体することである。固有性＝所有の脱構築、人間の脱構築と世界の脱構築。

脱閉域は開裂に対し、爆発に等しいような性格を与える、そして空間化＝間隔化はそこで大規模な炎上に酷似する。そのようにして、古代のストア派の人たちにとって、世界は「偉大なる年」の継起するサイクルに従うものとされた、そして「偉大なる年」は、出現から内爆発へと、炎上から枯渇まで、膨張から収縮まで、新たな開裂に先立つ解消まで導くものであった。

今日、宇宙の征服は、こうした神話学のシナリオを、その脈動をさらに加速させつつ、再び賭ける＝演じる。観測機や望遠鏡は宇宙の拡張を追いかけ、場所を特定できない場にまで至る、そこでは天体は、もはや記憶にないほどの光‐年の太古からずっと死んだままだ。さまざまな世界の目的は、われわれの世界がロケットのように勢いよく発射されるなかで、われわれが受け取る義務がある――偶然にあるひとつの「世界」が存在するのは、空間化＝間隔化に則してであるが、そうした空間化＝間隔化そのものの目的、あるいは絶対的神秘を受け取るのである、そして、いかなる存在の閉域にも先行されない脱閉域、非‐存在がそれによって囲いを解かれる脱閉域、こうした脱閉域の目的、あるいは絶対的神秘を受け取るのだ。それ自身のゼロに等しい状態のなかに沈み込んだ無次元の唯一の点とは異なるものが、この目的のおかげで、世界に存在することになる。

ある身体＝物体《コール》から別の身体＝物体への引き裂き、天体の遠隔化、銀河のさまざまな距離、これらは、常に逃れ去っていく宇宙の末端に至るまで、この点そのものを、この塵を、この粒を、この穴を――われわれは自分たちがそういうものであることを学んだのだが――発送＝追放する、そして、われわれがビッグバンと名づけるあの沈黙、その反響がわれわれの声にも亡霊のように取り憑いているあの沈黙を発送＝追放する。

アリアン〔アリアーヌ Ariane……ギリシャ語でアリアドネ〕という名は、ある個人的な趣味からヨーロッパの宇宙ロケットに与えられたのだが、人々はその神話にまつわる源泉を詮索せずにはいられない。アリアドネは、迷宮の内的空間、内奥へと閉じた内破的な空間と、天空の開かれた空間――彼女はその天空の北極の冠を戴く――との結びつきを作り出す。この物語のある異稿では、この星からできた王冠の光がテセウスに与えられる紐の代わりになっている。まさしく彼女こそが、不吉な閉所からの脱却と、外海へと向かう大型船での帰還とを可能にする。

だが再び空間を切り開きながら、テセウスはまた、分離と区別とに内属する両義性を掻き立てる。彼はアリアドネをある島に打ち棄てる、島とは点のような狭隘な延長物であり、場ではなく、流動的で激しく変化する迷宮の中間的‐場〔半ば‐場であるもの mi-lieu〕である。この神話のもつ、どちらとも決定しがたいような性格が無限に反復されるなかで、アリアドネは、孤独なまま消え去っていくことに対してと同様に、ディオニュソスの予想だにしない到来へと露呈されたままである。

訳者あとがき

本書は *Jean-Luc NANCY, La Déclosion*, Editions Galilée, 2005 の全訳である。本書に収められた諸論文は、序章に記されているように、最も執筆時期の早い「キリスト教の脱構築」によって切り開かれた問題提起に関連するものである。最高の存在者とその彼方、神とその名をめぐる、ユダヤ教・ギリシア哲学・キリスト教の関係、いかなる証明とも無縁な他者への信、いいかえれば根拠なき深淵的な信仰をめぐる思考、ニーチェにおける「キリスト教的」経験をめぐる思考、デリダの差延という概念ならざるものとの対話、生への復帰ではなく死の復活であるようなブランショにおける「復活」をめぐる思考、ハイデガーとマルクスとキリスト教の交点で独自な省察を展開するグラネルをめぐる思考、バルトにおける意味と文学の無神論性をめぐる思考、ドゥギーにおける神を欠いた芸術の可能性をめぐる思考、そして存在神論の限界・境界上で展開されるハイデガーの謎めいた「最後の神」が放つウインクをめぐる思考などが本書の布置をかたちづくる。

そもそもキリスト教および一神教は、最高の存在者であるような神なるものの措定をむしろ不可能にするのではないのか、一神教とは最初から無神論であり、しかも有神論の欠如態としての無神論とはまったく別の「無神論」、不在神論、あるいはバタイユの言う無神学とも言うべきものではないだろうか、こうした着想を起点に、キリスト教という思考空間自体がみずからに対して、みずからのうちにおいて脱構築的であること、さらには脱構築のいわば範例という位置づけを与えられているのだが、その適否についての議論が尽きることはないだろう。とはいえ、ここで試みられている作業は、単なるひとつの宗教を脱構築の場として捉え直すことというよりも、この宗教がいわゆる西洋と不可分であり、西洋的なものを構成する哲学的思考とは切り離せないものであるがゆえに、西洋とその哲学に対する脱構築の作業をも巻き込んでいることにある。デリダの言うように、もし脱構築なるものが存在するのならば、徹底的に慎重で、単純な断言を許さない姿勢を保ちつつ脱構築に接しなければならないのであれば、ここでもやはり、もしキリスト教なるものが存在するのならば、という抑制された姿勢でキリスト教の脱構築なるものを捉える必要があるだろう。

もっとも、当然のことだが、脱構築の（特権的な）範例に据えられたキリスト教が、その脱構築的性格ゆえに、倒錯的に、キリスト教や西洋の優位の論拠にされかねない点にはいくら注意してもしすぎることはないだろう。あたかも退引＝退隠＝後退すればするほど、もはや最高の存在者として思考ないし経験されてはならないはずの「神」のようなものが、反比例的に、ますますその（負の）存在感――だが、存在者ならざるものの存在はどうなっているのか？――を強めたり（再）中心化したりすることは許されないだろう。自己を脱構築すればするほど、キリスト教がある意味で絶対的な宗教に、宗教を超えた宗教に、もはや宗教ではない「宗教」に高められていくような――たとえばプロテスタンティズムとその哲学への反映に見られる――構想への警戒心を緩めることはできないだろう。しかしながら、自己を脱構築すること、こうした主体的な行為はそもそも可能なのだろうか？　あたかも脱構築に先立って、何らかの「自己」が措定されてしまっているかのような行為、そして、脱構築する「能力」があたかもそうした「自己」に備わっているかのような行為は？　したがって、重要なことは、自己に対する、自己における脱構築の手前ないし彼方の「不在の最高存在者」ではない。そうではなく、その出現、現前、到来が、そのまま同時に、退引であるような他者への呼びかけ――言葉によるのであれ、何らかの儀式的なものによるのであれ、あるいは、他のテクネー〔技術・芸術〕によるのであれ――が、いかなる保証もなしに宙吊りにされるという経験、あるいはむしろ、その宙吊りがテクネーによる呼びかけ、およびテクネーとしての呼びかけを誕生させるようなそうした他者、もはや痕跡と区別のできない他者との、不可能な関係を思考することであろう。いかなる主体性も、また主体を基礎づけ主体を設立させる能力や主権性という概念も、テクネーによってあらかじめ掘り崩されていることから出現／退引する他者が問題なのだ。というのも、テクネーとは、他者との無際限な共同性の経験であり、あるいはさらに、テクネーこそが新たな未聞の無限な他者（の可能性）を切り開くからだ。それはまた、テクネーが我有化＝自己固有化をあらかじめ廃棄するような空間を、より厳密には他者とだけ共有される空間の空間性を生み出すからだ、つまりテクネーは空間化＝間隔化〔espacement〕に他ならない。

ひとつの逆説的な例として、ナンシーとデリダのあいだで宙吊りになったままの開示（啓示）と開示可能性をめぐる議論を挙げておこう。すなわち、かりに「神」と名づけられる何かある他者――絶対的他者、もしそのようなものが〝存在する〟として――が開示されるためには、その前提条件として何か開示可能性のようなものを想定しなければならないのだろうか、あるいはそれとも、一般性の次元にある開示可能性に先行する開示、もしくは開示可能性と絶対的に異質であるような開示、いわば個別の独異な出来事であるような開示こそが、開示可能性を思考させてくれるのだろうか。デリダ自身この二者択一の前で決断はできないと語っている。一方に一般的ないし超越論的な法・法則、他方に独異な一回限りの出来事。もし、絶対的他者とされる「神」――空虚化され、いかなる実体も存在者的性格も欠いた「何か」――の開示から始めなければならないのであれば、いったい、その絶対的他者、誰も再認することができない、何によっても再認されないそうした他者の、開示や出現ということをおよそ考えることが、また経験することができるだろうか。また同時に、一般的法則は独異な存在者の開示自体をあらかじめ不可能とすることになろう。そうであるなら、他者の開示の範例とされるキリスト教のこの範例性もまた、範例として再認することから無限に遠ざかった範例、範例の不可能性のいわば範例ということにはならないだろうか。

しかしながら、出来事とは、デリダも厳密な論理に従って述べているように、一回限りの、再認不可能な「もの」――もの以前の／彼方のもの――であるという論理、文字通り厳密に逆説的な論理は、ある意味では思考の全歴史を横断しその刻印を留めている。ピュシス（自然）とテクネーとの関係、大地と世界との関係、存在と存在者との関係、神と人間＝有限者との関係などだ。たとえば、それ自体としては現れ出ることのない、みずからを隠すことを好むピュシスとテクネー（技術・芸術、ないし制作・詩作することとしてのポイエシス・ポエジー）との関係において、ピュシスは退引しつつテクネーに痕跡を、退引そのものの痕跡を留める、それはハイデガーの言うア－レテイア、退引＝退隠することとしての露呈、ないしエント－フェルヌンクつまり遠隔化としての接近であろう。有限性およびテクネーにより有限化された存在者は、その非能力性、非主権性＝非主体性において、現われ出ることのない「もの」を経験し線描する。能力としての表象＝再現前化作業によって線描するという意味ではなく、したがって「見る」能力の欠如において「観る」、盲目化させる「もの」を観るという意味であり、おのれ自身の存在によって存在することの限界に露呈される形で、逆説的に線描として自己および／あるいは他者の形象を呈示＝示現してしまっているという意味だ。この境界線は有限者には帰属しない。したがって、この描線は有限者がその外部なる何か――存在あるいは無＝非存在者――により触れられ、毀損され、引き裂かれる経験に他ならない。外部とは、神・大地・自然・超越者などという語で実体的に理解されたものではなく、むしろ、有限者が明確な輪郭線のうちに自己の形象を構築しえないことからくる――存在するという端的な事実からくる――破断＝裂目としての線描の経験であろう。裂目（ないし開け・開示）としての線描は容赦なく刻印されるが、それは存在者には帰属しない。この裂目は何か隠れた他なる「もの」の退引に等しい束の間の出現の痕跡であると同時に、あるいはそれ以上に、存在者の自己形象が画定されないことの経験である、あるいは、この二つの同時的出来事が共有＝分割される経験、ナンシーがパルタージュと呼ぼうとするものの経験であろう。パルタージュはまた存在者に課された運命という意味でもある。こうした退引する線描、誰にも帰属することなく引き直される裂目としての描線、これが本書でのウインク（合図・表徴・瞬き）に相当するもの、またハイデガーが他の箇所で Riß〔裂目・線描〕と呼ぶものであろう。

「エリ、エリ、レマ、サバクタニ〔わが神、わが神、なぜわたしをお見捨てになったのですか〕」（『マタイによる福音書』）

すなわち、見捨てるものとしての神、見捨てるものへの呼びかけ。「我々を神から放免し自由にしてくれるように神に祈ろう」（エックハルト）、すなわち、関係の断絶を祈る呼びかけ。共にあることの断念、表象＝再現前化の禁止、他者を自己に似たものとしてイメージ化＝模倣することの禁止（ここから非模倣的なミメーシスの問題系が生じる）、さらには神でさえも自己の言葉＝約束への裏切りにおいて自己自身と切断されるような出来事、こうした（自己）切断・離脱・非共同性が一神教を埋め尽くす。だがこうした狂気と見分けのつかないような、自己同一性を解体する出来事は、日常の言葉において経験されることだ。芸術と呼ばれるものも含めておよそ技術的なものに関わる限り起きていることだ。証言者はみずからの証言の言葉から切り離されるのでなければ証言できない、それは証言が出来事の表象＝再現前化ではありえないという意味で、また証言者は証言の言葉を発するその瞬間にその言葉との差異や差延を経験しなければならないという意味でそうなのだ。もし「神よ」という呼びかけに意味があるとすれば、それはそうした切断を、言葉の言葉自身からの差異や差延を、証言者の自己自身との身を切るような思いを、代補＝代理＝補償してくれるようなものへの祈り・願い、不可能な祈り・願いだけによって支えられている場合に限られるだろう。どのような言葉も、支えなき言葉、深淵的な言葉の、不可能な共有へ向けての呼びかけであったことになるだろう。代補は埋め合わせが不可能であることの経験であるとともに、そうした不可能性を不可能なものとしてそのまま共有する可能性・約束へと開くのかもしれない、そうでなければ約束自体が不可能なものとなる。もし「キリスト教」なるものが存在するとすれば、それはこうした不可能な代補としての言葉が切り開く場においてであり、そうした場によってであろう。したがって、もはや、あるいは最初から、「キリスト教」なるものが自己の固有の場として我有化することが許されないような場においてであろう。脱構築が「まったき他者」への留保なき敬意から、正義への絶対的な敬意から発しているのだとすれば、そして、「まったき他者」はいかなる存在者＝現前者としても同定されないのだとすれば、そうした「もの（の彼方）」をめぐる思考や経験は、誰によっても何によっても我有化されないはずだ。またそれゆえにすべてのものに開かれ委ねられた課題であることはまちがいない。ナンシーと長年共同作業を行ってきたラクー＝ラバルトの言葉を挙げておこう、つまり、何かある存在者を出現させるものそれ自体は出現しないというハイデガーがアレテイアと呼ぶ〈根源的〉論理、退引＝退隠としての出現という論理のひとつの解釈としてキリスト教的な存在‐神論ないし神学があるのであって、その逆ではないのだと。そして「まったき他者〔神？〕とは、まったくの他なるものである／すべての他者はまったき他者である」というデリダの言葉も、常に既に随伴する言葉として繰り返しておこう。

末尾になるが、非常に丹念に翻訳作業を補助してくださった現代企画室の小倉裕介氏に深く感謝を申し上げます。誤訳・脱落箇所等なお多数散見されると思う、あらかじめお詫びを申し上げるとともに、他者の言葉の放つウインクに少しでも応えることの困難さを改めて痛感している。

大西雅一郎

【著者紹介】
ジャン＝リュック・ナンシー（Jean-Luc NANCY）
1940年生まれ。ストラスブール・マルク＝ブロック大学名誉教授。特にハイデガーが解明した実存の二重性をなす共存在・共同性と独異性・単独性の共有＝分割（パルタージュ）という問題系を徹底化させることで、西洋形而上学・存在神論における身体性やテクネーの否認を脱構築し、出来事が真に到来しうるような世界、表象作用に還元されえないイマージュが現前しうるような世界、絶対的に切り離された単独者が、その絶対性＝分離性のままに、“芸術的”に、触れ合うことが起きるような世界の創造——主体ならざる自己の触発、無カラノ創造——の可能性を素描し続けている。邦訳書に、『エゴ・スム』（朝日出版社）、『無為の共同体』、『侵入者』、『イメージの奥底で』（以上、以文社）、『共同-体《コルプス》』、『声の分割《パルタージュ》』、『哲学の忘却』、『神的な様々の場』、『訪問』、『映画の明らかさ』、『複数にして単数の存在』（以上、松籟社）、『肖像の眼差し』（人文書院）、『自由の経験』、『私に触れるな——ノリ・メ・タンゲレ』（以上、未来社）、『ヘーゲル』、『世界の創造あるいは世界化』、『哲学的クロニクル』（以上、現代企画室）、『作者の図像学』（筑摩書房）、フィリップ・ラクー＝ラバルトとの共著『ナチ神話』、ジャン＝クリストフ・バイイとの共著『共出現』（以上、松籟社）、『遠くの都市』（青弓社）、マチルド・モニエとの対話『ダンスについての対話　アリテラシオン』、編著『主体の後に誰が来るのか？』（以上、現代企画室）などがある。

【訳者紹介】
大西雅一郎
1955年生まれ。東京大学大学院博士課程中退、パリ第一大学留学、現成蹊大学教員。フランス現代思想・文学専攻。訳書にS.コフマン『窒息した言葉』（未知谷）、ナンシー『共同-体《コルプス》』、同『哲学の忘却』、同『神的な様々の場』、同、バイイ『共出現』（共訳）（以上、松籟社）、ナンシー『世界の創造あるいは世界化』（共訳）、同『哲学的クロニクル』、デリダ、ナンシー、ラクー＝ラバルト他『主体の後に誰が来るのか？』（共訳）（以上、現代企画室）、ルナン、フィヒテ他『国民とは何か』（共訳、インスクリプト）、デリダ『友愛のポリティクス』（共訳）、ラクー＝ラバルト『近代人の模倣』（以上、みすず書房）、デリダ『絵葉書Ｉ』（共訳、水声社）など。

脱閉域　キリスト教の脱構築1
発行　：2009年4月23日　初版第1刷1500部
定価　：3,300円＋税
著者　：ジャン＝リュック・ナンシー
訳者　：大西雅一郎
発行者：北川フラム
発行所：現代企画室
150-0031　東京都渋谷区桜丘町15-8-204
Tel. 03-3461-5082 ／ Fax. 03-3461-5083
e-mail. gendai@jca.apc.org
http://www.jca.apc.org/gendai/
印刷所：中央精版印刷株式会社

ISBN978-4-7738-0904-6 C0010 Y3300E
©Gendaikikakushitsu Publishers, 2009, Printed in Japan

現代企画室　《哲学・思想》好評既刊書

主体の後に誰が来るのか？

バリバール／デリダ／リオタールほか
鵜飼哲／港道隆ほか訳　A5判/352p

〈主体性の批判、あるいは脱構築〉に向けて編まれた複数の著者による論考群。「戦後50年」の日本の現在と本テクストを架橋する港道隆氏の解説を付す。(96.3)　3800円

世界の創造あるいは世界化

ジャン=リュック・ナンシー著
大西雅一郎／松下彩子／吉田はるみ訳　A5判/164p

「あらゆる意味での他者性の排除。西洋による文化・文明・進歩・人間性の独占」に抗して、「無限の正義論」を批判する、グローバリゼーションの哲学的考察。(03.12)　2400円

ヘーゲル
否定的なものの不安

ジャン=リュック・ナンシー著　大河内／西山／村田訳　46判/220p

現代フランス屈指の哲学者と19世紀ドイツ観念論哲学者との思想的格闘。「不安」「意味」「欲望」「自由」「動揺」など11のタームを通じて解釈された独創的なヘーゲル像。(03.4)　2400円

哲学的クロニクル

ジャン=リュック・ナンシー著
大西雅一郎訳　46判/144p

2003年、イラクが米軍の攻撃にさらされているとき、ナンシーがラジオで聴衆に語りかけた哲学をめぐる11のクロニクル。現代的課題に立ち向かうしなやかな思考の軌跡。(05.4)　2300円

ダンスについての対話
アリテラシオン

J-L.ナンシー／M.モニエ著　大西／松下訳　46判/216p

ナンシーとコンテンポラリーダンスの旗手モニエが、対話／共同作業を通じて身体のもつ根源性を考察した身体芸術論。ナンシーによる表象／イメージ論の新展開。(06.11)　2500円

歓待のユートピア
歓待神(ゼウス)礼賛

ルネ・シェレール著　安川慶治訳　A5判/288p

人はなぜ、自分と異なるものを排除せずにはいられないのか。あらゆる形で歓待を制限する時代風潮に抗して、国家理性への反逆としての「歓待の精神」を考える。(96.10)　3500円

転覆の政治学
21世紀に向けての宣言

アントニオ・ネグリ著　小倉利丸訳　A5判/274p

労働の主力が生産労働からサービス労働・情報処理労働に移行した先進社会の特質を分析し、そのような社会における新しい社会的闘争の主体の誕生を告知する。(99.12)　3500円

ディスポジション：配置としての世界

柳澤田実・萱野稔人・染谷昌義・本間淳・大橋完太郎・東辻賢治郎・平倉圭・天内大樹　A5判/264p

次代を担う理論家／実践家たちによる「配置」を巡る討議と思考の記録。哲学、倫理、心理学からアート、建築まで、領域横断的に世界を捉える方法の創出に向けて。(08.6)　2300円

＊価格は本体価格（税抜き表示）です。